名画で読み解く

「聖書」

監修 大島 力（青山学院大学教授）

はじめに

聖書は、ギリシア古典と並ぶ西洋の古典である。しかし、それはユダヤ教徒およびキリスト教徒にとっては「信仰の書物」である。

この聖書の持つ二面性は、ヨーロッパにおいては相互に関連し合い、さまざまな文化的作品を生み出してきた。その典型が〝絵画〟である。

聖書の世界は、『旧約聖書』も『新約聖書』も豊かなイメージに満ちている。「天地創造」に始まり、「最後の審判」にいたる壮大なストーリーは、古代から現代にいたるまで画家たちの心を強く動かしてきた。各時代の画家たちは、聖書をよく読み、それを視覚的に表現するために多大な努力を惜しまなかった。その結果、西洋美術は聖書に関連する名画を多数、創出するに至ったのである。

たとえば、ミケランジェロはヴァチカンのシスティーナ礼拝堂に「天地創造」と「最後の審判」を描くことに心血を注いだ。それはルネサンス期の巨匠の古典に対する情熱の発露である。また、それを根底において支えたのは、「聖書の示す信仰」であった。人間の情熱と、聖書が示す「神の情熱」の出会いの軌跡が、数々の名画にあらわれているといえよう。

最後に、言葉で記された聖書が、いかに視覚を重視していたかを示す箇所を挙げて、本書への導入としたい。

「神はお造りになったすべてのものを御覧になった。見よ、それは極めて良かった。」

『旧約聖書』「創世記」1章31節

監修者　大島　力

本書の読み方

本書は、聖書のあらすじを数多くの名画とともにたどる構成となっている。各ページは「あらすじ」「絵画解説」など、さまざまな要素から成り立つ。聖書と名画をともに深く理解し、楽しむために本ページを参考にしてほしい。

❶ 聖書の主題

聖書に記されたエピソードの概要を端的にあらわすキーワードを、本書では耳馴染みのある言葉で表現している。詳しく知りたい話を探す参考にしてほしい。

❷ 聖書の出典

各ページで取り上げたエピソードが記載されている聖書の掲載箇所を挙げている。複数にまたがるものは、そのうちあらすじの解説で使用したおもなものを挙げた。

❸ 聖書のあらすじ

聖書に記されたおもな物語を、あらすじの形式で紹介する。1冊を通して読めば、聖書に記された概要をとらえることができる。また、左ページに挙げた絵画の登場人物がどういう話に登場する、なんという人物かなどがわかる。

❹ プチ情報

そのページに掲載されている聖書のエピソードとの関連性があるサブ情報を紹介。サブ情報は3種あり、それぞれのアイコンが内容をあらわしている。

- 「聖書がわかる旅」と称し、主題の舞台となった場所など関連地を紹介。
- 「聖書がわかる映画」と称し、主題が内容とからんだ映画を紹介。
- 「聖書がわかる書籍」と称し、より理解を深めるのにオススメの本を紹介。

❺ 聖書がわかる図版

そのページに掲載されている聖書のエピソードを読むうえでのポイントを図示している。あらすじでは触れられなかったバックボーンなどの補足にも。図の種類は年表、地図、相関図、系図など。

❻ spec of pictures

絵画の基本情報を紹介する箇所。

A ◆ spec of pictures ◆ B

『2つの灯火の前のマグダラのマリア』 ジョルジュ・ド・ラ・トゥール
メトロポリタン美術館蔵、油彩 1638〜1643年頃に制作

C D E

- A 絵画のタイトル（邦題は美術館の図録の翻訳に則る）
- B 画家名（邦訳はもっとも一般的なものを採用）
- C 絵画の現在の所蔵館
- D 絵画に用いられた技法
- E 絵画の制作年

❼ この絵画を読み解く！

前ページに掲載した聖書のエピソードを主題としたもっとも有名な作品や、前ページに紹介した絵画の画家による同主題の別作品、前ページに紹介した絵画とは別の解釈をもって描かれた作品などを紹介するページ。

❽ 名画が生まれた背景

掲載された絵画についてのトータル的な解説ゾーン。作者である画家の情報から、画家がどのような経緯で本作品の制作を開始したのか、どのような技法が使われているのかなどがわかり、絵画を読み解くヒントになる。

❾ 隠しメッセージ

絵画の鑑賞ポイントのうち、画家の遊び心などがあらわれた箇所をクローズアップする。登場人物が画家自身であったり、知り合いだったりと、あまり表にあらわれない情報を紹介する。

❿ 画家の主張

聖書の記述とあえて反した表現がされている箇所や、現在の常識では考えられない表現など、画家が絵画に込めた主張をクローズアップ。この情報を知る前と後では、絵画の見方が変わるに違いない。

⓫ 図像を読み解く

描かれた人物が誰で、何をしているところなのか。また、描かれたアイテムがどういう意味を持つのかといった、鑑賞にあたって誰もが知りたいと感じるポイントをクローズアップで解説。絵画の意味するところを理解するのに役立つ。

※本書では、聖書の登場人物名、地名等の固有名詞は『聖書　新共同訳』（日本聖書協会）に準じました。ただし、絵画のタイトルについては、所蔵館のリストに準じた邦訳を採用しています。

目次

序章 聖書概説

第1部 旧約聖書

第1章 無から生まれた世界

この絵画を読み解く！

この絵画を読み解く！

第2章 民族の祖たち

第3章 約束の地へ

この絵画を読み解く！

第4章

王の時代

第5章

イスラエル興亡記

断章

知恵文学と詩書

第2部 新約聖書

第1章 キリスト降誕

第2章 イエスと弟子たち

第3章 イエスの受難

第4章 イエスの死後

聖書とは何か

「聖書」は人類にもっとも影響を与えた世界的ベストセラー

世界一のベストセラーといわれる聖書は、現在、約2500の言語に翻訳されている。

ではそこまで人々に求められる書に何が書かれているのかというと、簡単にまとめれば、「神と人との関わりをつづった物語」といえる。

キリスト教における「聖書」は、『旧約聖書』と『新約聖書』に大別される。これにには少し説明が必要だろう。

こんにち「聖書」と呼ばれる書物は、実際には数多くの書き手たちによって長い年月をかけて記され、また多くの編者によって整理されてきた。つまり「聖書」は個々の書物の集成といえる。

聖書の誕生

『旧約聖書』は、紀元前10世紀頃から書き始められ、紀元前2世紀頃に執筆が完了している。

著者は古代イスラエル人とその子孫にあたるユダヤ人で、全編ヘブライ語（一部アラム語）で記されている。

内容は、神による世界の創造をはじめとするイスラエルの神話や歴史、預言であり、ユダヤ民族の歴史をつづった壮大な叙事詩となっている。

もともとはユダヤ教の正典として伝わり、のちにキリスト教の聖典となり、さらにイスラム教の聖典のひとつとなった。

一方の『新約聖書』は、イエス・キリストの死後、『旧約聖書』を踏襲《とうしゅう》する形で書き始められた。

執筆期間は紀元50年から110年頃で、執筆者はイエスの弟子や初代教会の人たちである。ヘブライ語で記される『旧約聖書』に対し、『新約聖書』では、ギリシア語が用いられている。

内容は、神が救世主としてイエスを誕生させた話にはじまり、イエスの生涯と教え、死後に進められた教会の活動などからなる。

こうして著《あら》わされた膨大な文書は、のちに整理・分類されることとなった。

文書の中には、初期キリスト教会にとっては正しくないもの、異端とされるものも含まれていたからである。

そこで教会内部で議論が重ねられ、4世紀半ば頃になって、今に伝わる「聖書」が完成したのだ。

ただし、これはキリスト教内での話に限られる。

ユダヤ教にとっての「聖書」は『旧約聖書』のみであり、これを唯一の正典としている。

そのため、ユダヤ教では『旧』という呼称も認めておらず、『旧約聖書』を、ただ「聖書」と呼んでいる。

ユダヤ教とキリスト教の正典の違い

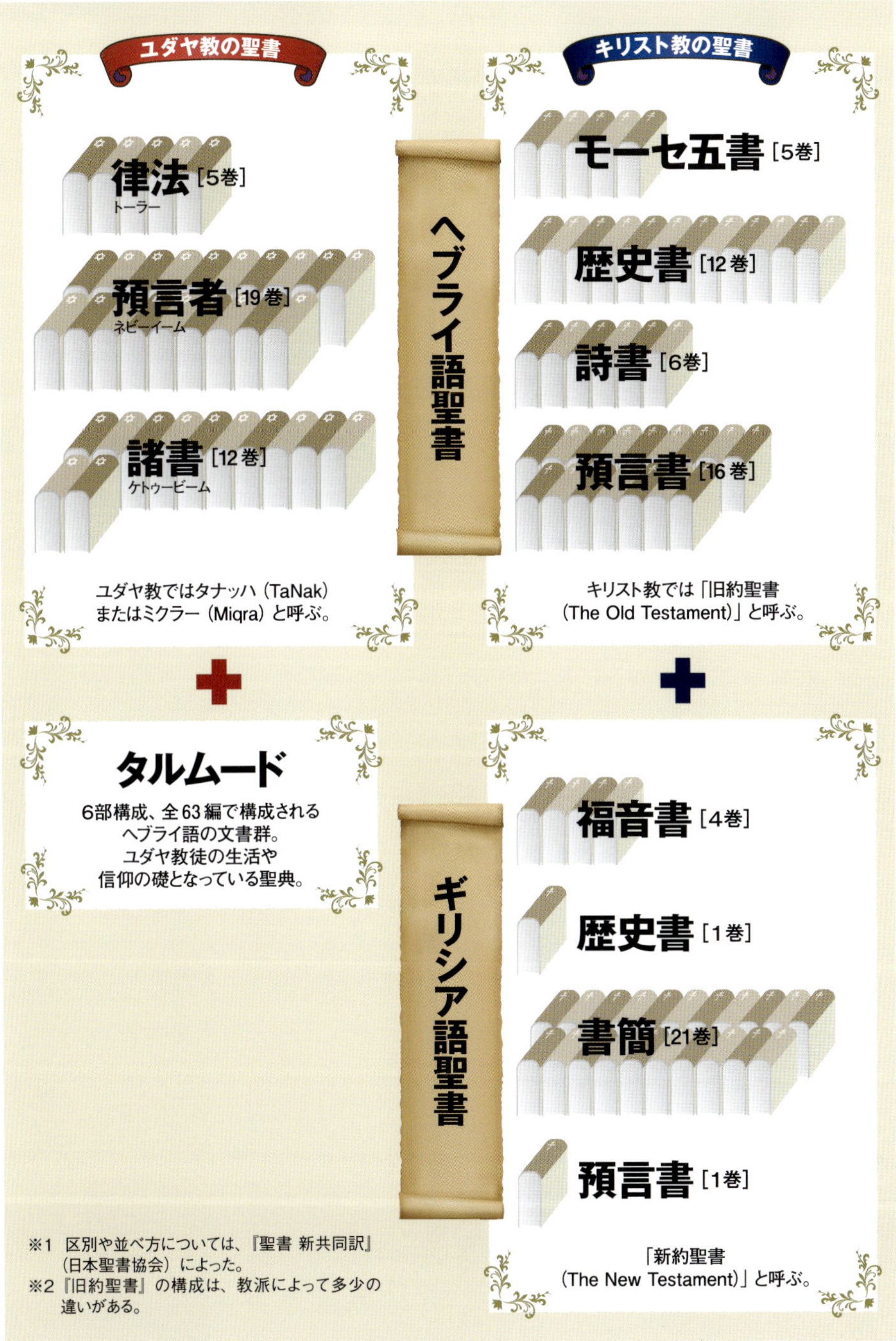

※1 区別や並べ方については、『聖書 新共同訳』（日本聖書協会）によった。
※2『旧約聖書』の構成は、教派によって多少の違いがある。

約2000年のときをかけて編まれた全66冊の書の内容

キリスト教の聖書が『旧約聖書』と『新約聖書』に大別されることは前述した。

次に、それぞれの構成について見ていきたい。

『旧約聖書』は、「モーセ五書」と「歴史書」、「詩書」「三大預言書」そして「預言書」の全39冊で構成される。

「モーセ五書」は、ユダヤ教のもっとも基本的な聖典とされる。映画や子ども向けの物語で見られる「ノアの箱舟《はこぶね》」や「バベルの塔」などの有名なエピソードが収録されているのが、この「五書」だ。

次の「歴史書」は、イスラエル王国が興《おこ》り、滅亡するまでと、バビロン捕囚《ほしゅう》から解放までが記されている。

「詩書」には処世訓や歌が、「三大預言書」と「預言書」には、歴代預言者の生涯と、彼らが語る神の意志などが記され、救世主の到来を預言する形で締めくくられる。

『新約聖書』の成り立ち

『新約聖書』の構成は、「福《ふく》音書《いんしょ》」「歴史書」「パウロの手紙」「公同書簡」「預言書（黙《もく》示録《しろく》）」の全27冊からなる。

もっとも重要視されるのが、マルコ、マタイ、ルカ、ヨハネの4人の記者が記したイエスの言行録である。

最初期に記されたのは「マルコによる福音書」であり、「ルカによる福音書」と「マタイによる福音書」は、これをベースに、その他の文献を加えてまとめられたと考えられている。内容的にもよく似ているため、3つを合わせて「共観福音書」と呼ぶ。

一方で、執筆年代がおそい「ヨハネによる福音書」は一線を画《かく》す存在といえる。ほかの3つに比べて神とイエスの関わりに筆が割かれ、神の子としてイエスの姿を強調する。

続く「使徒言行録」の主役となるのが、イエスの筆頭弟子であるペトロと、キリスト教伝道の立役者となったパウロである。2人の人生を描き、かつイエス昇天後、弟子たちがどのように伝道活動に励んだかを伝える。

「パウロの手紙」は、前述したパウロが生涯に記した手紙を集めたものだ（パウロの時代よりあとに書かれたものもある）。次の「公同書簡」は、十《じゅう》二《に》使《し》徒《と》が記したといわれる書簡の集成とされる。ただし、内容的にズレが生じており、彼らの名を借りて書かれたものも収録されている。

最後の「黙示録」は、人類の滅亡とそれにともなって行なわれる最後の審判について記されており、『新約聖書』で唯一の預言書となっている。

このように「聖書」は全66冊の文書で構成される。

キリスト教の聖書の構成

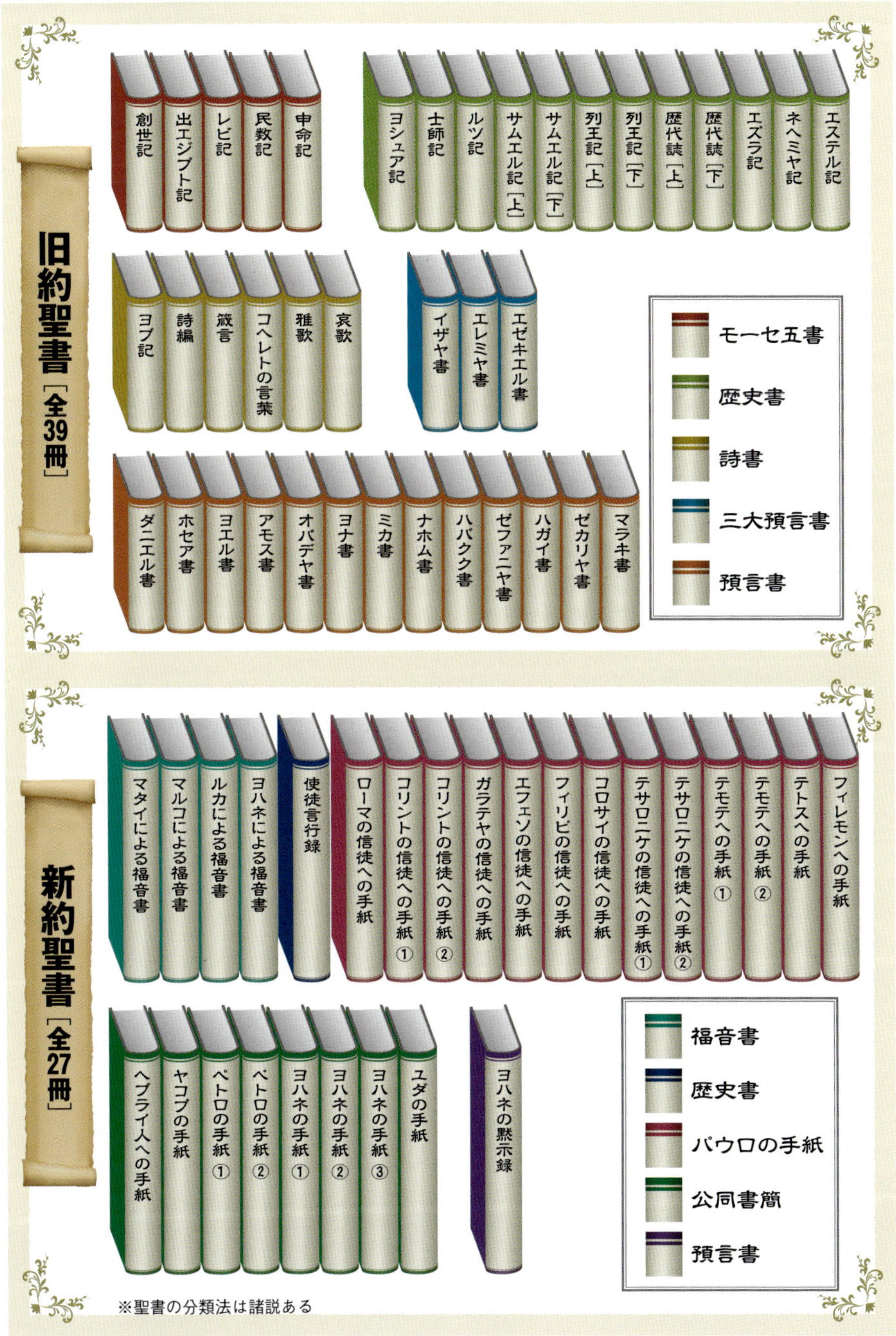

民衆の心に訴え、信仰に導く テキスト代わりとなったキリスト教美術

キリスト教の正典となり、西洋諸国の源流となった聖書は、宗教面のみならず文化面にも大きな影響を与えた。

　キリスト教美術は、2〜3世紀頃、ヘレニズム文化が根付く地中海周辺の大都市で、古代ローマ美術の一部として発生したと考えられる。

　キリスト教美術の転機は、4世紀に訪れた。ローマ帝国がキリスト教を公認したことで、イエスの図像化が積極的に進められたのである。

　東ローマ帝国では、きらびやかなモザイク画が盛んに作られたほか、西ヨーロッパでは、教会の壁画やステンドグラスが続々と誕生した。

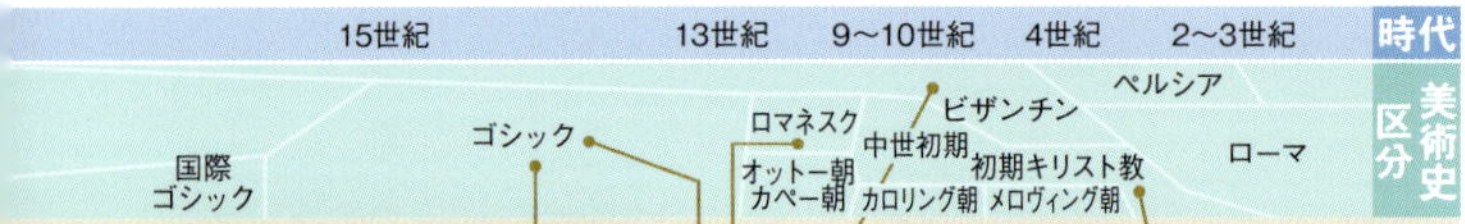
時代
15世紀
13世紀
9〜10世紀
4世紀
2〜3世紀
美術史区分
国際ゴシック
ゴシック
ロマネスク
オットー朝
カペー朝
中世初期
カロリング朝
ビザンチン
初期キリスト教
メロヴィング朝
ペルシア
ローマ

ゴシック（建築様式）

フランス・シャルトル大聖堂のステンドグラス。ゴシックは13〜15世紀ヨーロッパで盛んになった美術様式のこと。

初期キリスト教絵画

ローマのカタコンベ（地下墓地）で発見されたフレスコ（壁面上に漆喰を塗り、それがかわかないうちに顔料絵の具で描く画法）画が最初期のものと考えられている。

ビザンチン

トルコ・アヤソフィア美術館内のキリスト像。4世紀に花開いたビザンチン美術は、首都コンスタンティノープルで開花した。

ゴシック（絵画）

中世ヨーロッパで生まれた美術様式。代表的な画家はジョット・ディ・ボンドーネなど。

ロマネスク

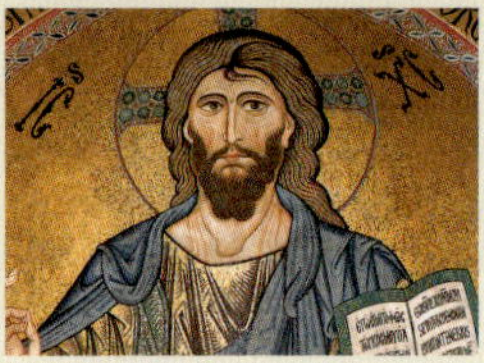

ロマネスク（ローマ風）は、9〜10世紀のヨーロッパで起こった美術様式。

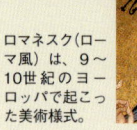

その背景には、必然的な理由がある。当時、西洋諸国の庶民の識字率は低く、聖書を読める人はわずかだった。

　そこで、壁画やステンドグラスによって聖書をビジュアル的に翻訳し、人々の信仰の教科書としたのである。

　その後のヨーロッパ美術は、キリスト教美術がすべてといっても過言ではない。

　ルネサンス期では絵画や彫刻が盛んになり、表現の幅も広がっていく。また、宗教画は修道僧の手によるものだったが、世俗の芸術家が登場し、名を残すようになった。

　16世紀の宗教改革以降はカトリック教会が絵画の振興に力を入れ、人々の宗教感情を刺激する激情的な表現が流行した。このように、キリスト教絵画の意味は時代によって変わったが、主な目的は信徒の心を揺さぶり、信仰に導くことにあったと考えられる。

キリスト教美術史における人物像の表現の変遷

19世紀　18世紀半ば　18世紀　17世紀　16世紀半ば

象徴主義　印象主義など　写実主義　ロマン主義　新古典主義　ロココ　バロック　マニエリスム　ルネサンス

バロック

16世紀末～18世紀前半のヨーロッパ美術様式。豪華で華麗な傾向を持つ。代表的な画家はカラヴァッジョ、ルーベンス、レンブラントなど。

マニエリスム

16世紀半ば、ルネサンス後期にイタリアを中心とした傾向で、引き伸ばされた人体表現が特徴。代表的な画家はエル・グレコ、ティントレットなど。

初期ルネサンス

フラ・アンジェリコ作。ルネサンスは15世紀イタリアで誕生した美術様式。肉体美の描写がなされるようになった。

ロココ

18世紀のフランス宮廷で生まれ、ヨーロッパに派生した美術様式で、優雅で華麗。代表的な画家はアントワーヌ・ヴァトーやジョシュア・レノルズなど。

北方ルネサンス

15～16世紀に北ヨーロッパで起こったルネサンス運動で生まれた美術。代表的な画家はピーテル・ブリューゲルやヒエロニムス・ボスなど。

15世紀北方美術

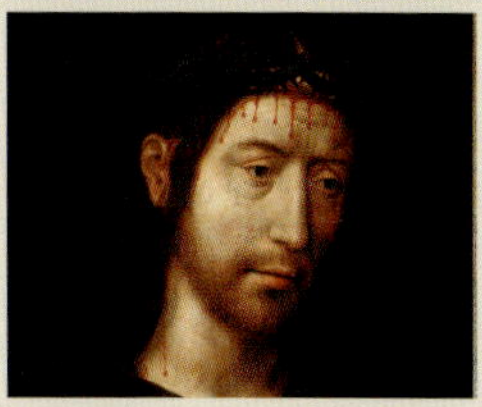

15～16世紀にかけてネーデルラントを中心に活躍した芸術家たちの美術様式。代表的な画家はヤン・ファン・エイクなど。

19世紀以降

近代に入ると、宗教的な意味合いよりも、芸術的表現が主流になる。代表的な画家はギュスターヴ・モローやフィンセント・ファン・ゴッホ、マルク・シャガールなど。

盛期ルネサンス

ルネサンスは16世紀に最盛期を迎えた。古典様式に芸術との調和が生まれる。代表的な画家はレオナルド・ダ・ヴィンチやミケランジェロなど。

【アララト山】
現在のトルコ共和国の東端にある火山は、ノアの箱舟がとどまった場所とされる。

第1部
旧約聖書

「天地開闢《てんちかいびゃく》」からユダヤ人の歴史を追った壮大な叙事詩

無から生まれた世界と人類

『旧約聖書』は、神による世界の創造によって幕を開ける。

7日間で世界を創った（6日で創造し、7日目に休んだ）神は、人間アダムとエバを楽園に住まわせるが、彼らが禁を破ったため、追放した。

追われた2人は新天地で子を産み、その子が子孫をなすが、やがて人類は堕落する。神の怒りは大きく、大洪水を起こし、言語を混乱させるなどして人々に警告した。

人類の堕落と再生ののちに登場するアブラハムは、神から子孫繁栄を約束され、諸民族の父と呼ばれた。

アブラハムの子イサク、そしてその子ヤコブ（イスラエル）の時代になると、約束の地カナンを与えられる契約を神と交わす。

以後、彼の子孫はイスラエル人と呼ばれた。

約束の地

イスラエルの子ヨセフの時代にエジプトへとやってきたイスラエル人。しかしのちに彼らは激しい迫害に遭い、厳しい生活を余儀なくされる。

そこで神はモーセを選出し、民を救うよう命じる。モーセはイスラエルの民を約束の地カナンへ導き、そのあとを継ぐヨシュアはカナンの支配に成功。だがその後、民は再び神を侮り、怒りを買う。

以後、侮りと悔い改めを繰り返す時代を士師の時代という。

旧約聖書の舞台

ユーフラテス川
地中海
シドン
ティルス
アラム
カナン
アンモン
エルサレム
死海
モアブ
ゴシェン
エジプト
ナイル川
エドム
シナイ山
ミディアン
紅海

【ダビデの町】
エルサレムの東に位置する遺跡群は、ダビデ王が定めたイスラエル王国の首都の遺構と考えられる。

【現在のエルサレム】
ダビデ以後、首都とされたエルサレムは、現在「エルサレムの旧市街とその城壁群」として世界遺産に登録される。

【アブ・シンベル神殿】
モーセがエジプトからの脱出を試みた時期のファラオはラメセス２世と推定される。アブ・シンベル神殿はラメセス２世の建造物。

【シナイ山】
「出エジプト」でモーセが神から「十戒」を授かったとされる山。

王の時代

士師時代の最後に登場するのはサムエルだ。サムエルはサウルを王に選出し、イスラエルに王制が敷かれる。サウルを継いだダビデ王は、イスラエル王国を統一。その死後は子ソロモンが国を治め、王国の最盛期を迎えた。

しかし、ソロモンもまた神を侮り、その子の時代に王国は南北に分裂する。そののち、北部のイスラエル王国はアッシリアによって滅亡。南のユダ王国はバビロニアに滅ぼされ、多くの国民が捕虜となった(バビロン捕囚)。

捕囚下の人々は宗教を拠り所に結束し、ユダヤの民たるアイデンティティを形成していった。

やがてバビロニアもペルシア王国に滅ぼされると、再び彼らはイスラエルに戻り、ユダヤ教の礎を築いた。

『旧約聖書』の系図

『旧約聖書』には、数多くの人があらわれる。ここではその主な登場人物を系図化する。

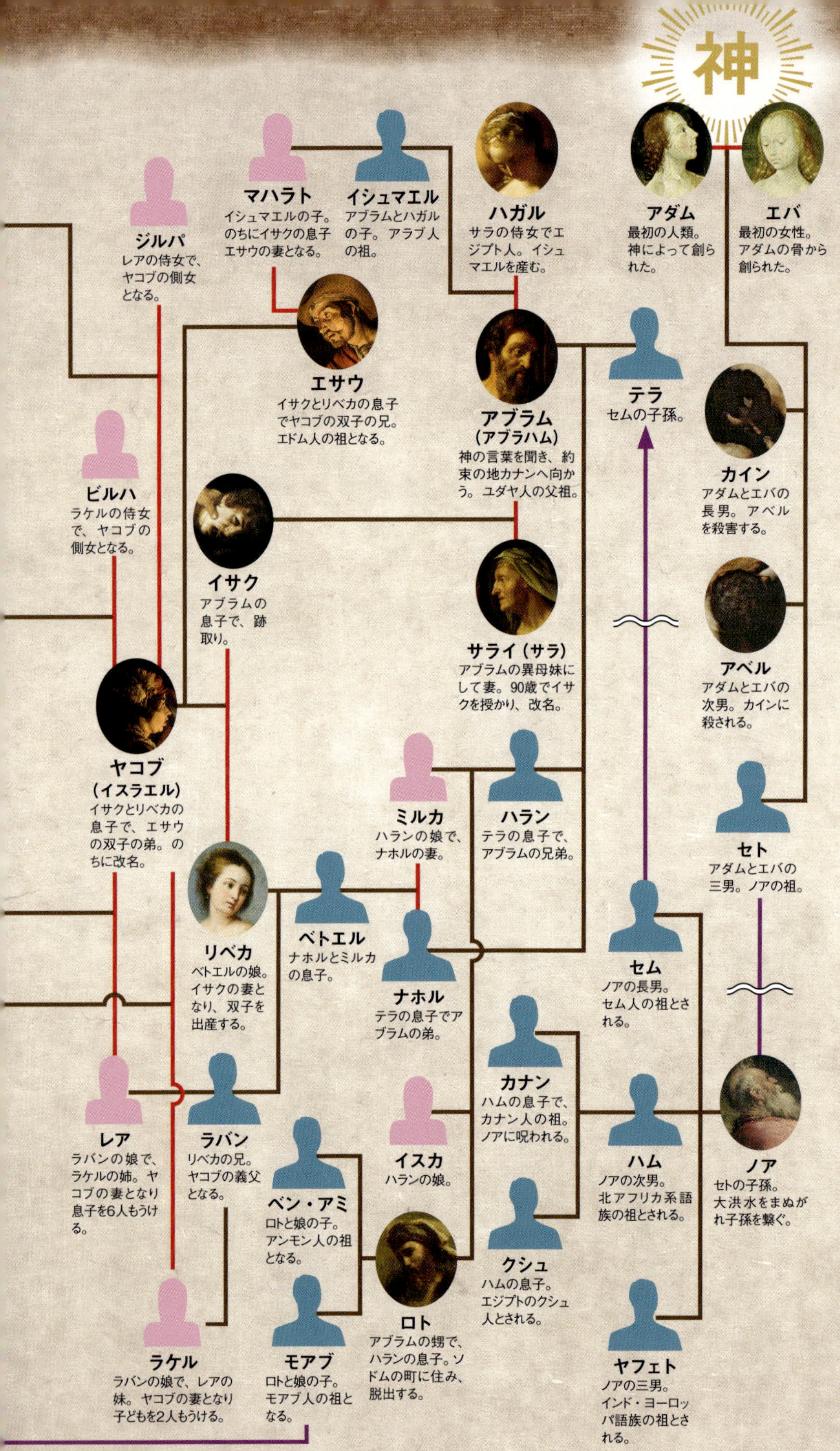

神
アダム
最初の人類。神によって創られた。
エバ
最初の女性。アダムの骨から創られた。
カイン
アダムとエバの長男。アベルを殺害する。
アベル
アダムとエバの次男。カインに殺される。
セト
アダムとエバの三男。ノアの祖。
ノア
セトの子孫。大洪水をまぬがれ子孫を繋ぐ。
セム
ノアの長男。セム人の祖とされる。
ハム
ノアの次男。北アフリカ系語族の祖とされる。
ヤフェト
ノアの三男。インド・ヨーロッパ語族の祖とされる。
カナン
ハムの息子で、カナン人の祖。ノアに呪われる。
クシュ
ハムの息子。エジプトのクシュ人とされる。
テラ
セムの子孫。
ハガル
サラの侍女でエジプト人。イシュマエルを産む。
イシュマエル
アブラムとハガルの子。アラブ人の祖。
マハラト
イシュマエルの子。のちにイサクの息子エサウの妻となる。
アブラム
（アブラハム）
神の言葉を聞き、約束の地カナンへ向かう。ユダヤ人の父祖。
サライ（サラ）
アブラムの異母妹にして妻。90歳でイサクを授かり、改名。
ハラン
テラの息子で、アブラムの兄弟。
ミルカ
ハランの娘で、ナホルの妻。
ナホル
テラの息子でアブラムの弟。
イスカ
ハランの娘。
ロト
アブラムの甥で、ハランの息子。ソドムの町に住み、脱出する。
ベン・アミ
ロトと娘の子。アンモン人の祖となる。
モアブ
ロトと娘の子。モアブ人の祖となる。
ベトエル
ナホルとミルカの息子。
リベカ
ベトエルの娘。イサクの妻となり、双子を出産する。
ラバン
リベカの兄。ヤコブの義父となる。
レア
ラバンの娘で、ラケルの姉。ヤコブの妻となり息子を6人もうける。
ラケル
ラバンの娘で、レアの妹。ヤコブの妻となり子どもを2人もうける。
イサク
アブラムの息子で、跡取り。
エサウ
イサクとリベカの息子でヤコブの双子の兄。エドム人の祖となる。
ヤコブ
（イスラエル）
イサクとリベカの息子で、エサウの双子の弟。のちに改名。
ジルパ
レアの侍女で、ヤコブの側女となる。
ビルハ
ラケルの侍女で、ヤコブの側女となる。

＝子ども
＝子孫、親類
＝結婚

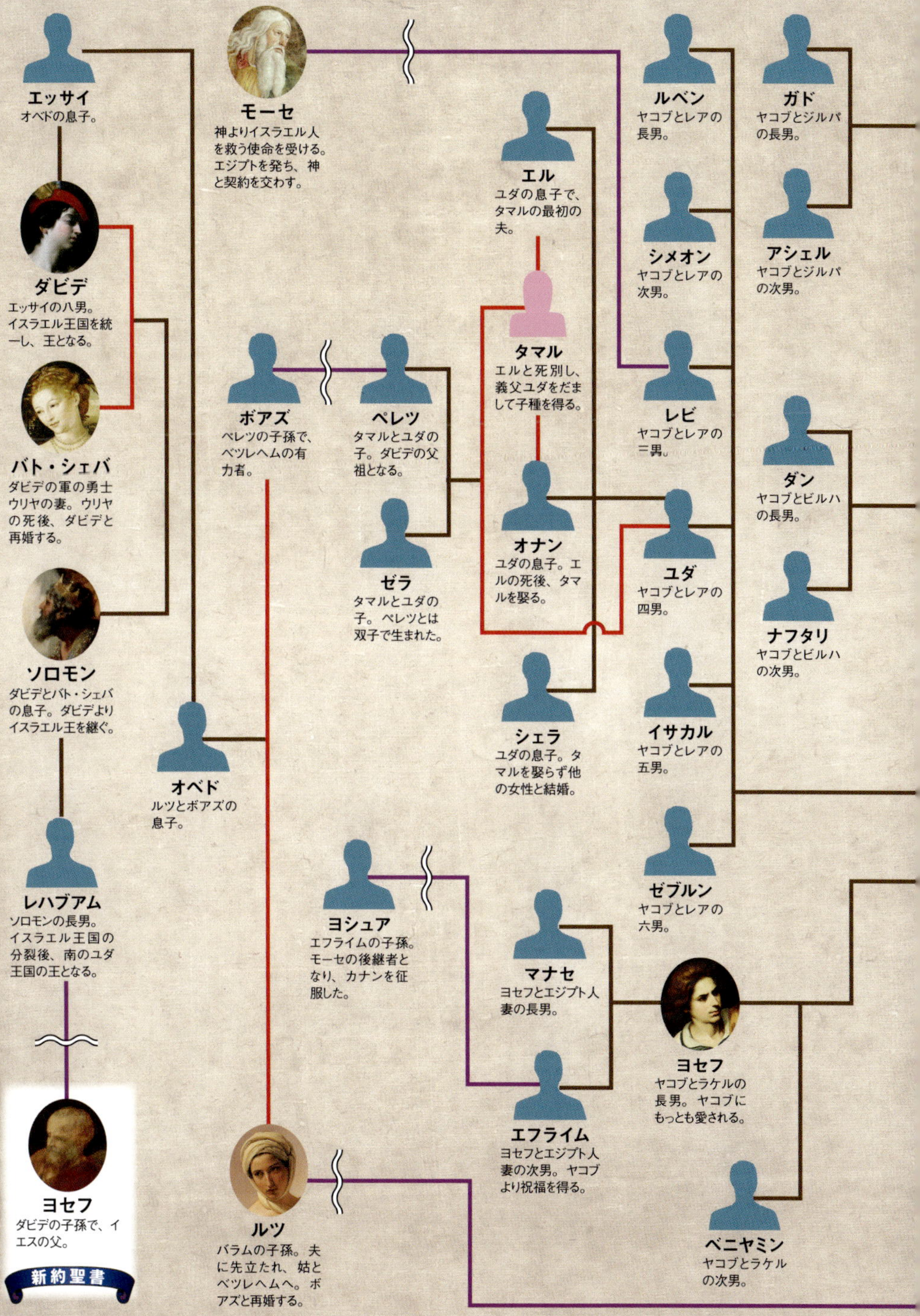
エッサイ
オベドの息子。
モーセ
神よりイスラエル人を救う使命を受ける。エジプトを発ち、神と契約を交わす。
ルベン
ヤコブとレアの長男。
ガド
ヤコブとジルパの長男。
エル
ユダの息子で、タマルの最初の夫。
シメオン
ヤコブとレアの次男。
アシェル
ヤコブとジルパの次男。
ダビデ
エッサイの八男。イスラエル王国を統一し、王となる。
タマル
エルと死別し、義父ユダをだまして子種を得る。
ボアズ
ペレツの子孫で、ベツレヘムの有力者。
ペレツ
タマルとユダの子。ダビデの父祖となる。
レビ
ヤコブとレアの三男。
バト・シェバ
ダビデの軍の勇士ウリヤの妻。ウリヤの死後、ダビデと再婚する。
ダン
ヤコブとビルハの長男。
オナン
ユダの息子。エルの死後、タマルを娶る。
ユダ
ヤコブとレアの四男。
ゼラ
タマルとユダの子。ペレツとは双子で生まれた。
ナフタリ
ヤコブとビルハの次男。
ソロモン
ダビデとバト・シェバの息子。ダビデよりイスラエル王を継ぐ。
シェラ
ユダの息子。タマルを娶らず他の女性と結婚。
イサカル
ヤコブとレアの五男。
オベド
ルツとボアズの息子。
ゼブルン
ヤコブとレアの六男。
レハブアム
ソロモンの長男。イスラエル王国の分裂後、南のユダ王国の王となる。
ヨシュア
エフライムの子孫。モーセの後継者となり、カナンを征服した。
マナセ
ヨセフとエジプト人妻の長男。
ヨセフ
ヤコブとラケルの長男。ヤコブにもっとも愛される。
エフライム
ヨセフとエジプト人妻の次男。ヤコブより祝福を得る。
ヨセフ
ダビデの子孫で、イエスの父。
新約聖書
ルツ
バラムの子孫。夫に先立たれ、姑とベツレヘムへ。ボアズと再婚する。
ベニヤミン
ヤコブとラケルの次男。

天地創造

「光」からはじまった世界 天地開闢のとき

「創世記」1章～2章4節

聖書のストーリー

聖書の物語は、世界のはじまりから描かれる。それが、『旧約聖書』「創世記《そうせいき》」第1章に見える、「天地創造《てんちそうぞう》」だ。

はじめ、天地は秩序も生命もなく、闇におおわれていた。

1日目、神が「光あれ。」と言うと、そこに光が生まれた。神は光と闇とを分けると、光を「昼」、闇を「夜」と呼んだ。2日目、神は大空をつくり、水をその上と下に分けた。

3日目、神は地と海を分け、地には草木を生じさせた。

4日目、神は太陽と月、星をつくり、季節と日、年を刻むようにした。

5日目、神は水中に魚類と鯨、爬虫《はちゅう》類を、空には鳥などの空飛ぶものを創造した。

6日目、神は地上に家畜と獣をつくると、最後にすべての生き物を支配させるため、自らの姿に似せた〝人〟の男女を創造した。

そして2人に子孫を増やすこと、すべての生物を支配することを命じ、草と果実の成る木を食物として与えた。

こうして神は、6日間で天地とすべての生物の創造を終えると、7日目に休息した。

7日目は神に祝福され、聖なる日と定められた。

この神の休息が、ユダヤ社会ではすべての仕事や労働を休止する安息《あんそく》日の起源になったといわれる。

また1週間を7日とする七曜制のルーツのひとつになったともいわれている。

神による万物の創造過程

1日目	光と闇を分け、光を「昼」、闇を「夜」と名付けた。
2日目	大空をつくり、その上下に水を分けたのち、大空を「天」と名付けた。
3日目	天の下の水を1か所に集めて乾いた「地」をつくり、水の部分を「海」と名付ける。地には草木が生い茂った。
4日目	天に2つの光をつくると、それぞれは昼を司る「太陽」と夜を司る「月」となった。また、星をつくった。
5日目	水の中の生き物と、空を飛ぶ生き物をつくった。
6日目	陸地の生き物（獣や家畜）をつくり、また人をつくった。
7日目	すべての作業を終え、休息した。この日を祝福し、聖別した。

「創世記」によると、神は無の空間から6日と1日をかけて世界をつくり上げたという。

聖書がもっとわかる映画

『天地創造』

1966年にアメリカとイタリアが合作した『天地創造』は、『旧約聖書』「創世記」の記述を映像化した作品。神による天地の創造からアブラハムの生涯までの7つの物語が、175分の上映時間の中で、ダイジェストのように語られる。

音楽を担当したのは、日本人の黛敏郎。

◆ spec of pictures ◆

『世界の創造』 ヒエロニムス・ボス

プラド美術館蔵、油彩 1503〜1504年頃？に制作

名画が生まれた背景

ヒエロニムス・ボスはネーデルラント（現在のオランダ地方）出身の初期フランドル派の画家で、寓意《ぐうい》に満ちた幻想的で悪魔的な画風を特徴とする。

『世界の創造』は、3枚のパネルからなる祭壇画『悦楽の園』（次ページ参照）の両翼《りょうよく》の板を閉じたときに現れる扉絵で、グリザイユ（モノトーン描写の画法）によって描かれる暗黒の世界だ。

漆黒の闇の中に浮かぶ巨大な球体の中には天地が見えるが、生物の姿が見られない。そのため当作品は、天地創造の3日目をあらわすといわれている。

球体の上部には神の姿と「主が仰せになると、そのように成り、主が命じられると、そのように立つ」という「詩編」の一節が見える。

画家の主張

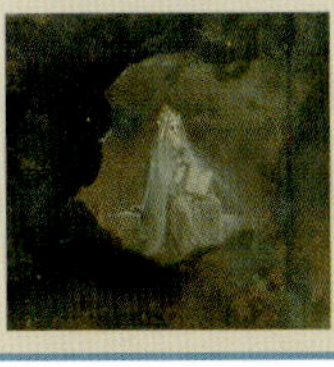

画面左上に小さく描かれているのが、神の姿。ボスは伝統的な様式に従い、髭をたくわえた老人の姿で神を表現することを選んだ。

図像を読み解く

画面いっぱいに闇の中に浮かぶ巨大な球体が描かれる。水晶のような球体の中には、天に浮かぶ雲の切れ目から、光が地に注がれる世界が見える。海と陸には、まだ生物の姿がない。

◆ この絵画を読み解く！ ◆

『悦楽の園』

天地創造の扉の向こうに広がる
不可思議な世界

名画が生まれた背景

前ページで取り上げた『世界の創造』の扉を開くと、目にも鮮やかな本作品があらわれる。

左翼には、「天地創造」に次ぐ「人類の創造」が描かれ、エデンの園で神がアダムとエバを引き合わせるシーン（次ページ参照）が描かれている。続く中央のパネルは一糸まとわぬ姿の男女や未知の生物が戯れ、さながらお伽《とぎ》の国の遊園地だ。右翼は解釈が分かれるところだが、

中央パネル　　右翼

spec of pictures◆『悦楽の園』ヒエロニムス・ボス　プラド美術館蔵、油彩［1503～1504年頃？に制作］

地獄の様相といわれる。

　謎に満ちたこの絵は古今、論争が繰り返され、作者ボスを異端の秘密結社メンバーとみなす説さえある。しかし、実際のボスは信心深い町の名士として知られた人物であり、またこの祭壇画は、カトリック国であるスペインの王フェリペ２世によって購入されている。不可思議きわまる絵であっても、信仰と相反する内容でなかったことは明らかだ。

　現代では、罪を犯す愚かな人々を風刺し、地獄の恐怖を具現化して、悔い改めを促すために描かれたと考えられている。

左翼

図像を読み解く

中央パネル中央付近では、裸の乙女が戯れる「生命の泉」を中心として、男たちが豚や馬、ラクダなどにまたがって、さながらメリーゴーランドに乗っているかのように遊び興じている。

画家の主張

左翼でアダムとエバが語らうその足元には、動物たちが互いに食い破り合い、殺し合う姿が描かれている。これは、すでに人間の堕落が始まっていることを暗に示しているのだと解釈される。

隠しメッセージ

右翼の地獄では、楽器が責め道具として使われている。一見脈絡もないが、楽器はときに、性的快楽の意味をあらわすことがある。つまりここでは、性の快楽を罰する意味を持つと考えられる。

人類の誕生とエデンの園

人類初の女性エバは男性の骨から誕生した！

「創世記」2章5節～25節

聖書のストーリー

じつは聖書には、天地創造の物語がもうひとつ描かれる。22ページのあらすじは「創世記」1章の内容で、2章では、創造の順番が異なるほか、人類誕生のエピソードが詳しい。

2章で神は、最初に土の塵《ちり》で人を形づくり、その鼻に命の息吹を吹き込んだ。土からつくったことから、神は彼をヘブライ語で〝土〟をあらわす「アダマ」にちなみ「アダム」と呼び、東方のエデンに園を開いて住まわせた。

神はエデンの園に美しい木やおいしい果実のなる木、4つに別れた川などをつくり、中央に「生命の木」と「善悪の知識の木」を置いた。そして神はアダムの創造と同じように土をこね、動物たちをつくった。そののち神は、アダムにエデンの園の植物や動物に名前を付け、管理するという使命を与える。

アダムは神の言葉を守り、植物や動物を見つけては名を付ける日々を過ごしていた。平和ではあるが、彼は次第に寂しさを募らせていく。

そこで神は、彼に伴侶《はんりょ》をつくることにし、アダムを眠らせてあばら骨をひとつ取ると、女（エバ）をつくった。

アダムは女を見ると「これこそ私の骨の骨、私の肉の肉。男（イシュ）から取ったものだから女（イシャー）と名付けよう」と喜んだ。

妻は夫の体を分けてつくられたものであり、2人は助け合う人間となる。そのため聖書では、親子関係より夫婦関係を重視しているともいえる。

人はどのようにつくられたか？

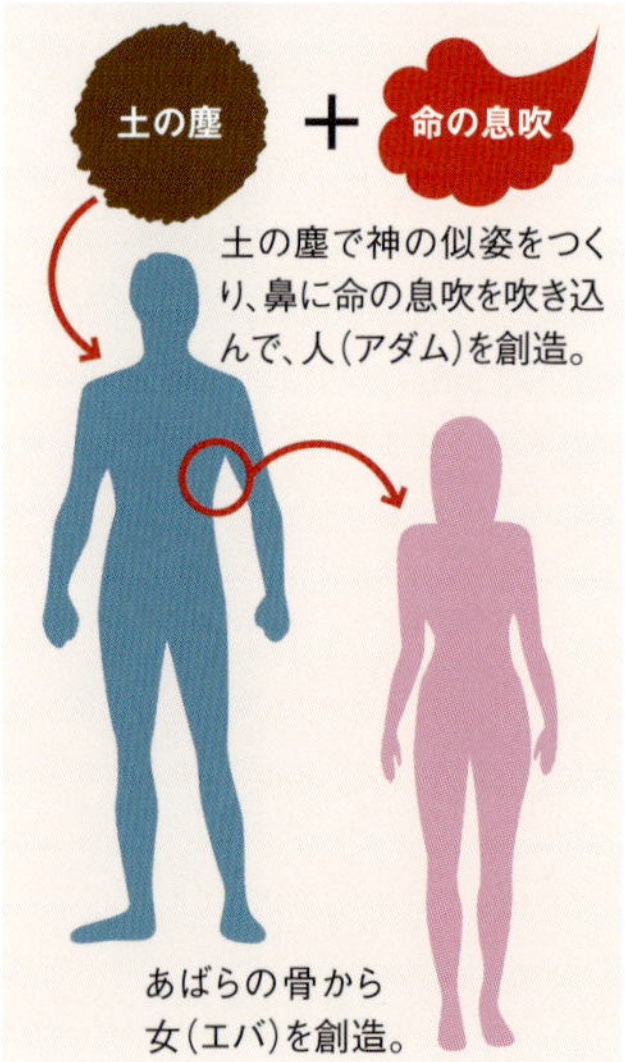
土の塵
＋
命の息吹
土の塵で神の似姿をつくり、鼻に命の息吹を吹き込んで、人（アダム）を創造。
あばらの骨から女（エバ）を創造。

「創世記」1章には「神は人を創造された」とごく簡潔な表記しか見られない。上記にあるアダムとエバの創造については、2章に見られる。

聖書がもっとわかる映画

『ノウイング』

2009年公開のアメリカ映画。大学で宇宙物理学を教えているジョンは、小学生の息子ケイレブが持ち帰った紙に書かれた数字に目を留める。そこには過去に起きた大惨事の日付と犠牲者の数が書かれていた。しかもそれは、50年前に小学校に埋められたタイムカプセルから出てきたものだった……。こうして始まるストーリーは、『旧約聖書』の引用が各所に見られる。新たなる人類の創造を予感させるエンディングに注目！

◆ spec of pictures ◆

『楽園のアダムとイブ』ヤン・ブリューゲル＆ピーテル・パウル・ルーベンス

マウリッツハイス美術館蔵、油彩 1615年頃に制作

名画が生まれた背景

17世紀フランドルの画家ヤン・ブリューゲルは、偉大な画家ピーテル・ブリューゲル（36ページ参照）の息子である。初期は花や果物を多く描き、のちに聖書を主題とした風景画を描くようになった。

ブリューゲルの作品は別の画家との共作が多く、本作品は友人であり同時代の大画家でもあるピーテル・パウル・ルーベンスとの共同制作である。

それぞれの持ち味を活かし、ルーベンスは人物を、ブリューゲルは色鮮やかな緑の森と動物たちをそれぞれ担当している。

質量感のあるルーベンスらしいアダムとエバと、どこか牧歌的な印象のあるブリューゲルのエデンの園が見事に融合した作品だといえるだろう。

隠しメッセージ

画面の左下には、アダムに善悪の知識の木の実を渡すエバを真似るかのように、猿が果実を差し出すそぶりを見せている。牧歌的な雰囲気を漂わせる楽園だが、その平和が、今にも終わりを迎えようとしていることを暗示しているとも解釈できる。

図像を読み解く

ここでは、エデンの園を示す重要な２本の木が描かれる。画面左側、アダムとエバの後ろに立つ実のある木が、「善悪の知識の木」。画面右側の、動物たちが戯れる後ろに立つのが、「生命の木」だ。この２本の木が、画面全体に調和を生み出している。

楽園追放

禁忌を犯し、罪を背負った2人は楽園から去る

「創世記」3章

聖書のストーリー

アダムとエバは、エデンの園で平和に暮らしていた。

しかし、あるときエバが蛇にそそのかされ、神に食べてはいけないと禁じられていた「善悪の知識の木」の実を食べ、夫にも与えてしまう。すると自分たちが裸なのに気づいて恥じ、いちじくの葉で腰帯を作っておおった。

そのとき、彼らは神が近づく音を聞いた。とっさに木々のあいだに身を隠した2人に神がなぜ隠れたのかと問いただすと、「善悪の知識の木」の実を食べたことが発覚する。さらに夫は妻に、妻は蛇に罪をなすりつけようとしたので、神は怒って2人をエデンの園から追放した。

罪の代償として妻は子を産む苦しみを与えられ、夫に支配されることになった。そして夫は生きていくため、生涯を労苦に費やすことになった。

さらに人は永遠の命も奪われ、やがては死んで塵に戻ることになったのである。

神は2人を楽園から追放すると、エデンの園へ至る道に燃える剣を置き、以後誰も園に近付けないようにした。

このように神は2人を厳しく叱責するのだが、一方で慈愛も示す。神はアダムとエバのために皮の衣服を与える。

この衣服は、単に暑さ寒さを防ぐためだけでない。毒虫や獣の襲撃から身を守り、人間としての身分や地位を示すステータスともなる。

たとえ罪を犯した者に対しても、神は罰だけを与えない。愛を示すのも、また神なのである。

エデンの園はどこにあったか

エデンの園がどこにあったかは、古代から現在に至るまで多くの議論を呼んでいる。だが、聖書にチグリス川、ユーフラテス川という実在の河川名が見られることから、聖書の著者がバビロニア周辺をモデルとしたのは確かだろう。

聖書がもっとわかる映画

『新世紀エヴァンゲリオン劇場版』

日本に一大ムーブメントを起こしたアニメの劇場版。1997年に公開された。

登場する固有名詞はもとより、作品では「人は知恵の実（科学）を手に入れるが、それは原罪であり、楽園を追われる」という「創世記」の楽園追放を思わせる設定が生きている。

なお、作品のタイトルにもなっている「エヴァンゲリオン」とは、ギリシア語で「福音」という意味である。

『天地創造と楽園追放』 ジョバンニ・デ・パオロ

メトロポリタン美術館蔵、テンペラと油彩 1445年頃に制作

名画が生まれた背景

パオロは15世紀イタリア・シエナ派の画家で、個性の強いタッチに派手な色使いを特徴としている。

この絵は2つのテーマを同時に描く異時同図法《いじどうずほう》が用いられた作品だ。向かって右手が「楽園追放」で、未練がましく後ろを振り返るアダムとエバを追いたてる天使の姿が見える。

場面左手は「天地創造」で、円の中央は創造された世界、そしてその上に浮かぶ壮年の男性は神をあらわす。同心円がいくつか描かれているが、これはパオロの時代に唱えられていた天動説を示しているという。

また、神が差す球形の中の世界は、閑散とした山、川、砂漠などが描かれているところから、2人を待ち受ける寂寞《せきばく》たる大地と解釈できる。

画家の主張

円の中心にある世界は地球を、そしてその外側の赤い円は太陽の軌道、その外側はその他の惑星の軌道をあらわすという。天動説全盛の時代が垣間見える。

図像を読み解く

アダムとエバの足元に見える4本の筋は、聖書の記述に見えるチグリス川、ユーフラテス川を含む4本の川をあらわす。

カインとアベル

嫉妬から憎しみへ……人類初の殺人事件発生！

「創世記」4章

聖書のストーリー

楽園を追放されたアダムとエバは、2人の男子を産む。兄カインは農夫、弟アベルは羊飼いとなり、ある日、2人はそれぞれの収穫物を神に捧げることにした。

兄は地の産物を、弟が肥《こ》えた羊の初子《ういご》を神に捧げたところ、神はカインの供物《くもつ》には目もくれず、アベルの供物だけを喜んだ。

カインはこの出来事により、神は自分を愛さず、アベルだけを愛しているという思いにとらわれた。

弟に対する激しい嫉妬は、やがて憎しみに変わる。そしてついには弟を殺してしまうのだ。この人類が犯した最初の殺人事件の瞬間を描いたのが、左ページの作品である。

カインの行ないを知った神は、彼に対して罰を下す。「アベルの血を吸った大地はお前を呪い、いくら耕しても実を結ばない。土地を離れて放浪し続けるのだ」。

神の加護を失い、家を失い、職を失い、たださまよい続ける……。この罰は農夫であるカインにとって過酷であった。

また、カインが放浪するうちに自分を殺す者があらわれると怯えると、神はカインが殺されないよう印をつけた。「生きたまま放浪する」というのが、カインに示された道だからだ。こうして土地を離れたカインは、エデンの東部に位置するノドに移り住み、子孫を作ったのである。

人類初の殺人はなぜ起きたのか？

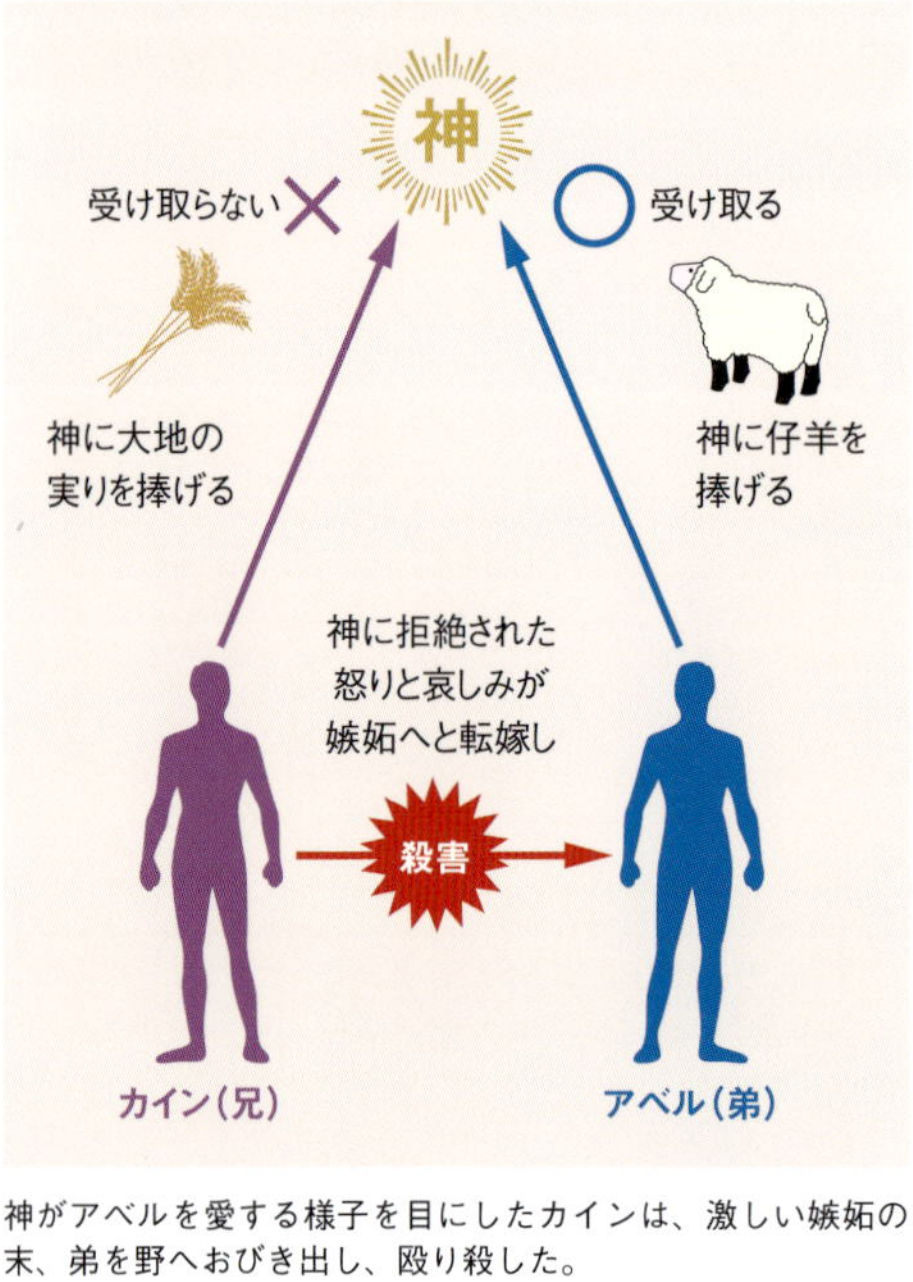
神
受け取らない
受け取る
神に大地の
実りを捧げる
神に仔羊を
捧げる
神に拒絶された
怒りと哀しみが
嫉妬へと転嫁し
殺害
カイン（兄）
アベル（弟）

神がアベルを愛する様子を目にしたカインは、激しい嫉妬の末、弟を野へおびき出し、殴り殺した。

聖書がもっとわかる書籍

『ケインとアベル』ジェフリー・アーチャー著（新潮社）

1979年にジェフリー・アーチャーが発表した小説。20世紀を舞台に、生い立ちの異なる2人の主人公アベルとウィリアム（姓がケイン）の人生が成長過程で交錯していく――。聖書と直接の関わりがないが、2人の男の心理描写が、読者に本主題を連想させる。

◆ spec of pictures ◆

『カインによるアベルの殺害』 ティントレット（本名：ヤコポ・ロブスティ）

アカデミア美術館蔵、油彩 1550～1553年頃に制作

名画が生まれた背景

偉大なる先輩ミケランジェロの「素描《そびょう》」と師ティッツィアーノの「色彩」の統合をはかった画家ティントレット。彼はそこに強烈な明暗の対比、大胆な構図、激しい人体のねじれなどを組み込み、ドラマチックな表現を生み出した。

　時代を先取りするこれらの技法が結実した作品が、ここに取り上げる絵画である。

　鬱蒼《うっそう》とした薄暗い森を背景に浮かび上がる2人の肉体。その生々しい描写は、鑑賞者に殺害現場に遭遇したかのような錯覚を与える。静と動、闇と光の表現が、人類最初の殺人事件の残虐さを強調し、緊張感を高めている。

　ティッツィアーノは彼の才能に嫉妬し、工房から追い出したという逸話がある。

図像を読み解く

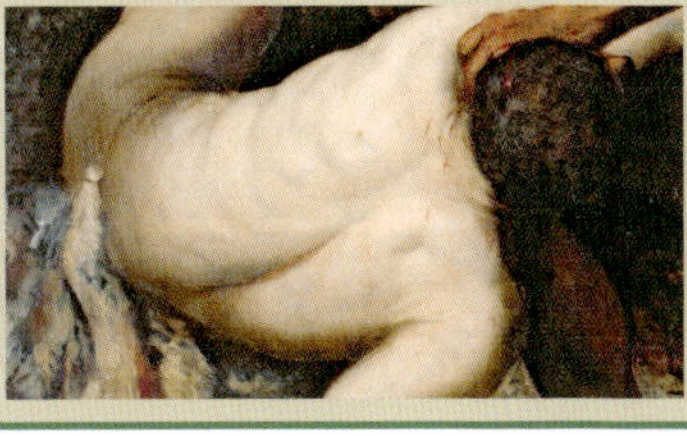

カインに圧倒され、崩れるように体をねじらせるアベル。その造形と躍動的な筋肉の動きには、ティントレットらしさがよくあらわれている。

隠しメッセージ

画面右下に見える羊の頭は、この殺人事件の発端となったアベルの供物をあらわす。聖書の中で、本作品がどのエピソードを主題にしたのかを鑑賞者に示すヒントとなっている。

大洪水とノアの箱舟

堕落した人類を清めるため神が降らせた怒りの雨

「創世記」5章～10章

聖書のストーリー

2人の息子を失ったアダムとエバに、神はセトという男子を授けた。セトの8代目の子孫がノアである。

ノアの時代、悪がはびこって地が乱れた。そこで神は正しい行ないをするノアとその一族を除く人類を滅ぼすことを決める。神はノアに箱舟を作り、一家とすべての動物のつがいを乗せるよう告げた。

ノアは大急ぎで神が指定したとおりの大きさの舟を作り、すべての動物たちを乗せた。

それを確認した神が雨を降らせて地上に大洪水を起こすと、雨は40日40夜降り続き、箱舟に乗ったノアと動物たちを除くすべての生き物を滅ぼし尽くしたのである。

舟を下りたノアは祭壇を築き、神に感謝の捧げ物をした。すると神は二度と生き物を滅ぼさないと誓い、その証しに空に虹をかけた。

やがてノアは農夫となり、ぶどう畑を作る。あるときノアがぶどう酒に酔って裸で眠り込んでいたところ、セム、ハム、ヤフェトという3人の息子のうち、ハムがそれを見て兄弟たちに言いふらした。

起きたノアは、着物を着せてくれたセムとヤフェトを祝福する一方で、ハムの息子カナンに呪いの言葉をかけた。

その後、長子セムはセム系言語の民族の祖となり、ヤフェトはインド・ヨーロッパ語族の祖、ハムはハム系語族の祖となった。

「ノアの箱舟」はどんな形だったのか？

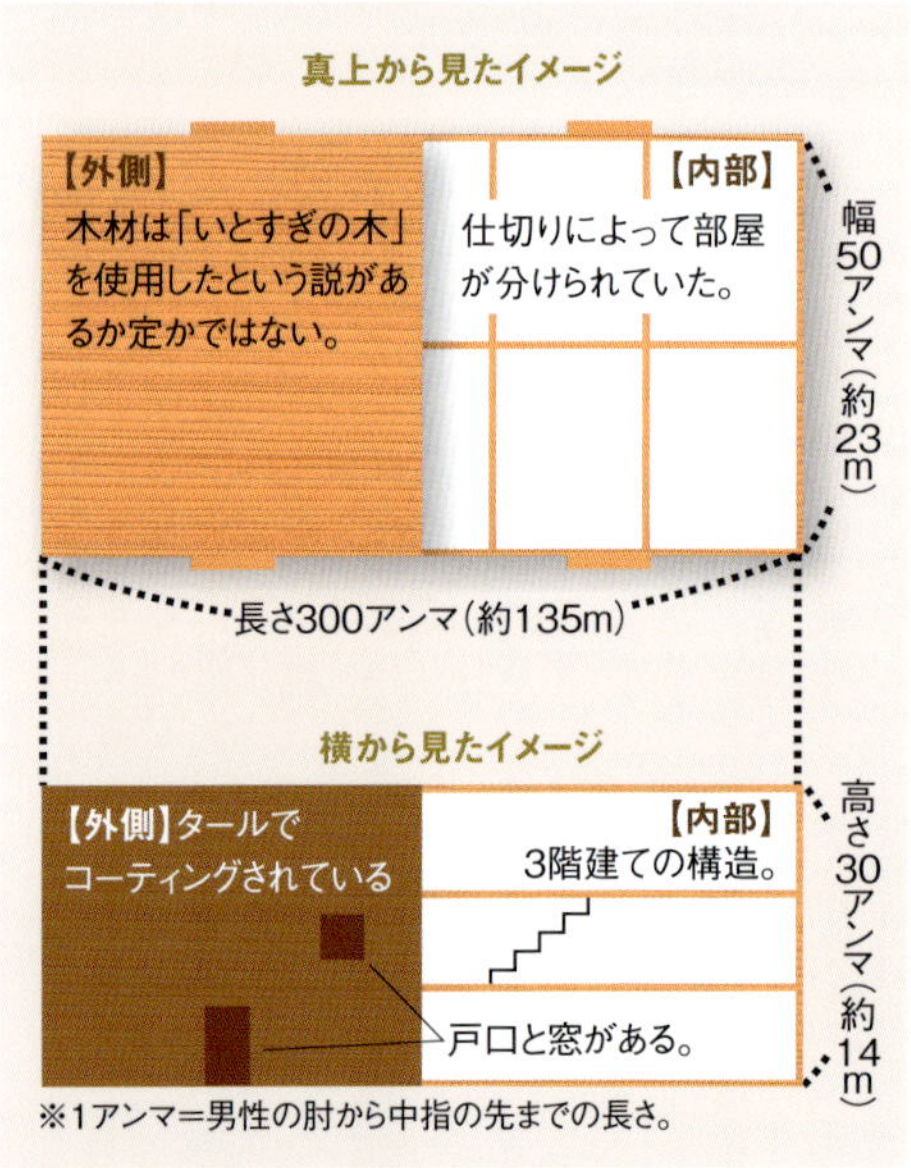
真上から見たイメージ
【外側】
木材は「いとすぎの木」を使用したという説があるか定かではない。
【内部】
仕切りによって部屋が分けられていた。
幅50アンマ（約23m）
長さ300アンマ（約135m）
横から見たイメージ
【外側】タールでコーティングされている
【内部】
3階建ての構造。
戸口と窓がある。
高さ30アンマ（約14m）
※1アンマ＝男性の肘から中指の先までの長さ。

箱舟は水進するためではなく、浮かぶために作られたため、その名の通り直方体だったと考えられる。

聖書がもっとわかる旅

アララト山

現在のトルコ共和国の東端にそびえるアララト山は、標高5000mを超える高峰を誇る。

神が起こした大洪水ののち、水がひけるときにノアたちが乗った船がその峰にとどまったとされる。山脈には、箱舟の漂着地点とされる場所が複数あり、謎の木片も発見されている。

spec of pictures

『ノアの箱舟に入る動物たち』 ヤコポ・バッサーノ

プラド美術館蔵、油彩 1570年頃に制作

名画が生まれた背景

16世紀、バッサーノ一家と呼ばれた画家一族の中心的存在だったのが、ヤコポ・バッサーノだ。ヴェネチア滞在中にティッツィアーノの画法や色彩、マニエリスムの影響も受けつつ、色彩と空間の捉え方に独自の様式を確立した。

風俗画と動物画を得意とし、動物を含めた登場人物や風景を、情緒豊かに描き切ることに定評があった。当作品にもその特徴がよくあらわれている。

本来、この主題では箱舟かノアを中心に描くのが常だが、ここでは鹿、犬、猫、兎などの動物たちが主役となり、箱舟は背景のひとつに過ぎない。バッサーノは、主題を象徴的に描くよりも、動物画家らしく、愛すべき動物が集う風景の一場面としてこの主題を用いた。

画家の主張

バッサーノはただ動物絵画が得意なだけでなく、動物たちを深い愛情を持って描いた。とくに猟犬のポインターを好み、耳が垂れたぶち模様の犬は、多くの作品に登場している。

図像を読み解く

画面左上の家のようなものが、本エピソードの主役ともいうべき箱舟の一部だ。よく見るとその出入り口からタラップが降り、動物の搬入作業が進められていることがわかる。

バベルの塔

箱舟の教訓を忘れた人類に再び降った神罰

「創世記」11章

聖書のストーリー

ノアの子孫は人口を増やしながらシンアルの地に住み着いた。このとき彼らは統一言語のもとで生活し、農業や商業、文明を発展させていく。

すると人々は、神を軽んじ始める。自分たちの成功は、神の力ではなく自分たちの才能と努力あってのものだと考えるようになったのである。

また、人類を各地に散らせ、広がらせていくという構想を持っていた神に対し、石の代わりにレンガを、漆喰《しっくい》の代わりにアスファルトを造る技術を得た人は、「天まで届くような塔を建て、そこに集まって住もう」と考えた。

神は人間の不遜《ふそん》な態度に激怒した。しかし大洪水の際、2度と生物を絶滅しないといった約束がある。

そこで神は、彼らの言語を混乱させ、互いに言葉を通じなくさせたのである。

会話がかみ合わなくなった人類は、やがて争いをするようになり、塔の建設をやめて各地へ散っていった。

シンアルの地は、メソポタミアに世界最古の都市国家を築いたバビロニアだといわれ、この物語は紀元前6世紀のバビロン捕囚の時代を背景にしているという説がある。

実際にバベルの塔のモデルとされる建造物も現存しており、ジッグラトゥという頂上部分に神殿を持つこの重層構造の聖塔は、メソポタミアで30基以上も発見されている。

語族の分派と「バベルの塔」後の人類の動き

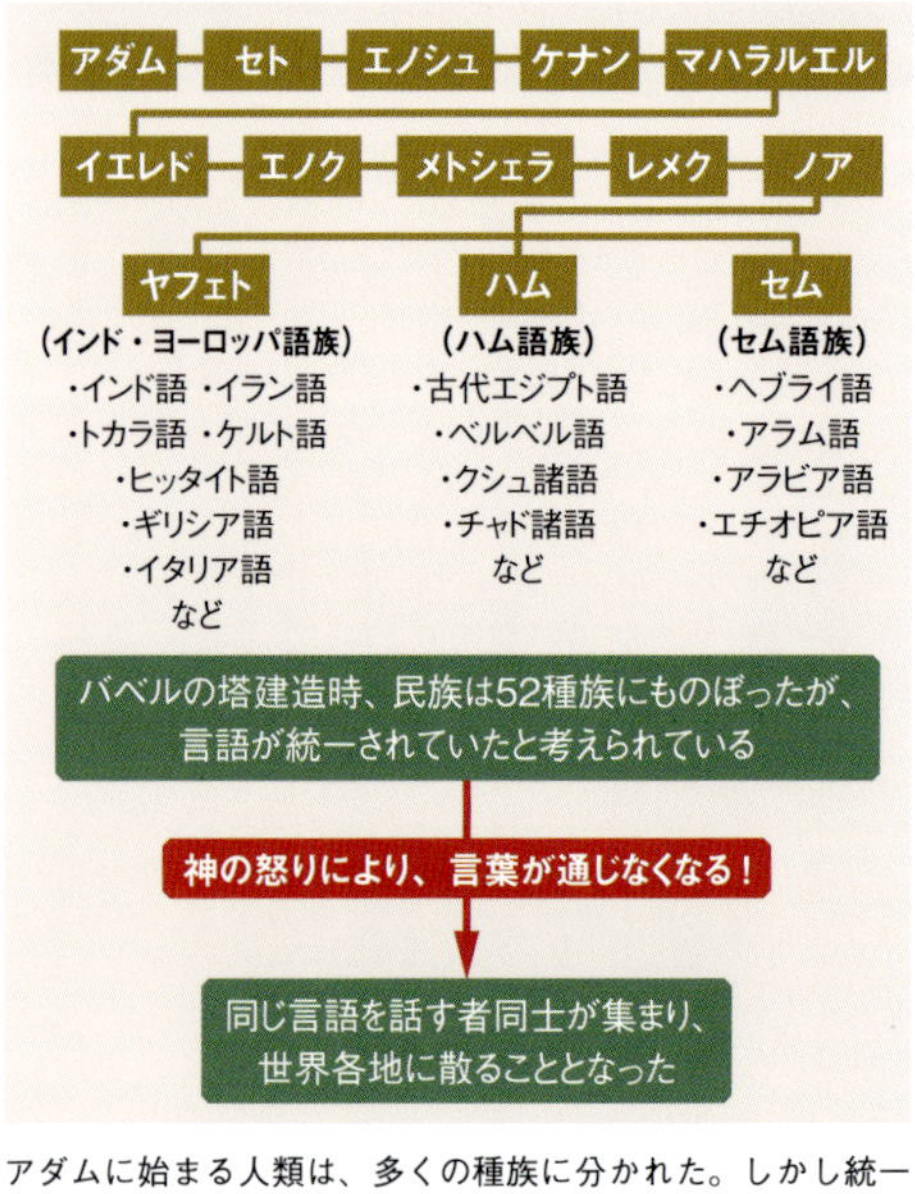

アダム
セト
エノシュ
ケナン
マハラルエル
イエレド
エノク
メトシェラ
レメク
ノア
ヤフェト
(インド・ヨーロッパ語族)
・インド語 ・イラン語
・トカラ語 ・ケルト語
・ヒッタイト語
・ギリシア語
・イタリア語
など
ハム
(ハム語族)
・古代エジプト語
・ベルベル語
・クシュ諸語
・チャド諸語
など
セム
(セム語族)
・ヘブライ語
・アラム語
・アラビア語
・エチオピア語
など
バベルの塔建造時、民族は52種族にものぼったが、言語が統一されていたと考えられている
神の怒りにより、言葉が通じなくなる!
同じ言語を話す者同士が集まり、世界各地に散ることとなった

アダムに始まる人類は、多くの種族に分かれた。しかし統一言語のもとに争いもなく暮らしていた。それが言語の乱れにより一転し、集合体は崩れ去った。

聖書がもっとわかる旅

ウルのジッグラトゥ

ウルのジッグラトゥは、現在のイラク南部に残る。バベルの塔のモデルとされるジッグラトゥの中でも、紀元前3000年頃に建てられたとされるこのジッグラトゥは、もっとも保存状態がいい。

ただし現在は基盤部が残るのみで、その威容を目にすることはできない。

◆ spec of pictures ◆

『バベルの塔』ヨース・デ・モンペル2世&フランス・フランケン2世

ベルギー王立美術館蔵、油彩 17世紀に制作

名画が生まれた背景

雲を突き抜けるように建つバベルの塔。その手前では、レンガを焼く何十もの窯《かま》が煙をはき、工事が順調に進んでいる様子が見てとれる。『バベルの塔』といえば、ネーデルラントの巨匠ピーテル・ブリューゲルの作品（次ページ参照）が有名だが、この2人による作品も、巨大な塔によって神をも恐れぬ人間の傲慢さを見事に表現している。

その堂々たる塔を描いたヨース・デ・モンペル2世は風景画家として高い評価を得るも、じつは人物を描くのを苦手としていた。そこでこの作品では、登場する人物をフランス・フランケン2世という画家に描いてもらっている。

作品が生まれた当時のネーデルラントは、宗教改革により、南北に分裂するという混乱の時代を迎えていた。この絵は故国の悲劇を暗に表現しているともいわれている。

画家の主張

画面左下には、十字架のない教会が建てられている。実際には存在しないはずの建物も、あえて描くことで神をも恐れぬ人間の傲慢さをあらわしたのだとも解釈される。

隠しメッセージ

工事の視察に訪れた王の行列の最後尾に並ぶ老人の頭には、紙片がくっついている。これは呪文の紙であり、老人が異端の神学者であることを示している。

◆ この絵画を読み解く！ ◆

『バベルの塔』

ブリューゲルが不安定な塔に
込めた「神の意志」

名画が生まれた背景

ネーデルラント出身の画家ブリューゲルは、『バベルの塔』を主題とした作品を生涯に3枚描き、うち2枚が現存している。

前述したとおり、聖書に書かれたバベルの塔は、古代バビロニアおよびアッシリアに建てられたピラミッド型神殿ジッグラトゥがモデルであったと考えられているが、この絵を描く際、ブリューゲルがイメージしたのは、ローマで見たコロッセウム（円形闘技場）だったという。

絵の各所にはクレーンや滑車など古代には存在しない道具が見られ、画家の時代である16世紀の建築がどのように行なわれていたかを探る手掛かりとしても価値が高い作品だ。

一見すると末広がり型の重厚な塔だが、細緻《さいち》に観察すると、微妙に傾いていることがわかるだろう。その不安定さによって、ブリューゲルは「完成を絶対に許さない神の意志」をあらわしたのだと考えられる。

縦114㎝×横155㎝の画面のなかに、びっしりと描き込まれたディテールに、ブリューゲルらしさが見てとれる。

隠しメッセージ

塔の圧倒的な迫力に対し、そこで作業を続ける人間たちはアリのように描かれている。これは塔の大きさをあらわす表現法というよりも、「いくら技術が発展しても実現不可能なことはあり、自分の力を過信してはいけない」と、人間の驕りを戒める意味がある。

画家の主張

画面中央部の塔は、大きく崩落している。言葉の混乱が工事現場に深刻な影響を与え、塔が未完に終わることを示唆したかったと考えられる。

spec of pictures◆『バベルの塔』
ピーテル・ブリューゲル（父）
ウィーン美術史美術館蔵、油彩
[1563年頃に制作]

P35で紹介したベルギー王立美術館所蔵『バベルの塔』（ヨース・デ・モンペル２世ほか）が、活気にあふれ、人々が塔の完成を目指し一致団結して作業しているのに対し、ブリューゲルの絵は視察にあらわれた王と見られる人物の苛立ちに満ちた顔から、作業が難航している様子が感じられる。

アブラムと約束の地

神に祝福された民族の祖 アブラムの旅

「創世記」12章～16章、20章

聖書のストーリー

アブラムはノアから数えて10代目の子孫で、父テラとともにウルの町に住んでいた。

そんなアブラムが妻サライや甥のロトらとともにハランの町へ移住したところ、ある日、神から啓示が降る。

「この地を離れ、私が示すところまで行け。そこで私はお前を民の長とし、子孫を繁栄させ、祝福する」。

こうしてアブラムは75歳で約束の地カナンを目指す旅に出たのである。

だがカナンが飢饉《ききん》に襲われたため、エジプトに向かうということがあった。アブラムはこのとき妻サライの美しさが人目を引くことを見越して妹と偽りエジプト王（ファラオ）に差し出す。結果、エジプトに災いをもたらし、その地を追われている。

そののち、アブラムは甥ロトと土地で争うと、彼に好きな地を選ばせるという寛大さを見せた。ロトが豊かなヨルダンの低地を選び、ソドムの地に移ると、神はアブラムの精神を喜び、讃えた。

神は旅の前にアブラムに子孫繁栄を約束したが、なかなか子宝に恵まれなかった。そこでサライは侍女ハガルを夫に与え、イシュマエルを産ませている。

アブラムたちの旅路

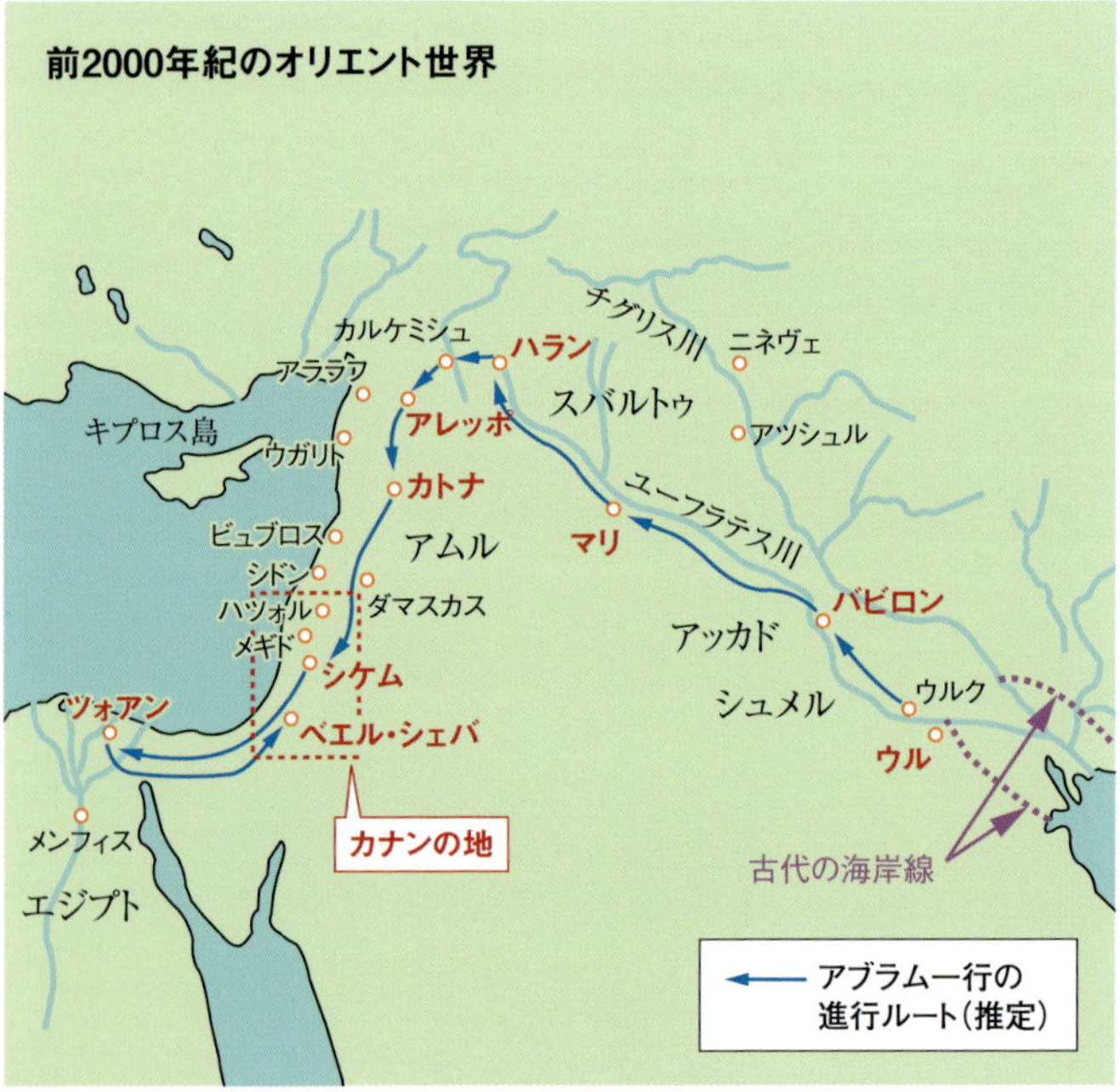
前2000年紀のオリエント世界
チグリス川
ニネヴェ
カルケミシュ
ハラン
アララク
アレッポ
スバルトゥ
キプロス島
ウガリト
アッシュル
カトナ
ユーフラテス川
ビュブロス
アムル
マリ
シドン
ダマスカス
ハツォル
バビロン
メギド
アッカド
シケム
ウルク
ツォアン
シュメル
ベエル・シェバ
ウル
カナンの地
メンフィス
古代の海岸線
エジプト
アブラム一行の進行ルート（推定）

アブラムらの旅は苦しく、ウル、ハランなどを経て一時エジプトへ向かい、のちにカナンを目指した。

『アブラハムにハガルをあてがうサライ』 アドリアン・ファン・デル・ヴェルフ

エルミタージュ美術館蔵、油彩 1699年頃に制作

名画が生まれた背景

深い皺が刻まれたサライは、彼女が高齢であり、女性としての魅力を失っていることを示す。一方の若いハガルは面《おもて》を伏せ、豊満な肉体を誇るでもなく、つつましく片方の乳房を隠しながら、自分の身を主人にゆだねている。

2人の女性を前にしたアブラムは当惑しながらも、ハガルの左肩に手を載せており、彼女を受け入れていることがわかる。ヴェルフは、妻が夫に侍女を差し出すその瞬間を、3人の微妙な立場と心理を巧みに描き分けている。

図像を読み解く

聖書によると、ハガルはアブラムが85歳のときにあてがわれた。しかしこの絵のアブラムは、若いハガルに合わせてか、筋肉隆々の若い肉体で描かれている。その分、サライの老いが強調されている。

隠しメッセージ

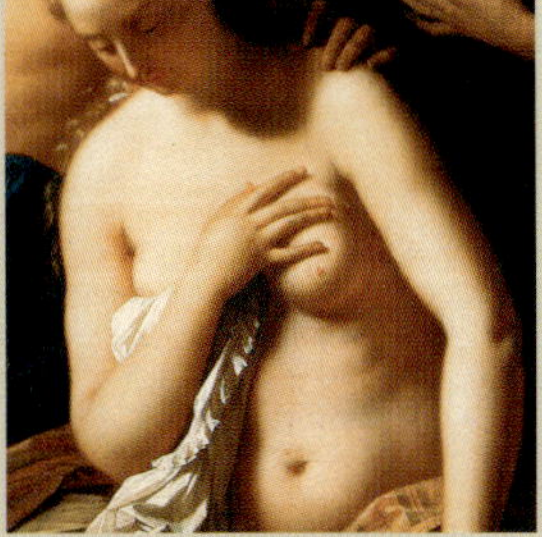

上半身をはだけつつも、右腕で自分の右の乳房をつつましく隠すハガル。片方の乳房を出すのは乳母の証であり、このしぐさがハガルに期待される役目を示している。

ソドムとゴモラ

欲にかられ、退廃した町に神の怒りの鉄槌が下る

「創世記」18章16節〜19章

聖書のストーリー

アブラムと共にカナンの地へと移り、離別したロトは、ソドムの町に移り住んだ。

しかしソドムは近隣のゴモラの町とともに、すでに悪徳と淫乱に満ちていた。町では男色がはびこり、堕落しきっていたのである。

そのため神はソドムとゴモラの町を滅ぼそうとした。

それを聞いたアブラムは、ロトを救いたいがために、必死で神と交渉する。そこで神は町を滅ぼす前に、2人の天使を派遣して、様子を見させることにした。

天使が人間の姿でソドムの門をくぐると、ロトは2人を家に招き歓待した。まもなく旅人の噂を聞きつけた町民たちが殺到したが、天使がロトらを守り、打ちはらった。

翌朝、天使はロトに神が町を滅ぼそうとしていること、すぐ脱出しなくてはいけないことを告げ、「決して立ち止まらず、決して振り向かない」よう言い添える。

ロトと妻、2人の娘たちが町をあとにすると、神は硫黄と火をソドムとゴモラに降らせ、町を焼き尽くした。

このときロトの妻は禁を犯して後ろを振り返ったので、塩の柱となり、残された3人は山の洞穴に身を寄せた。

娘たちは子孫が絶えることを危惧してそれぞれ父と交わり、子を産んだ。姉の子はモアブ人の祖となり、妹の子はアンモン人の祖となった。

ロトの系譜

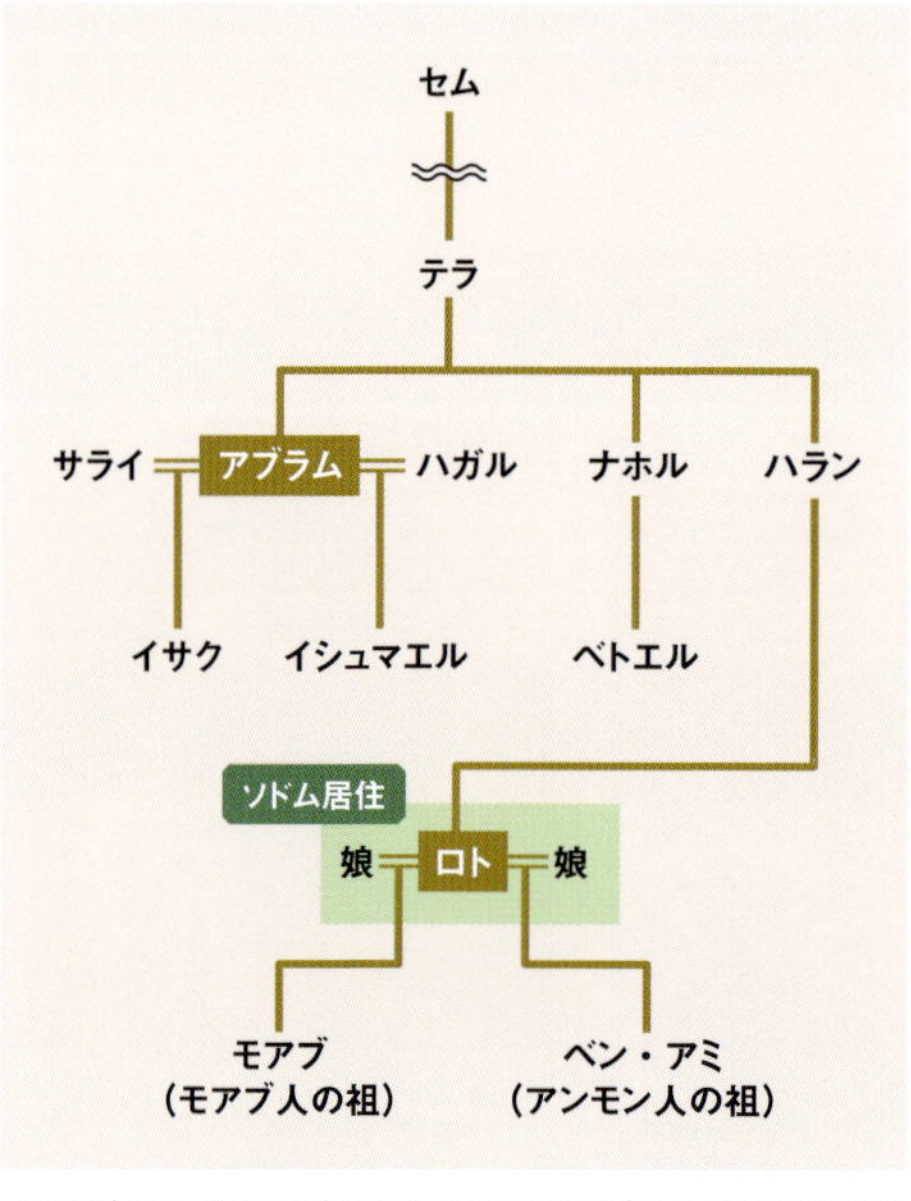
セム
テラ
サライ
アブラム
ハガル
ナホル
ハラン
イサク
イシュマエル
ベトエル
ソドム居住
娘
ロト
娘
モアブ
（モアブ人の祖）
ベン・アミ
（アンモン人の祖）

ノアの息子セムの子孫であるハランはアブラムの兄弟である。そしてアブラムとロトは伯父と甥の関係にある。

聖書がもっとわかる旅

死海

ソドムとゴモラの地は、現在の西アジア地中海沿岸から約100㎞の地点にある塩湖・死海の周辺にあったとされる。

というのも、死海には、「神が降らせた」という伝説が残る硫黄の堆積地がある。また、死海沿岸には、「ロトの妻」と呼ばれる岩塩でできた岩がある。

◆ spec of pictures ◆

『ソドムの大火』ジャン＝バティスト・カミーユ・コロー

メトロポリタン美術館蔵、油彩　1857年頃に制作

名画が生まれた背景

ソドムとゴモラを主題にした絵画は、大きく2つに分類できる。ひとつは町からの脱出を描いた「火災パニック」型、そしてもうひとつが、脱出後の父娘を描いた「ロトと娘」型だ。

19世紀フランスの風景画家であったコローの描く『ソドムの大火』は、「火災パニック」型で、火の手が上がる町をバックに、足早に道を進むロトと娘たちの姿が描かれる。

燃え盛る町の空の表現はさすが風景画家というべきだが、じつは発表当時この作品の評価は低いものだった。

風景画家だけでなく歴史画家としての名声をも望んだコローは、当作品をサロン展に出品するも落選。翌年に改作してようやく入選を果たしている。

しかし本人は出来栄えに納得がいかず、再度改作している。こうした逸話から、この作品への強いこだわりが感じられる。

画家の主張

頭にターバンを巻いたロトに寄りそうようにひとりの娘が、そしてその1歩後ろに荷物をかかえたもうひとりの娘が描かれる。彼の手を引く人物は誰で、コローは何を意図して娘を3人描いたのか定かでない。

図像を読み解く

逃げる家族の後ろには、塩の柱と化したロトの妻や古代の墓石が描かれている。その不気味なたたずまいが、画面のおどろおどろしさを引き立てている。

アブラハムの試練

息子を殺そうとしてまで示したアブラハムの信仰心

「創世記」17章～18章15節、21～22章

聖書のストーリー

イシュマエルの誕生から13年後のことである。99歳のアブラムのもとに神があらわれこう言った。「アブラムは『アブラハム（多くの国民の父）』、サライは『サラ』と呼ばれ、来年息子を産む」。

翌年、サラは神の言葉どおり男の子を出産する。そこでアブラハムはその子を神の命に従い、イサクと名付けた。

実子ができたサラは、侍女とその子イシュマエルを疎《うと》んじるようになった。そこで彼女は夫に頼んで、2人を追い出してしまうのである。

それから数年後、アブラハムは「イサクを犠牲として私に捧げよ」という神の命を聞く。このときのアブラハムの悲しみと葛藤は想像を絶するほどであった。

しかし彼は神に従い、翌朝には儀式を行なうためにイサクを連れ、モリヤの山に向かった。

山頂に着いたアブラハムは祭壇を築き、薪《たきぎ》を並べると愛する息子を縛り上げた。そしていよいよイサクを殺そうと刀をふりかざした瞬間、神の御使いがそれを制する。

神はアブラハムの信仰を試したのであり、その信仰の深さが十分確認できたからである。神は彼と息子が繁栄することを言明し、祝福した。

一方、家を追われたイシュマエルは、神に守られて生き延び、子孫はアラブ人の祖となっている。

アブラハムの子どもたち

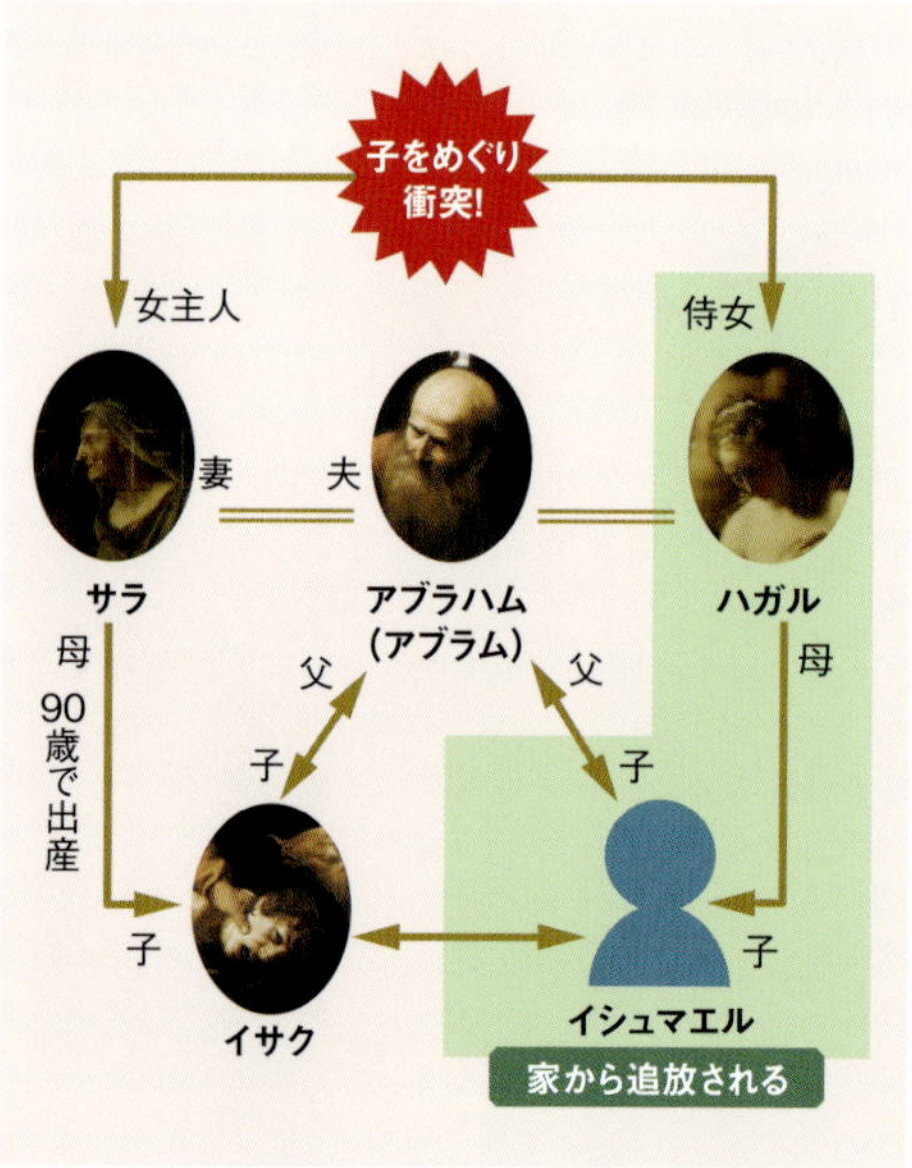
子をめぐり衝突！
女主人
侍女
妻
夫
サラ
アブラハム（アブラム）
ハガル
母
90歳で出産
父
子
父
子
母
子
子
イサク
イシュマエル
家から追放される

先に子どもを産んだハガルが女主人であるサラを見下したことを発端に、追放劇が起こった。

聖書がもっとわかる書籍

『アブラハムのイサク献供物語』関根清三著（日本キリスト教団出版局）

「アブラハムの試練」は、神がアブラハムを試すという不条理な物語だ。この記事の意味はどこにあるのか。収録された意図は……？ 古今さまざまな解釈が持たれてきた物語について、学者たちが交わした議論の内容を概観する1冊。

『イサクの犠牲』 ミケランジェロ・メリージ・ダ・カラヴァッジョ

ウフィツィ美術館蔵、油彩 1601年頃に制作

名画が生まれた背景

父が最愛の息子を、わが手で殺《あや》めようとするドラマチックなシーンは、多くの西洋画家によって描かれている。だが、この作品ほど迫力と緊迫感に満ちた傑作はないと評価する声は多い。

今まさに殺されようとしているイサクは、苦悶の表情を浮かべ、助けを求めるかのように視線を鑑賞者に向けている。激しい動きの一瞬を切り取るストップモーションのような手法は、バロック美術の巨匠カラヴァッジョの得意とするところである。

『旧約聖書』では、イサクは父の行動に抵抗を示す記述は見られないが、カラヴァッジョはあえてそうした聖性を無視し、リアリズムを追求することで、物語をより劇的に演出するのに成功している。

画家の主張

一般的にこの主題では、天使が天から下降する形で描かれる。しかしカラヴァッジョは天使をアブラハムと同じ目線に下げ、人間のように描いた。その背についた翼の付け根が、彼が天使であることを示している。

図像を読み解く

この絵は、カラヴァッジョには珍しく背景が描かれた作品だ。奥に見える丘陵と建物はローマ周辺の田園地帯を彷彿させる。空の色と光の加減からすると、時刻は明け方か夕暮れ前と思われる。

イサクの嫁取り

若き主《あるじ》の伴侶を求め故郷を発った老僕《ろうぼく》の旅

「創世記」23章〜24章

聖書のストーリー

イサクが犠牲になりかけた事件からまもなく、サラは死んだ。父と息子の2人だけという男所帯になると、アブラハムはイサクの悲しさや寂しさをおもんぱかり、息子に一家団欒《だんらん》の喜びを味わってもらおうと考えるようになる。

そこでアブラハムは、家をまかせていた老僕《ろうぼく》を故郷に遣わし、イサクの妻にふさわしい人物を探すように命じた。故郷に住む自分の一族の中から配偶者を選ぼうと考えたのだ。

老僕はラクダ10頭に贈り物を積んで出立し、アラム・ナハライムのナホルの町に向かった。そして町外れの井戸端につくと、「私とラクダに水を飲ませてくれる女性を、イサクの妻とすることを認めてください」と神に祈った。

するとそこへ、アブラハムの弟ナホルの息子ベトエルの娘リベカが水がめを持ってあらわれた。彼女は若くて花のように美しい乙女だった。

老僕が水を飲ませてほしいと懇願すると、リベカは喜んで飲ませ、さらに井戸から水を汲んできてはすべてのラクダに水を飲ませてやった。

美しいリベカの優しさに触れた老僕は、彼女に黄金を贈り、彼女の家で歓待を受けると、イサクの妻としてカナンへ来るよう伝える。このときリベカは迷いを見せなかった。まだ会ったこともない夫への信頼とともに、神のなされたことへの揺るぎない信仰から、彼女はイサクのもとに向かい、2人は晴れて夫婦となったのである。

イサクとリベカの系図

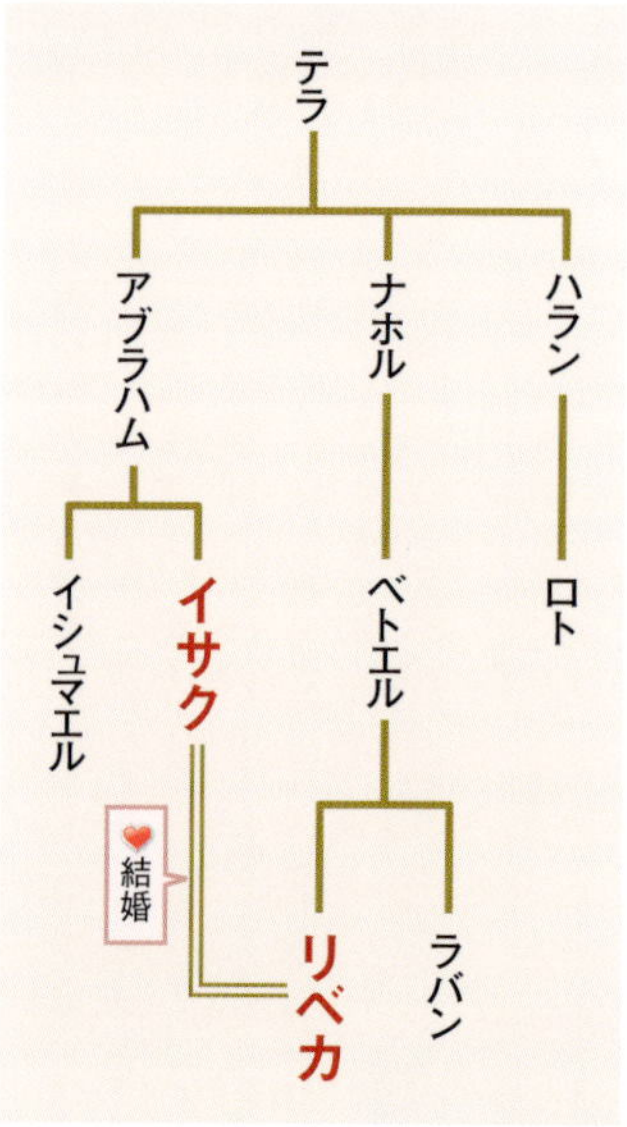
テラ
アブラハム
ナホル
ハラン
イシュマエル
イサク
ベトエル
ロト
結婚
ラバン
リベカ

リベカはアブラハムの兄弟ナホルの孫である。つまりイサクから見てリベカは従姪の続柄にあたる。

聖書がもっとわかる旅

マクペラの洞穴

エルサレムのヨルダン川西岸地区にある土地ヘブロン。

この地にあるマクペラの洞穴には、リベカが葬られている。

リベカのほかにもアブラハムとサラ、イサクなどの『旧約聖書』の重要人物が埋葬されており、キリスト教徒だけでなくイスラム教やユダヤ教徒からも神聖視される史跡だ。

◆ spec of pictures ◆

『井戸のリベカとエリエゼル』 バルトロメ・エステバン・ムリーリョ

プラド美術館蔵、油彩 1665年頃に制作

名画が生まれた背景

17世紀後半のスペインを代表するセビーリャ派の画家ムリーリョは、バロック画家らしく自由な筆触と巧みな構図が光る。その一方で、光輝く色彩はロココを先駆しているともいわれる。

この作品でも、まずその色彩の鮮やかさに目が向くだろう。また、注目すべきは登場人物たちの表情だ。

若く美しいリベカはつつましく、喉を乾かした旅の人が水を飲む様子から目をそらしているが、一緒に水汲みにやってきた娘たちは好奇心を隠しきれずにいる。

この主題で老僕がリベカから水を受けるというのは、神がリベカを認めた証であり、それは聖母マリアの「受胎告知」の予型とみなされている。

その聖なるシーンを、優美な女性像と日常生活のありふれた場面で表現するのが、ムリーリョならではの技術である。

図像を読み解く

『旧約聖書』には、老僕は富の象徴であるラクダを10頭引き連れたとある。画面左のラクダと人々は、老僕とともに故郷を目指した旅団だろう。彼らの渇きを癒すため、リベカは何度も水を汲んだ。

画家の主張

井戸にやってきたリベカに同行者がいたとは聖書には書かれていない。しかしムリーリョは複数の女性を登場させ、聖性を日常の一場面として表現した。

エサウとヤコブ

騙す弟と騙された兄 双子の運命を分けた母の愛

「創世記」25章19節〜35章

聖書のストーリー

イサクの妻になったリベカは、双子の兄弟を出産した。

兄は赤毛でおおわれていたため「エサウ（赤）」、弟は兄のかかとを握って生まれてきたため「ヤコブ（かかとにつかまる者）」と名付けられた。

エサウは野性的な狩人になって父イサクに愛され、弟ヤコブは穏やかな青年に育ち、母リベカに愛された。

ある日、狩りから帰ったエサウは空腹に耐え切れず、ヤコブの作ったレンズ豆の煮物を食べさせてくれるよう懇願する。左の絵画はまさにこのシーンを描いたものだ。対するヤコブは、条件として長子権《ちょうしけん》を譲るよう兄に迫る。長子権とは財産、家督を相続する重要な権利である。エサウは一時の食欲に負け、これを受け入れてしまう。

それから数年後、年老いて目がかすんだイサクは身近に迫った死を悟り、自分に与えられた祝福（神の加護）をエサウに贈ろうと考えた。するとリベカがヤコブをそそのかしてエサウのふりをさせ、イサクをだまして祝福を受けさせたのである。

自分が祝福を受けられないと知ったエサウは激怒した。

そこでリベカがヤコブを兄ラバンのもとに逃がし、ヤコブはラバンの娘レアとラケルの2人と結婚した。

ヤコブはその後「イスラエル」と名を変え、12人の息子をもうけた。彼らはイスラエル12部族の祖となった。

リベカによるヤコブの変装

子山羊の皮を手と首につけさせて、イサクの触覚を欺く
子山羊の肉で料理を作り、イサクの味覚を欺く
エサウの晴れ着を着せて、イサクの嗅覚を欺く
《ヤコブ》

視覚が衰えたイサクを欺くため、リベカは味覚・触覚・視覚に訴える作戦でヤコブに祝福を与えさせた。

聖書がもっとわかる映画

『ジェイコブス・ラダー』

1991年公開のアメリカ映画。「ジェイコブス・ラダー」とは「ヤコブのはしご」という意味だ。

「怒るエサウから逃れるためにラバンのもとへ向かったヤコブが、その道中で夢を見る」という聖書の記述をモチーフに、ニューヨークの地下鉄で主人公ジェイコブの身に起こる不思議な現象を描いた物語。

◆ spec of pictures ◆

『エサウとヤコブ』 マティアス・ストーマー

エルミタージュ美術館蔵、油彩 1640年頃に制作

名画が生まれた背景

狩りから帰ったばかりのエサウは、右手で煮物の皿をつかみ、空腹を満たすことだけしか考えていない。

それに対し弟のヤコブは、落ち着いた様子で長子権を譲るよう語りかけている。

ほのかに蠟燭《ろうそく》の光によって照らされている兄弟から少し距離を置き、ぼんやりと浮かんでいるのは母リベカの顔だ。満足そうな視線を鑑賞者に投げかけていることから、このシーンは交渉が成立した後とも受け取れる。1本の蠟燭を光源とする描き方は、イタリアバロック期の巨匠カラヴァッジョが確立したキアロスクーロ（明暗法）の影響が明確に見られる。

だがストーマーの作品は、そこにオランダ的な温かさが加わっており、独特の光の表現といえる。

画家の主張

画面中央には、ぼんやりとリベカの顔が見える。『旧約聖書』では、このエピソードにリベカが関わっている様子はないが、ストーマーは彼女がヤコブを陰で操作したと暗示させる表現を用いた。

隠しメッセージ

エサウの右手は煮物が入った皿をせっかちにつかみ、ヤコブの左手はそれを制するように上げられている。その手の動きで2人の心理的優劣がわかる。

ヤコブの子
ヨセフ

聡明かつ狡猾な少年の転機に行なわれた夢占い

「創世記」37章～50章

聖書のストーリー

イスラエル（ヤコブ）は12人の息子に恵まれたが、とくに年老いてからの子ヨセフを可愛がった。そのため、ヨセフの兄たちは弟を憎んでいた。

あるときヨセフは夢を見る。兄たちが束ねた麦の束が、ヨセフが束ねた麦の束を拝んだという内容である。そこで兄たちにそれを告げると、彼らは怒った。続いて太陽と月と11の星がヨセフにひれ伏す夢を見る。そこでヨセフは再び、兄たちにその話をする。

自分たちがヨセフにひれ伏す夢を語られた兄たちの憎しみは一層強くなり、ついに彼らはヨセフを亡きものにしようとする。

しかしすんでのところで兄ルベンが反対し、兄たちは、代わりにヨセフを隊商に売り飛ばすことにした。そして父への言い訳としてヨセフの着物にヤギの血をなすりつけ、「野獣に殺されてしまった」と父に告げたのである。

エジプトに連れて行かれたヨセフは、王の侍《じ》従長《じゅうちょう》ポティファルに仕え、信頼を得た。ところがその妻が若いヨセフに何度も言い寄り、拒まれたことに腹を立て、夫に嘘を吹き込んで、ヨセフを獄に投じてしまうのである。

その後、獄中のヨセフは夢解き（夢占いのようなもの）で有名になり、ファラオの前に呼ばれると王が見た夢を見事に解いてみせる。ファラオは彼を篤く用い、ついには宰《さい》相《しょう》にまで引き上げた。

やがて各地で大飢饉が起きると、エジプトはヨセフの夢解きによって食糧を確保していたため、飢えることはなかった。一方でイスラエル（ヤコブ）の住む地は飢えに苦しみ、穀物を分けてもらうために、ヨセフの兄弟を2度エジプトに遣わしている。そこで兄たちの改心を知ったヨセフは、みなを許してイスラエル一族をエジプトに招いたのである。

聖書がもっとわかる映画

『ショーシャンクの空に』

1995年公開のアメリカ映画。主人公の銀行家アンディは、無実の罪で投獄されるも、刑務所内で希望を捨てずに努力する。その入獄の経緯は、ヨセフの物語と重なるところが多い。

劇中では、『新約聖書』「ヨハネによる福音書」の言葉が使われるなど、聖書との関連が深い作品。

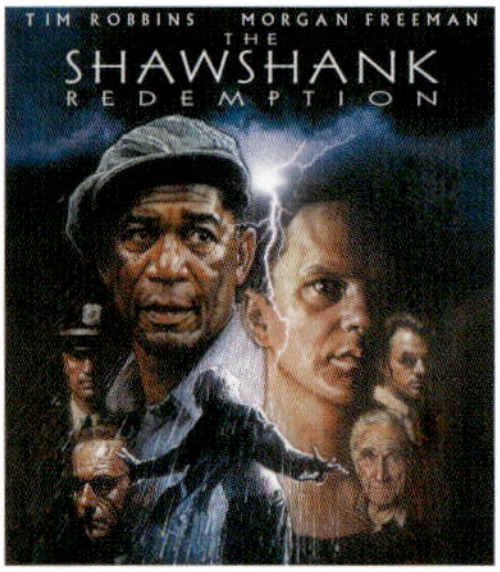

『ショーシャンクの空に』ブルーレイ2500円、DVD1500円
ワーナー・ホーム・ビデオ

◆ spec of pictures ◆

『ヨセフとポティファルの妻』バルトロメ・エステバン・ムリーリョ

アルテ・マイスター絵画館蔵、油彩 1645〜1648年頃に制作

名画が生まれた背景

ヨセフがポティファルの妻から誘惑を受け、必死で拒んでいるシーンだ。ヨセフを逃すまいとして、ひきちぎらんばかりの勢いで彼のマントをつかむ女主人は、聖書のイメージよりも幾分若いものの、鬼の形相がその心を映し出しているかのようである。対するヨセフは両手を上げ、一切手を触れまいと必死である。

ムリーリョは、じつはこの作品を描いた20年後に、同じ主題で同じシーンを描いている。そこに登場するヨセフは、本作品と同じように若く男前に描かれているが、ポティファルの妻は三段腹になりそうな熟女で表現されている。

その裸身は「女主人が若い男を手籠めにしようとする」エピソードにより説得力を持たせる。

隠しメッセージ

ヨセフのマントの茶色は、この絵の注文主であるセビリアの修道士たちの清廉さを示すための、ムリーリョの配慮だったと考えられている。

図像を読み解く

ポティファルの妻が、しどけない服装でヨセフを誘惑している。聖書の記述からは妻の年齢は判然としないが、顔立ちや肉体は少し若すぎる感もある。

モーセの誕生

迫害されるイスラエルの民に遣わされた運命の子

「出エジプト記」1章〜2章

聖書のストーリー

エジプトに移住したイスラエルの民は、エジプト国内で人口を増やした。だがヨセフを知らない世代になると、イスラエルの民はエジプト人たちに迫害され、強制労働に従事させられるようになった。

さらにファラオが「イスラエル人に男子が生まれたら殺せ」という命令を下す。

その頃、イスラエルのレビ族の夫婦に男子が生まれる。

母は子を殺すことができず、生後3か月になるとパピルスの籠《かご》に赤ん坊を入れ、ナイル川に流した。赤ん坊はファラオの娘に偶然発見され、モーセと名付けられた。王女はモーセのためにイスラエル人の乳母を雇って育てる。この乳母はモーセの実母であった。

モーセは王室で教育を受けつつ、自覚はないまでも実母に育てられる幸運に恵まれて成長した。だがあるときモーセは、イスラエル人労働者を虐《しいた》げるエジプト人労働者を激情にかられ、殺害してしまう。

事件にファラオが怒り、モーセを殺そうとしたので、彼はミディアン地方に逃げ、そこで知り合った娘ツィポラと結婚した。モーセはツィポラとの間にゲルショムという子をもうけ、この地で羊飼いとして過ごした。

イスラエル12部族とモーセの系譜

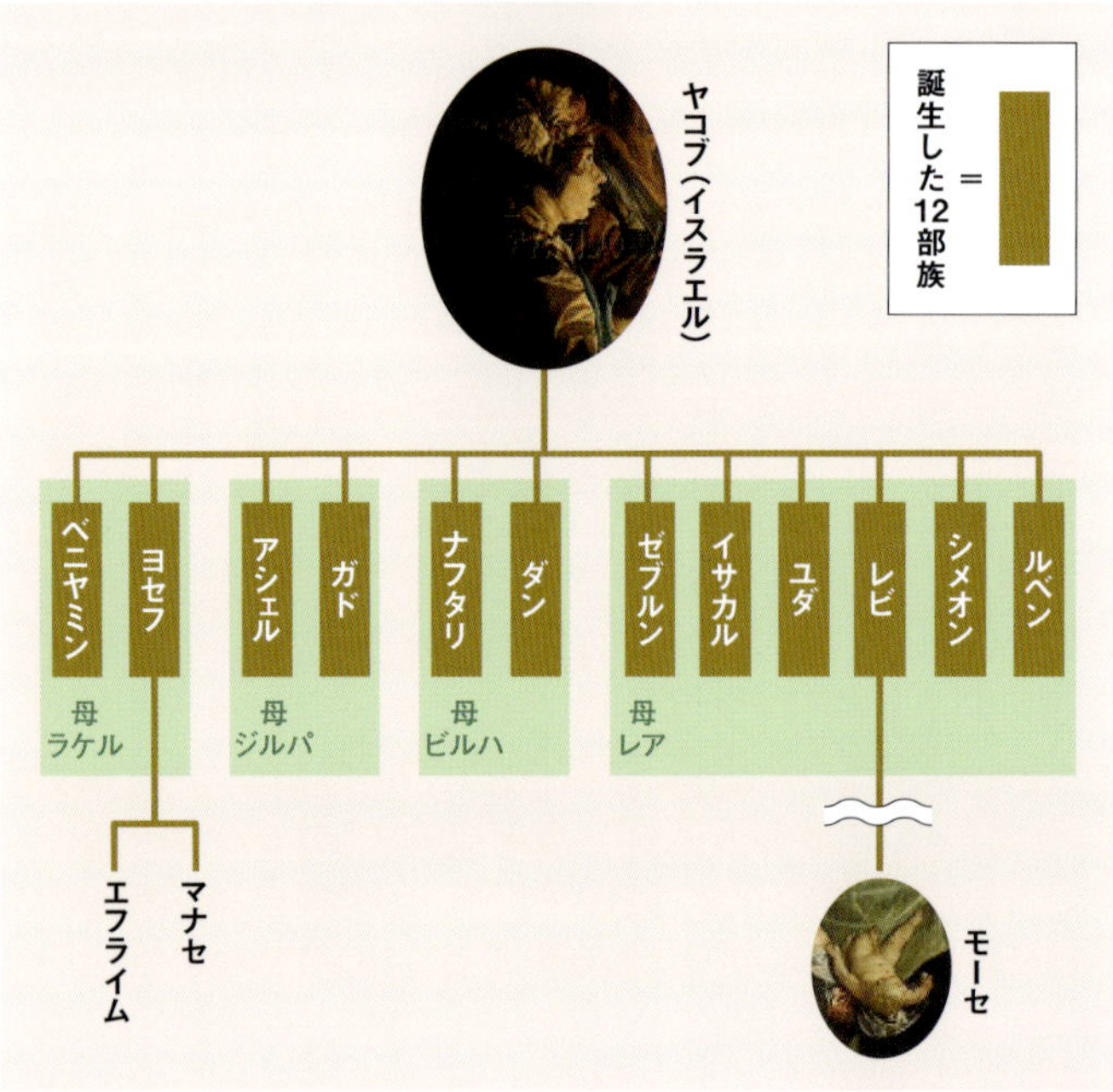

12部族のうちレビ人だけは土地を所有しなかった。モーセは、レビの家系に生まれたとされる（「出エジプト記」2章1節）。

『ナイル川から救われるモーセ』パオロ・ヴェロネーゼ

プラド美術館蔵、油彩 1580年頃に制作

名画が生まれた背景

エジプト王女がナイル川からモーセを救い上げるシーンを描いた当作品は、整然とした構図と鮮やかで美しい色彩、繊細で明るい作風というヴェロネーゼの優れた個性があらわれている。

ひときわ目を引く豪華な衣装を身にまとった王女の顔は美貌に描かれ、彼の作品の中でも群を抜く。

ヴェロネーゼは、この主題の絵を数多く描いており、ウィーン美術史美術館、ワシントン・ナショナルギャラリーでも類似の作品が見られる。

図像を読み解く

人々の後ろに見える背景は、石造りの街並にめがね橋がかかるなど、ヨーロッパ的。聖書の主題というよりパラディオ式（16世紀イタリアの建築様式）の邸宅で過ごすヴェネチア人女性の日常の1コマである。

画家の主張

ヴェロネーゼの宗教画は、時代考証に重きを置かないというのも、ひとつの特徴だ。聖書の主題に基づいて描かれた作品だが、王女はヨーロッパ的な顔立ちで、着ている衣装も16世紀の貴族女性の流行にのっとっている。

出エジプト

神の啓示を受けたモーセが奇跡を起こす

「出エジプト記」3章〜18章

聖書のストーリー

ミディアンで生活を続けていたモーセは、あるとき羊の群れを追ってホレブ山に登り、そこで燃える柴を目にする。

いつまでも燃え尽きない不思議な柴に引き寄せられるように近づいたモーセは、そこで「虐げられるイスラエルの民をエジプトから連れ出すように」という神の啓示を聞く。モーセは荷が重いと断るが、ついには兄アロンとともに使命を果たすことになった。

2人はエジプトに向かいファラオに神の啓示を告げるが、王はイスラエルの民を帰すことを拒絶した。そこで神は「ナイル川の水が血に変わる禍《わざわい》」や「ブヨが降る禍」などの災厄を起こす。それでもファラオが心を変えなかったため、神は「イスラエル人以外のエジプトの初子をすべて殺す」という禍を起こした。

ファラオはようやく彼らの出国を認めたが、一行が旅立ってまもなく、奴隷が惜しくなり、軍を差し向けている。

イスラエルの民は、目の前は葦《あし》の海、後ろにはエジプト軍という絶体絶命の事態を迎えてしまう。ところがモーセが神の指示で手を差し伸べると、海が割れるという奇跡が起こり、渡ることができたのである。こうしてイスラエルの民は、神に見守られながら荒《あ》れ野《の》を進んでいった。

「出エジプト」のルート（推定）

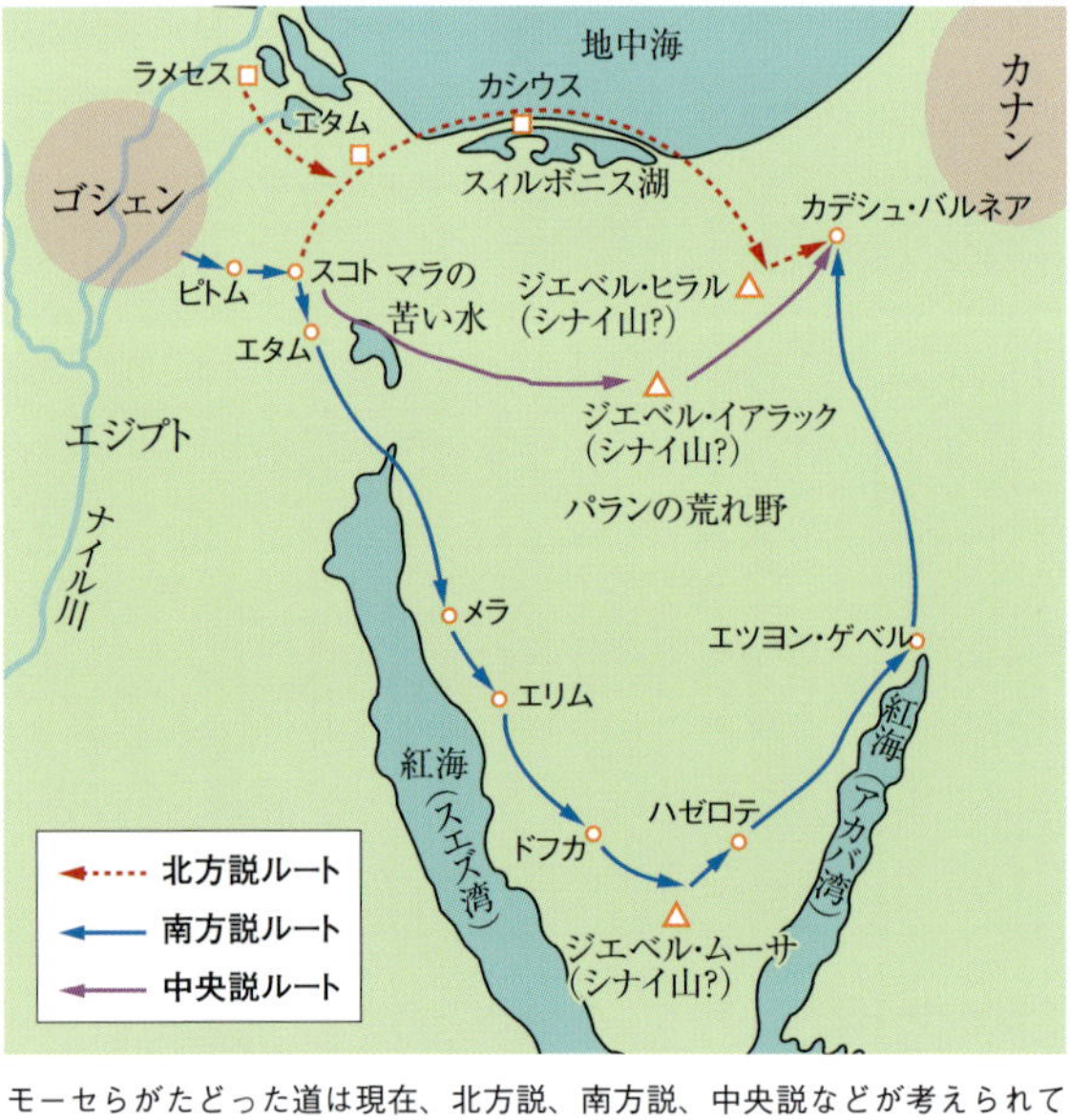

モーセらがたどった道は現在、北方説、南方説、中央説などが考えられている。もっとも有力とされるのが南方説である。

聖書がもっとわかる映画

『十戒』

1958年公開のアメリカ映画。モーセ誕生から「出エジプト」、そして十戒の授与など、モーセの生涯を追うスペクタクルな史劇。海が割れるシーンなどは当時の最先端技術を駆使して撮影されたという。

◆ spec of pictures ◆

『燃える茨の前のモーゼ』 ドメニコ・フェッティ

ウィーン美術史美術館蔵、油彩 1613〜1614年頃に制作

名画が生まれた背景

『燃える茨の前のモーゼ』は、静謐《せいひつ》さのにじむ絵画だ。神の「ここは聖なる場所。履物《はきもの》を脱ぎなさい」という声に慌てて従うモーセは、目の前の不思議な光景に目が釘付けになっている。

この絵の面白いところは、光源が複数存在することだ。モーセの顔に当たる光、両腕に当たる光、羊に当たる光、燃える柴に当たる光など、光の方向はバラバラで、多数のライトに照らされているようである。

ダイナミックな筆使いと生き生きした肌の色の表現で知られるフェッティは、このように1枚の絵に複数の光源を用い神々《こうごう》しさをあらわす手法を得意とした。

隠しメッセージ

モーセの足元には、彼が追ってきた羊、そして羊を追うための羊飼いの杖が見える。こうしたアイテムが、登場人物が何者かを示すヒントとなる。

図像を読み解く

聖書（新共同訳）では、燃える茂みのことを「柴」と訳すが、実際にどんな植物だったのかはわからない。この絵では、棘を持つ茨のような植物が採用されているようだ。

なお、「燃える茨」は受肉の先触れとしての神の顕現をあらわすという。

◆ この絵画を読み解く！ ◆

『マナの収集』

神の力に驚き恐れる人々を
劇的に表現した作品

名画が生まれた背景

ニコラ・プッサンは、17世紀フランス古典主義において巨匠のひとりに数えられる。多人数で構成される安定感のある画面構造、多少大げさにも思える演劇的な心理描写、古典彫刻のような人体描写など、フランス古典主義の基礎を完成させた。

その功績は新古典主義の巨匠ダヴィッドやアングル、印象派のセザンヌ、さらに20世紀のパブロ・ピカソなど、後世の画家に大きな影響を与えている。

この作品は、「出エジプト」で荒れ野を進む人々が飢えに苦しんでいたとき、神がマナという食物を出現させたシーン。

マナを奪い合いケンカする者、すでに口にしている者、ただ拾っている者など、人物ひとりひとりの身ぶりと表情の描き分けが見事だ。プッサン自身もこの絵の注文主に、人物の表情を読んでほしいと逆注文したという逸話がある。なお、この絵は民衆の喜びと同時に、彼らの飢えと悲惨さを描くことが目的であったと伝わる。

図像を読み解く 2

マナは、聖書で「霜が乾いたあとに残る薄いウロコ状のもので、蜜を入れたウェファースのようだ」と表現されている。早朝になるとあらわれ、気温が上がると消えるという謎の食物の正体は、一説によるとタマリスクという植物に昆虫が付着した際に出た分泌物の結晶といわれている。

画家の主張

画面右端には、自らの衣を広げながら天を仰ぐ女性の姿が見える。また、中央のモーセも天を指していることから、プッサンは、マナを「天から降って来るもの」として表現したことがわかる。

spec of pictures ◆『マナの収集』ニコラ・プッサン　油彩、ルーヴル美術館蔵［1637～1639年頃に制作］

図像を読み解く 1

画面左手前では、若い女性がわが子をあやしながら自分の母親に乳を与えている。現代人の感覚では考えられないような行動だが、西洋の伝承ではこうした「飢えた母（もしくは父）に乳を与える娘」の主題が珍しくない。

十戒とモーセの死

背信したイスラエルの民は40年の放浪生活を強いられる

「出エジプト記」19章～40章
「レビ記」、「民数記」
「申命記」1章～33章

聖書のストーリー

葦の海の奇跡から3か月後、モーセ率いる一行はシナイ山の麓《ふもと》に辿り着いた。

山頂に呼び出されたモーセは、神から「イスラエルの民をすべての民に勝り守ることを約束する」ことを告げられ、代わりに人々が守るべき10の戒律「十戒《じっかい》」を授けられる。

また、神はこのとき祭祀や財産についての規定なども事細かに定めている。

その頃、麓のイスラエルの民は、モーセを待ち切れず、アロンに頼んで黄金の仔牛の像をつくり、拝んでいた。偶像の崇拝は十戒での禁止項目に挙げられる背信行為である。神は怒り、山から戻ったモーセも民衆の行ないに激怒すると、十戒が刻まれた石板を投げつけ、粉々にした。また、神は罰として首謀者と賛同者3000人を打った。

改めて偶像崇拝を厳しく排除したモーセは、再びシナイ山に登る。そして再度神と契約を交わすと、神の言葉が刻まれた2枚の石板を持って山から下り、石板を入れるための箱「契約の箱」を作り安置した。

こうして神の民となったイスラエルの人々は、約束の地カナンの手前カデシュ・バルネアまでやってきた（52ページ図参照）。しかしカナンにはすでに他の民族が住んでいて入植できる状態ではなかった。民はまたしてもモーセとアロンに不満をぶつけ、反抗した。この論争を知った神は背信者たちを打ち、一行に「40年間荒れ野をさまよう」よう命ずるのだった。

「十戒」とは何か？

1. あなたには、わたしをおいてほかに神があってはならない。
2. あなたはいかなる像も造ってはならない。いかなるものの形も造ってはならない。それらに仕えてはならない。
3. あなたの神、主の名をみだりに唱えてはならない。
4. 安息日を心に留め、これを聖別せよ。
5. あなたの父母を敬え。
6. 殺してはならない。
7. 姦淫してはならない。
8. 盗んではならない。
9. 隣人に関して偽証してはならない。
10. 隣人の家を欲してはならない。隣人の妻、奴隷、家畜などを一切、欲してはならない。

神は人間と契約を交わす上で「十戒」を授けた。また、「十戒」のほかにも神は日常生活における細々とした規定や、祭祀の決まりごと、祭儀のやり方を定め、モーセに伝えている。

聖書がもっとわかる映画

『インディ・ジョーンズ　レイダース　失われたアーク《聖櫃》』

1981年公開のアメリカ映画。ハリウッド俳優ハリソン・フォードの代表作ともいえるインディ・ジョーンズシリーズの第1弾。

若き考古学者インディは、「聖櫃＝契約の箱」を求めてエジプトへ向かう。そこでさまざまな危機に立ち向かい、冒険を繰り広げる彼は、ついに「契約の箱」を発見する——。ハラハラドキドキが連続するアクションムービーの金字塔というべき作品だ。

◆ spec of pictures ◆

『十戒の引渡し』 コジモ・ロッセッリ&ピエロ・ディ・コジモ

システィーナ礼拝堂壁画、フレスコ画 1481〜1483年頃に制作

名画が生まれた背景

15世紀後半に活躍したルネサンス期のイタリア人画家コジモ・ロッセッリは、古典的作風の宗教画を多く残した。当作品は、ヴァチカンにあるシスティーナ礼拝堂の側壁に、ボッティチェッリやペルジーノなどの有名画家らが結集して描いた「モーセ伝」という6枚のフレスコ画のうちの1枚だ。

特徴は、異なる出来事がひとつの画面上で展開する異時同図法という画法が使われていることにある。写真では切れてしまっているが、画面上部には、神から十戒を授けられるモーセの姿があり、中央部には黄金の牛の像を拝するイスラエルの民が見える。さらにその手前には、民の愚行に怒り、石板を叩きつけようとしているモーセの姿が描かれる。このように、ひとつの画面にモーセを複数描くことで、聖書のテキストとしての役割を示している。

画家の主張

黄金の仔牛像は、唯一神への信仰以前の古い宗教儀式を反映している。古く雄牛の像は、熱情と多産、豊饒の象徴とされていた。

隠しメッセージ

画面向かって右側の青い服の女性は、隣の赤い帽子の男性と手を握り合っている。これは性交を意味しているといわれ、モーセが神から十戒を授かっているあいだ、イスラエルの民は自分たちの欲望に身を任せていたことを示唆している。

ヨシュアのカナン侵攻

放浪生活の末の戦闘！約束の地、カナンへ

「申命記」34章
「ヨシュア記」

聖書のストーリー

モーセはカナンの地に入ることなく命を終えた。神に後継者として選ばれたのは、エフライム族のヨシュアである。ヨシュアはカナン侵攻にあたり、ヨルダン川西岸のエリコとアイの攻略を開始した。

エリコ攻略では、神がさまざまに助け舟を出している。ヨルダン川の西岸に向かったヨシュア軍が増水で立ち往生すると、契約の箱を担いだ者たちが水に足をつけた途端、川の水が分かれて道ができ、川を渡ることができた。

続いて神はヨシュアに秘策を授けた。「契約の箱を先頭に、角笛を携《たずさ》えてエリコの城壁を毎日1周せよ。そして7日目には7周し、回り終えたら角笛を吹き、一斉に鬨《とき》の声を上げよ」というものだった。彼らがそのとおりにすると、エリコの城壁が崩れ落ち、攻め落とすことができた。

アイ攻略では、ユダ族のアカンという男が神の怒りを買ったため、一度は失敗に終わるが、再び攻略を始めると、神の導きによって成功した。

以降も神に守られたヨシュアの軍は勝利を重ね、ついにはカナンの地すべてを支配下に治める。こうして12部族の民には、それぞれに土地が分け与えられた。

ヨシュアによるカナンへの侵攻ルート（推定）

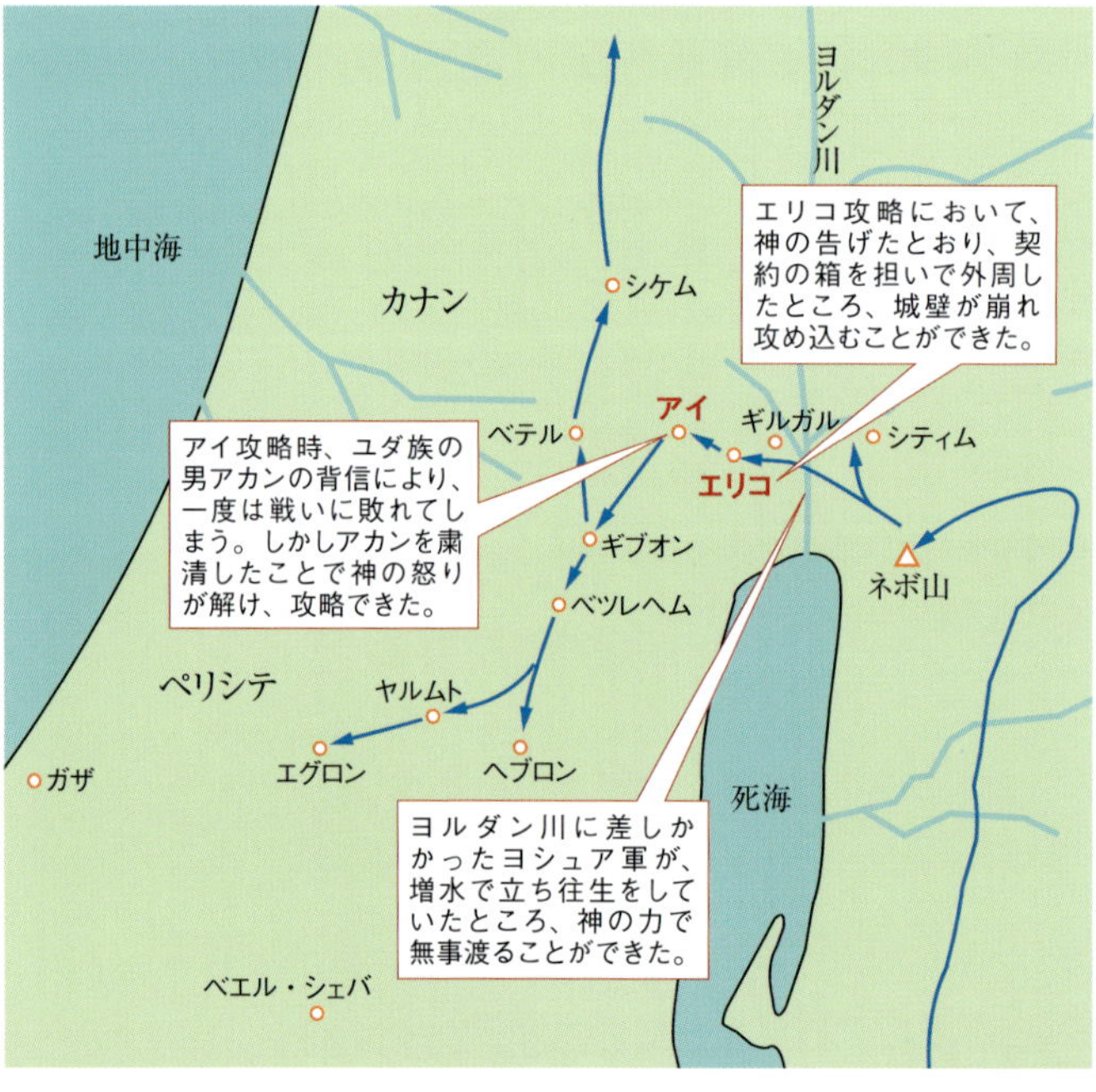
地中海
カナン
ヨルダン川
シケム
ベテル
アイ
ギルガル
シティム
エリコ
ギブオン
ネボ山
ベツレヘム
ペリシテ
ヤルムト
エグロン
ヘブロン
ガザ
死海
ベエル・シェバ
エリコ攻略において、神の告げたとおり、契約の箱を担いで外周したところ、城壁が崩れ攻め込むことができた。
アイ攻略時、ユダ族の男アカンの背信により、一度は戦いに敗れてしまう。しかしアカンを粛清したことで神の怒りが解け、攻略できた。
ヨルダン川に差しかかったヨシュア軍が、増水で立ち往生をしていたところ、神の力で無事渡ることができた。

「ヨシュア記」によると、ヨシュア率いるイスラエルの民はネボ山の東側から移動を開始し、エリコ、アイを陥落させたのち、諸国家を占領したという。

『エリコの奪取』 ジャン・フーケ

フランス国立図書館蔵、聖書挿絵 1465年頃に制作

名画が生まれた背景

画面向かって右側で契約の箱を担ぐのは祭司たち。

契約の箱の脇を固め、歩を進める兵士や祭司が躍動的に表現される一方で、画面後方のエリコの町並みは不気味なほど静かに描かれ、静と動が一体となっている。

15世紀フランスを代表する画家フーケは、ルネサンス期の芸術をフランスにもたらし、独自の芸術に昇華させた。肖像画、宗教画などの分野で優れた才能を発揮している。

画家の主張

聖書の記述によると、神が角笛を吹くよう指示したのは、7日目である。つまりフーケは角笛を吹く描写で、この絵が7日目であることを示した。

図像を読み解く

画面右下で契約の箱を担ぐのは、7人の祭司たち。聖書は契約の箱の形状を記していないが、ここでは豪華な黄金の箱で表現されている。

士師の時代

異教への傾倒により、神が人々に罰を下す

「士師記」

聖書のストーリー

「士師《しし》記《き》」では、カナン侵攻の過程を「ヨシュア記」とは別に「イスラエルの民たちが長い時間をかけ、部族単位でそれぞれの土地を手に入れた」と著《あら》わしている。

その間、土着のカナン人の影響を受けた彼らは、異教に傾倒することが何度となくあった。その度に神は怒り、周辺の国々にイスラエルを攻撃させた。それに対し悔い改めた民が神に助けを請い、神が「士師」という指導者を派遣して民を救うという話が7度も繰り返されている。

「士師記」に登場する士師は計12人。その中で、画家たちがとくに好んだのが、英雄サムソンだ。

サムソンは素手でライオンを殺し、ひとりで1000人も倒すほどの怪力を誇る一方で、女にだらしなかった。

あるときサムソンは、敵対するペリシテ人の女デリラに惚れ、弱点を教えてしまう。するとサムソンは弱点である髪の毛を刈られて力を失い、両目をえぐられて投獄された。

その後ペリシテ王が祝宴を開き彼を見せ物にしていたとき、髪の毛が伸び力を取り戻したサムソンは神殿の柱を引き倒す。こうして自分の命もろとも数千のペリシテ人を葬りさったのである。

12人の士師とそれを継ぐ祭司たち

「士師記」に登場する士師たち	オトニエル	アラム・ナハライムの王クシャン・リシュアタイムに奪われたイスラエルを救う。
	エフド	モアブ王エグロンに奪われたイスラエルを救う。
	シャムガル	ペリシテ人に奪われたイスラエルを救う。
	デボラ	カナン王ヤビンに支配されたイスラエルをバラクとともに救う。唯一の女士師。
	ギデオン	ミディアン人に奪われたイスラエルを救う。
	トラ ヤイル	イスラエル内にて内乱が勃発したところ、それを治める。
	エフタ	アンモン人に奪われたイスラエルを救う。さらにエフライム人を討ち破る。
	イブツァン エロン アブドン	イスラエル内にて勃発した内乱を鎮める。
	サムソン	ペリシテ人に奪われたイスラエルを救う。
「サムエル記」に登場する祭司	エリ	サムエルを養育した。士師時代の終わりに登場した祭司。
	サムエル	預言者あるいは祭司と呼ばれた指導者。イスラエルに王制の礎を築いた。

＝外敵による侵攻　＝内乱

サムソンとデリラのエピソードは『士師記』に登場する士師サムソンの物語の一節である。

聖書がもっとわかる映画

『サムソンとデリラ』

1952年に公開されたアメリカ映画。

怪力の士師サムソンが、ペリシテ人の美女デリラに出会い、弱点を握られて無力化する『旧約聖書』「士師記」のエピソードを映像化した作品。

第23回アカデミー賞美術監督賞、美術装置賞、そして衣装デザイン賞を受賞している。

◆ spec of pictures ◆

『ペリシテ人に目を潰されるサムソン』 レンブラント・ファン・レイン

シュテーデル美術研究所蔵、油彩 1636年頃に制作

名画が生まれた背景

17世紀オランダの絵画黄金期を代表する巨匠レンブラントは、ヨーロッパ美術史においてきわめて重要な画家である。

主題によって自在に表現法を変えるのがレンブラントの特徴だが、この作品では、スポットライトを当てたような強い光による明暗のコントラストと、動的な表現がバロック的な様式を示している。

苦悶にゆがむサムソンの表情と、不敵に笑うデリラに光が当てられる一方で、周辺は暗く、その対比が人間の心の深層を浮かび上がらせている。

とくにサムソンの毛をつかみ走り去ろうとしているデリラに当てられた光は、悪女の残忍な心理を強調する。

レンブラントはこの絵を妻サスキアとの日々の中で描いた。結婚生活はトラブル続きで、その悲哀が絵に表現されているとも解釈できる。

図像を読み解く

サムソンとデリラのほかに、この絵画で独特な存在感を見せるのが、画面左の逆光の中でシルエットのように描かれる兵士。明暗のコントラストを強調する役目を存分に果たしている。

画家の主張

画面中央で目を潰されるサムソンの右足。苦悶に満ちた表情以上に、指が不自然なまでに折れ曲がった足の指に、レンブラントは苦痛のほどをあらわした。

ルツ記

「落穂《おちぼ》拾い」のモチーフとなった家族の愛の物語

「ルツ記」

聖書のストーリー

「ルツ記」は、士師の時代を背景に描かれた寡婦《かふ》の物語だ。

イスラエル人のエリメレクは、飢饉《ききん》を避けてモアブに移り住んでいた。しかし彼は間もなく亡くなり、あとには妻のナオミと2人の息子が残される。そしてモアブ人の妻を娶《めと》った息子たちもまた、母とそれぞれの妻を残してこの世を去った。

夫と息子たちを失ったナオミは、ひとり自分の故郷に戻ることを決意する。当時この地方にはレビラート婚という制度があった。これは子供ができずに死んだ男の妻は、亡き夫の兄弟の嫁になって子を生み、跡継ぎを残すというものである。しかしナオミは義理の娘たちをその制度から解放しようとしたのである。

嫁オルパはナオミとの別れを惜しみつつ故郷に帰ったが、もうひとりの嫁ルツはナオミとともにベツレヘムに移った。

ベツレヘムについたルツは、姑と自分の生活のために落穂拾いを始める。落穂拾いとは、畑を持たない寡婦や外国人への救済制度のひとつで、畑の持ち主が収穫し終えた後の落穂を拾い、食糧とすることを許すものだ。

ルツは亡き舅《しゅうと》エリメレクの従兄弟《いとこ》ボアズの畑で落穂拾いを始め、ボアズは懸命に働くルツの姿に惹かれて2人は結ばれる。やがて2人のあいだにはオベドという子が生まれる。オベドは、のちにイスラエル王国を築くダビデ王の祖父であり、イエスの先祖となる人物である。

『ルツ記』のおもな登場人物

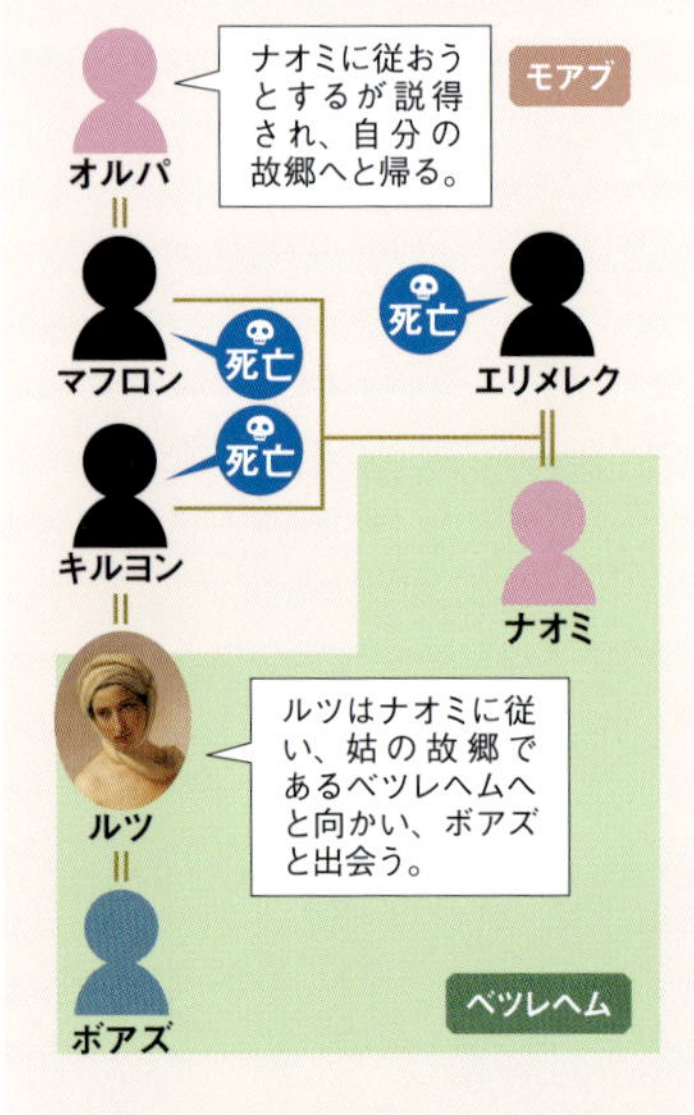
ナオミに従おうとするが説得され、自分の故郷へと帰る。
モアブ
オルパ
死亡
マフロン
死亡
エリメレク
死亡
キルヨン
ナオミ
ルツはナオミに従い、姑の故郷であるベツレヘムへと向かい、ボアズと出会う。
ルツ
ボアズ
ベツレヘム

「ルツ記」には、異邦人であっても、神への信仰があれば、神はその愛に報いるというメッセージが込められている。

聖書がもっとわかる旅

オルセー美術館

フランスはパリにあるオルセー美術館には、農民画の画家として知られるジャン＝フランソワ・ミレーの傑作『落穂拾い』が所蔵されている。

「ルツ記」をモチーフにしたこの絵画には、畑に残った麦の穂を集める3人の農婦の姿が描かれる。

労働の重苦しさを感じさせつつ、一方で朝の太陽の明るい色彩が、苦しさの中に希望をもたらしている。

『ルツ』 フランチェスコ・アイエツ

ボローニャ市庁舎蔵、油彩 1853年頃に制作

名画が生まれた背景

この作品は、姑のため、慣れない落穂拾いに懸命になっている美しきルツの姿が描かれている。

とはいえ、重労働の落穂拾いをする貧しい女性にしては、肉体が豊満で、不必要に乳房を露わにしている。

この官能的なルツの姿は、家を絶やさないため、跡継ぎを産む責任を果たそうという固い決意をあらわしているのかもしれない。

18世紀後半のイタリア・ロマン主義の代表的な画家アイエツは、精緻で写実的な描写のなかに、叙情性、感傷性も表現した独特の作風で知られる。

図像を読み解く

丁寧に書き込まれた服のヒダのひとつひとつは、精緻かつ写実的。こうした細部の描きこみは、この画家の得意とするものだった。

画家の主張

上半身をはだけ、乳房をあらわにするルツ。実際にはこの地方の日中は日差しが強く、肌の露出は考えられない。アイエツはあえて官能的な姿で描くことで、ルツの決意を表現したのだと思われる。

サムエルとサウル

民衆が起こした変革から初の王制へ

「サムエル記上」1章〜12章

聖書のストーリー

士師時代の終わりには、イスラエル初の王を選定する役目を担ったサムエルという人物が登場する。サムエルはレビ族のエルカナとハンナという両親のもとに生まれ、幼い頃に祭司エリに預けられ、以後、神殿で育った。

ある日の夜、サムエルは自分を呼ぶ声を聞いた。師に呼ばれたと思い、急いでエリのもとに行くと、それは神の声であると教えられる。そしてこの夜を機に、サムエルは神と対話をすることができるようになった。左に取り上げた絵画は、神と対話する幼きサムエルの姿だ。

この頃イスラエルは、ペリシテ人からの襲撃に苦しんでいた。そこで民衆はヨシュアの劇的なエリコ陥落をもう一度と、契約の箱を先頭に反撃を試みたが、完敗に終わる。

それればかりか、契約の箱をペリシテ人に奪われるという事態を招いてしまう。それを聞いたエリは、ショックを受け死んでしまうのだった。

それから20年後、サムエルは立派な預言者となって民を指導し、イスラエルの領土を回復した。

ますますサムエルの名声は高まるが、彼が年をとると、イスラエルの民は周囲の敵と戦うために団結の要《かなめ》として、王を求めるようになった。

神を唯一の存在と信じるサムエルはこの要望に反対するが、意外にも神は「民衆の望むようにせよ」と告げる。

そこでサムエルはベニヤミン族からひとりの青年を選び出す。美しく背の高い内気な若者サウルに、サムエルは神に選ばれた者の印として、彼の頭に聖なる油を注ぐ。イスラエルの民にはじめて王が誕生した瞬間である。

王となったサウルは、イスラエルの民を導き、ペリシテ人、アンモン人を撃破。サウルは周囲からも王として認められることになった。

サムエルの生涯

	出来事
紀元前1050年頃（紀元前1100年頃?）	サムエル誕生。乳離れ後に祭司エリに預けられる。 ▼ 数年後、神の声を聞く。 ▼ 預言者として民を導き、信頼を集める。 ▼ 老齢になり、息子たちを「裁きを行なう者」に任命するも、周囲から反撥を受ける。
紀元前1020年頃（紀元前1040年頃?）	神の啓示を受け、ベニヤミン族のサウルに油を注ぎ、王とする。 ▼ 神に背くようになったサウルと訣別。 ▼ 神の啓示を受け、ベツレヘムのダビデに油を注ぐ。 ▼ ダビデの即位を待つことなく死去。

王の誕生を願う民衆の声に応じ、神はサウルを選出した。

◆ spec of pictures ◆

『幼きサムエル』 ジョシュア・レノルズ

ファーブル美術館蔵、油彩 1780年頃に制作

名画が生まれた背景

この絵は少年時代のサムエルが、はじめて神の声を聞き、対話するシーン。日本ではキリスト教系書店でポストカードが売られていたり、複製がキリスト教系の幼稚園・教会に飾られていたりするため、どこかで見たことがある人もいるかもしれない。

レノルズは、18世紀イギリスを代表する画家で、高貴かつ壮麗なタッチで描く肖像画は評判を呼んだ。彼のおかげでイギリス絵画のレベルと地位が格段に上がったといわれる。

画家の主張

レノルズが描くサムエルは６〜７歳の幼児の姿。そこには神への純粋な信仰心を描き出そうという画家の意図がある。

図像を読み解く

サムエルははっきりと神の声を聞いたとあるが、その姿が見えたという記述は見られない。この絵においても神の姿はなく、レノルズはサムエルの顔にあたる光によって、神の存在をあらわしている。

ダビデとゴリアト

神の加護を失うサウルと新たに選出された王ダビデ

「サムエル記上」13章〜17章ほか

聖書のストーリー

サウルは勝利を重ねていくに従って慢心していった。ミクマスの戦いではサムエルを待たずに儀式を開始してサムエルを失望させ、アマレク人との戦いでは神の命に背くなどして、王としての資格を失っていく。

サウルの背信を目の当たりにしたサムエルはサウルのもとを去り、神に導かれてベツレヘムに向かう。そこでサムエルはエッサイの息子ダビデに出会い、彼に聖なる油を注いだ。ダビデが次の王に選出されたのだ。

それより前のことだが、サムエルに去られたサウルは、精神のバランスを崩していった。そんな王を見かねた家臣は、心を慰めるために竪琴の名手であったダビデを招く。

ダビデの竪琴の音はサウルの心を落ち着かせ、安らぎを与えた。

また、ダビデは竪琴の名手であるだけでなく、勇敢な戦士でもあった。

あるとき、ダビデはペリシテ人との戦いで身の丈3メートルもある大男ゴリアトを打ち負かす。それも投石の一撃だけで即死させると、ゴリアトの剣をとり、彼の首を切り落としたのである。

勇敢なダビデは人々の称賛を浴び、やがて彼は優れた軍事指導者となった。

またダビデはサウルの息子ヨナタンと固い友情で結ばれ、さらにその妹ミカルと結婚している。

サウルとダビデの周辺人物たち

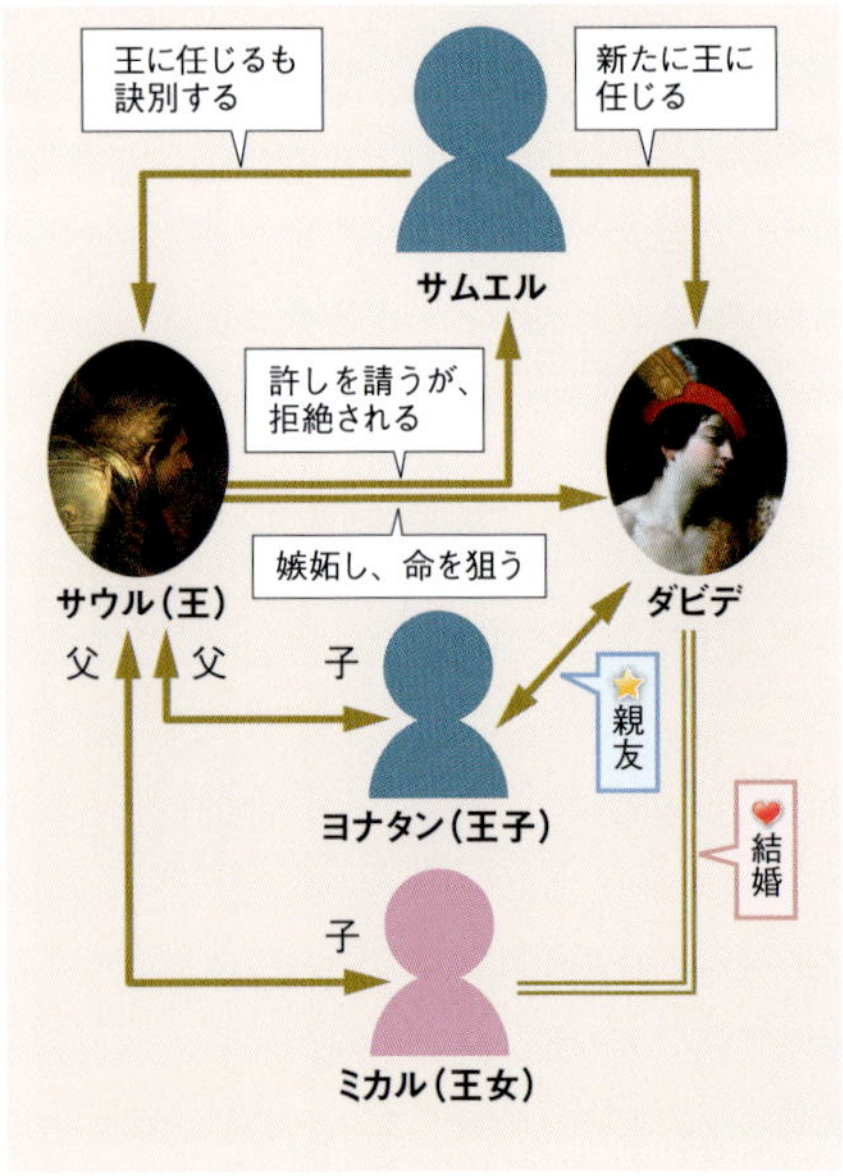

神に背くようになったサウルはやがて神に見放され、王としての資格を失った。

聖書がもっとわかる映画

『キング・ダビデ　愛と闘いの伝説』

１９８６年公開のアメリカ映画。

サウル王の堕落によって混迷を迎えたイスラエル。その地で少年ダビデはサムエルに見出されて成長し、やがて王となる――。ダビデの波乱の生涯を演じるのは、現在もハリウッドの第一線で活躍する名優リチャード・ギアだ。

『ゴリアテの首を持つダヴィデ』 グイド・レーニ

ルーヴル美術館蔵、油彩 1604年頃に制作

名画が生まれた背景

投石の一撃で打ち倒したゴリアトの首を誇らしげに掲げるダビデを描いた作品。

ダビデの均整のとれた肉体美の表現や、彼がまとう毛皮の細かな表現に、画家の優れた才能が見てとれる。

グイド・レーニは17世紀のバロック期に活躍したイタリアの画家で、その古典主義的作風からラファエッロ・サンツィオの再来と称賛された。

レーニは20歳代半ばにローマで本格的に絵を描き始めたが、その際にバロック期の巨匠カラヴァッジョが確立した明暗の対比や劇的な構図の影響を受けたと考えられる。

本作品もレーニのローマ滞在時代に描かれたものとされ、カラヴァッジョの影響が明確にあらわれている。

図像を読み解く

均整のとれたダビデの肉体は、ディテールにこだわられた衣装を身にまとっている。毛皮も服のひだの表現もじつに秀逸だ。

隠しメッセージ

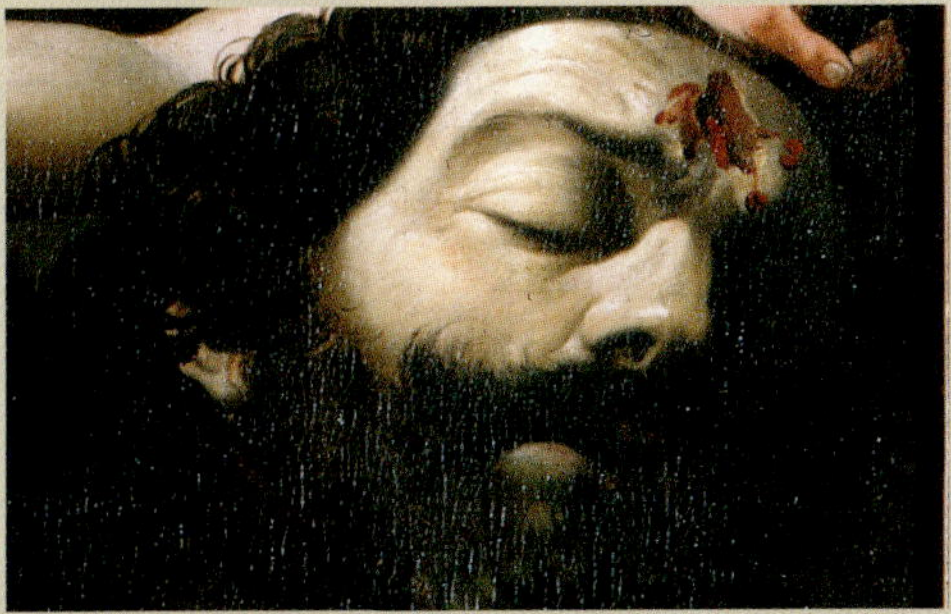

レーニのゴリアトは、カラヴァッジョのゴリアト（次ページ）と似ている。しかしカラヴァッジョに比べその頭部の巨大さは顕著で、ダビデの偉業が強調されている。

◆ この絵画を読み解く！ ◆

『ゴリアテの首を持つダヴィデ』

「断首」に魅せられた画家が
こだわりを持って描いた作品

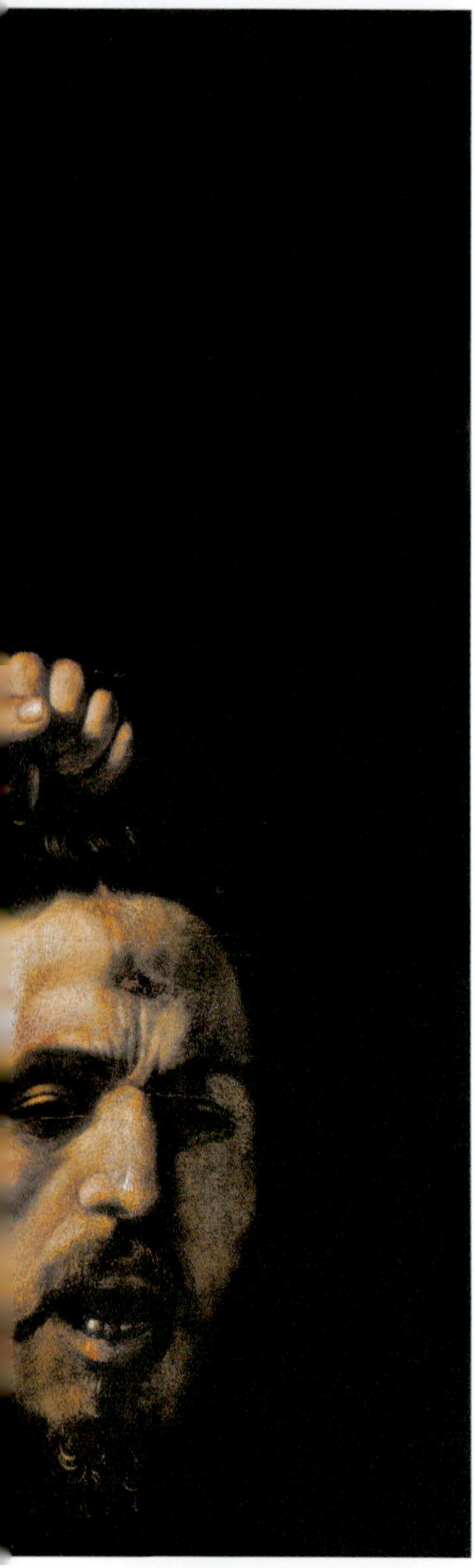

名画が生まれた背景

「ユディト（94ページ参照）」、「サロメ（124ページ参照）」そして「ダビデとゴリアト」……これらの聖書の物語には、共通点がある。それは断首のシーンが含まれているということだ。

　カラヴァッジョはそのいずれも絵画に描いており、断首の物語への執心が認められる。

　そこには、殺人まで犯した画家自身のスキャンダラスな人生がどこか影響を与えているのかもしれない。

　とくに「ダビデとゴリアト」のエピソードは彼にとって特別だったようで、少なくとも3度描いている。ここで取り上げる『ゴリアテの首を持つダヴィデ』は1607年頃の作品で、まさにカラヴァッジョらしい作品だ。風景や副次的な人物を一切取り除き、強烈なまでの光をキャンバスにぶつけることで、物語をより劇的に演出している。

　ここに描かれるゴリアトの顔のモデルはカラヴァッジョ自身とされ、ゴリアトの額の傷はダビデによる投石の傷であると同時に、カラヴァッジョがイタリアのナポリで負傷した際の傷跡を示すといわれている。

図像を読み解く 2

カラヴァッジョのダビデは非常に若く、自信に満ちあふれているが、増長しているわけではない。自分に与えられた任務を、確実にこなそうとする強い意志がうかがえる。肩にのせられた剣は古代のものではなくカラヴァッジョ時代のもの。

画家の主張

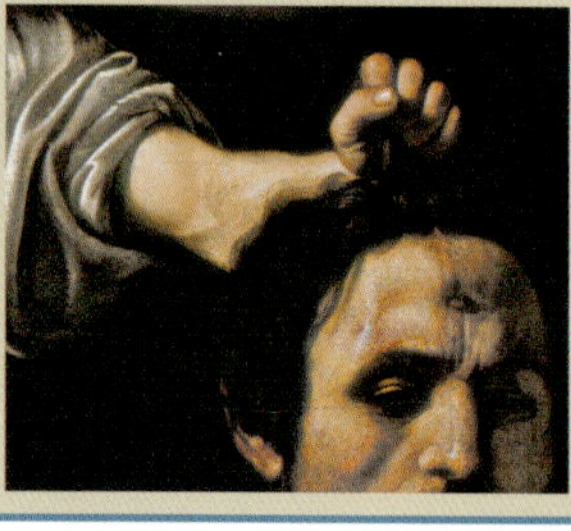

ダビデの手が、力強くゴリアトの髪の毛をつかんでいる。当時、頭髪をつかまれることは屈辱とされたため、画家はあえてこのような描写でゴリアトの敗北を表現したのだろう。首の切断面も非常にリアルである。

spec of pictures ◆
『ゴリアテの首を持つダヴィデ』
ミケランジェロ・メリージ・ダ・カラヴァッジョ
ウィーン美術史美術館蔵、油彩［1607年頃に制作］

図像を読み解く 1

聖書でダビデが戦闘時にどんな衣装をまとっていたかは書かれていないが、本作のダビデが肩からつるしている袋は、羊飼いの持ちもの。また、服装も羊飼いの衣装である。ゴリアトは厳重な装備に身を固めていたという。

イスラエル統一

少年ダビデの躍進！初代王が迎えた非業の最期

「サムエル記上」18章〜
「サムエル記下」1章〜10章
ほか

聖書のストーリー

豊かな才能と強靭《きょうじん》な精神を持ったダビデは、民衆の人気を一身に集めた。

それに嫉妬したサウル王は、ダビデの命を狙うようになる。

妻ミカルの機転で間一髪で王のもとから脱したダビデだったが、サウルは執拗にダビデを追った。そこでダビデは荒れ野を彷徨《さまよ》いながら、本来イスラエルの敵であるペリシテ王アキシュのもとに身を寄せるのである。

サウルはダビデの命を狙いながら、ペリシテ人との戦いを続けていた。日に日に悪化する戦況に焦るサウルは懸命に神に祈るが、神からの応えはない。

思いつめたサウルは、女霊媒師のもとに向かい、当時すでに死去していたサムエルの霊を呼び出し、助言を仰ごうとした。だが、あらわれたサムエルの霊が告げたのは、「神はお前のもとから去っている。お前と息子たちは死ぬ」という厳しいものだった。

その言葉のとおり、イスラエル軍はペリシテ軍との戦いで大敗を喫し、ヨナタンらサウルの息子たちは戦死する。さらにサウル自身も戦いで傷を負うと、ついに自ら命を絶った。

王の死後イスラエルでは内紛が勃発し、南北が分裂。神の導きでユダの地に向かったダビデはそこで王となり、さらには全イスラエルを統治する王になった。ダビデは首都をエルサレムに定めると、カナンの各地を征服していったのである。

イスラエル王国の版図

支配下の国々
影響下の国々
ダビデ王国の国境
フェニキア
アラム・ツォバ
アラム・ダマスカス
ヘルモン山
地中海
マアカ
タボル山
キンネレテの海
ギルボア山
フィリスティア
ヨルダン川
アンモン
イスラエル
エルサレム
アルノン川
死海
ベエル・シェバ
ネゲブ
ユダ
モアブ
ナイル川
エドム
アカバ湾

ダビデはサウルの敗北後に全イスラエルを部族連合の形で統治し、エルサレムを政治的・軍事的・宗教的拠点と定めた。

聖書がもっとわかる旅

ベト・シャン

現在のイスラエル北部にある都市の遺跡。ヨルダン渓谷とエズレル平原のあいだに位置するこの町の名は、「シェアンの家」というヘブライ語を由来とする。ペリシテ人によって打ち破られたサウルと息子たちの遺体は、この地で見せしめにあっている。さらされた遺体は、のちにギレアドのヤベシュの住民によって埋葬された。

『エン・ドルの口寄せの家でサウルに現れるサムエルの霊』 サルヴァトール・ローザ

ルーヴル美術館蔵、油彩 1668年頃に制作

名画が生まれた背景

女霊媒師が呼び出したサムエルの霊とサウルが対面を果たすこのシーンは、陰湿でぞっとするような雰囲気を持つ。

画面中央、白色のマントに身を包んだサムエルの霊に対峙する女霊媒師は、背後に怪物を従えている。

ローザはこのように未知のものや霊魂など不気味なテーマを得意とし、幻想的で不可思議な絵は、19世紀の作家たちに称賛された。

本作品でも、全体を薄暗くし、サムエルの衣服だけに光を当てて浮き上がらせる表現は、神秘的かつ幻想的な雰囲気を醸し出すことに成功している。

図像を読み解く 1

上半身の服をはだけているのは、女霊媒師。その背後には、ガイコツのような怪物たちの姿が見える。こうした不気味なテーマの絵画は、ローザの得意とするところだった。

図像を読み解く 2

サムエルが見下ろすのは、神の加護を失った哀れなサウル。サムエルの許しを請うようでもあり、また、恐れるあまり腰が抜けてしまっているようにも見える。

ダビデ王の失墜

人妻に横恋慕したダビデ、不倫で身を滅ぼす

「サムエル記下」11章〜
「列王記上」1章〜2章12節

聖書のストーリー

イスラエルの王となったダビデは民衆に愛され、妻にも恵まれ、多くの子どももなした。まさに理想の王となったダビデだったが、あるとき大きな罪を犯す。

ダビデ軍の勇士ウリヤの妻バト・シェバが水浴びをしているのを見たダビデは、彼女を呼び出して関係を結び、妊娠させてしまうのだ。

そのとき、ウリヤは戦場にいた。夫がいないのに妻が妊娠をすれば怪しまれる。ダビデは急いでウリヤを呼び戻し、バト・シェバと床に入るよう画策する。しかしそれがうまくいかないと知ると、ダビデはウリヤを最前線に送り出して戦死させ、バト・シェバを自分の妻にしてしまう。

このような行為を、神が見逃すはずはなかった。預言者ナタンはダビデの行為を厳しく非難し、神がダビデを見捨てたことを告げる。罪の重さに気づいたダビデは悔い改めるが、神の怒りはおさまらなかったのか、バト・シェバの子は生後すぐに亡くなった。

さらに実子アブサロムが謀反を起こし、ダビデは親子での交戦を余儀なくされる。戦いには勝利するも、結局アブサロムを戦死させてしまった。

自分を裏切ったとはいえ、実の息子を亡くしたダビデの悲しみは、想像を絶するほどだった。

罪を犯してからのダビデは失意のうちに暮らし、衰弱していった。その後、王位継承の争いが起きると、ダビデはバト・シェバとのあいだに産まれた2人めの息子ソロモンに王位を譲り、この世を去るのだった。

ダビデのおもな妻と子どもたち

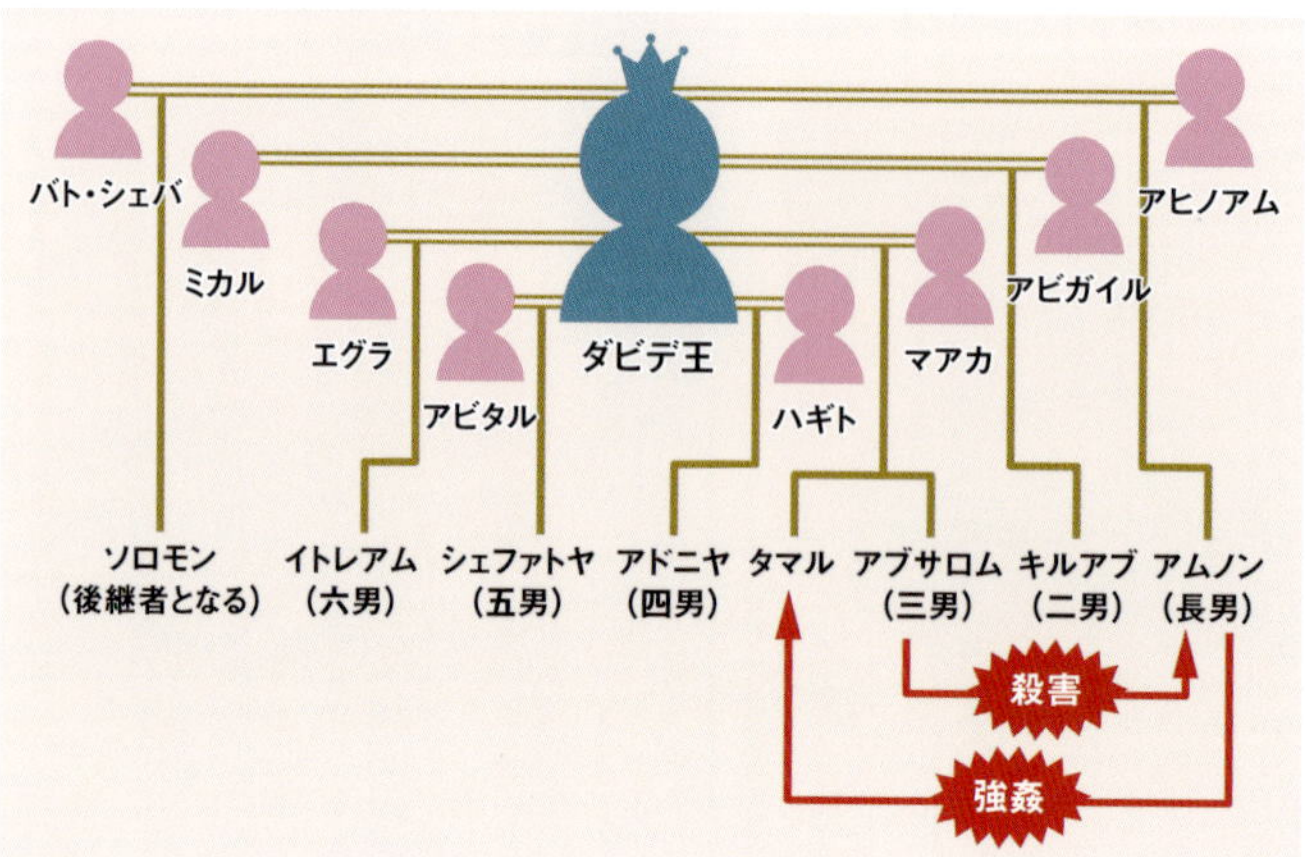
バト・シェバ
ミカル
エグラ
アビタル
ダビデ王
ハギト
マアカ
アビガイル
アヒノアム
ソロモン
（後継者となる）
イトレアム
（六男）
シェファトヤ
（五男）
アドニヤ
（四男）
タマル
アブサロム
（三男）
キルアブ
（二男）
アムノン
（長男）
殺害
強姦

バト・シェバ事件以降、神は「その子たちのあいだで争いが起こる」と告げ、その予告通りダビデの子どもたちのあいだでは争いが絶えることがなかった。

◆ spec of pictures ◆

『水浴するバテシバ』 ヤン・マセイス

ルーヴル美術館蔵、油彩 1562年頃に制作

名画が生まれた背景

場面はバト・シェバを見初めたダビデが、家臣を遣わして召し出そうとしているシーン。中央の美しい女性がバト・シェバで、向かって左の男はダビデの家臣だ。家臣の男の右手は、左上に小さく描かれたダビデを指し示している。

北方マニエリスムらしい艶やかな作品だ。

先が細くなったバト・シェバの手足や東洋風の顔立ち、エルサレム風の背景は、鑑賞者に異国情緒を覚えさせる。

バト・シェバのかすかに微笑を浮かべたような表情は、王に召し出されたことへの喜びとも、権力者に抗えないという諦観のあらわれともとれる。

水浴するバト・シェバは、画家にとって裸の女性を描く格好のテーマであった。

画家の主張

ダビデの家臣の手前とバト・シェバの足元には2匹の犬が見える。家臣の手前がダビデの犬と理解すると、犬の大きさがそれぞれ権力をあらわしているのだと解釈できる。

図像を読み解く

画面右下の侍女は、スポンジのようなものを持っており、バト・シェバの体を洗う係であることがわかる。そんな彼女は役割を果たすよりも、家臣と主人のあいだで交わされる会話のほうが気になっているように見える。

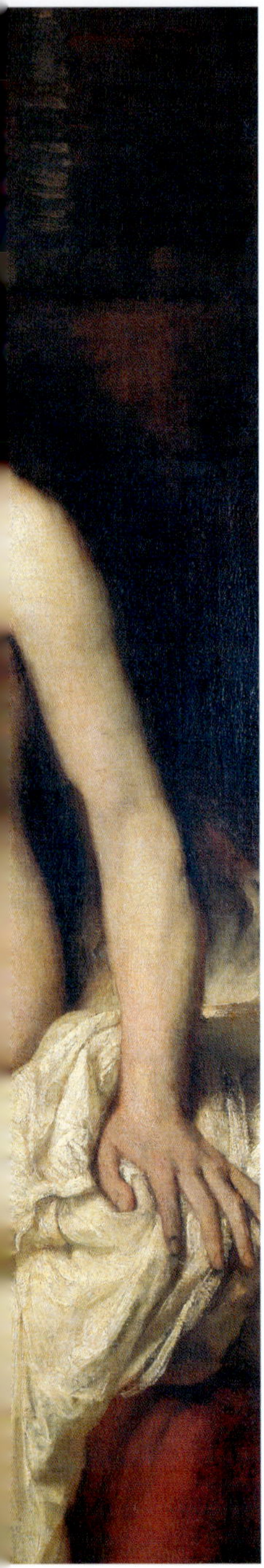

◆ この絵画を読み解く! ◆

『バテシバ(バト・シェバ)』

理想像よりも生身の女性像を追求した
レンブラントの傑作

名画が生まれた背景

ヨーロッパ絵画史には、美しいバト・シェバの裸身がよく登場する。

それは裸体がタブー視された時代でも同様であり、画家たちは『旧約聖書』の一場面としてなら堂々と裸体を描くことができ、またそれが喜ばれた。

そのため、前ページで取り上げたマセイスの『水浴するバテシバ』のように、魅惑的な美女、あるいは女性の理想像として描かれることが多い。

ところが、レンブラントが描くバト・シェバの裸体は肉がたるんで腹が出ており、理想化された女体とは言い難《がた》い。顔つきも疲れて諦めきったようで、生活感さえ漂わせている。

この絵が描かれた1654年頃は、レンブラントの円熟期である。彼はバト・シェバの姿を借りつつ、飾り物としての絵画ではなく、苦悩に満ちた表情やしぐさも合わせた生身の女性を描き出そうとしたのだという。

隠しメッセージ

レンブラントは家政婦であり、内縁の妻でもあったヘンドリッキェをモデルにバト・シェバを描いたといわれている。彼は最初の妻サスキアに先立たれてから、息子の乳母であるヘールチェ・ディルクスと愛人関係になった。しかしその後ヘンドリッキェを雇い、これが運命の出会いとなる。以後、彼女は画家レンブラントのモデルとなり、また私生活では彼の子を産むなど公私にわたってサポートし続けた。このように2人は長らく生活をともにしたが、正式な結婚にはいたっていない。

画家の主張

バト・シェバの足元には、彼女の水浴びを手助けする侍女の姿が見える。東洋的な衣装は、レンブラントが『旧約聖書』の世界をよりリアルに表現するために用いられた。

図像を読み解く

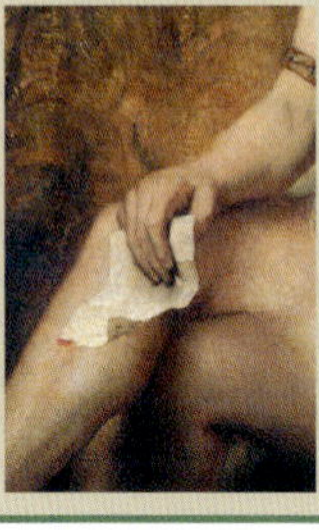

バト・シェバの右手に握られているのは、ダビデ王からの召喚状。この場面では、すでに彼女は手紙に目を通したあとだろう。この1枚の紙が描かれることで、主題の説得力を高めている。

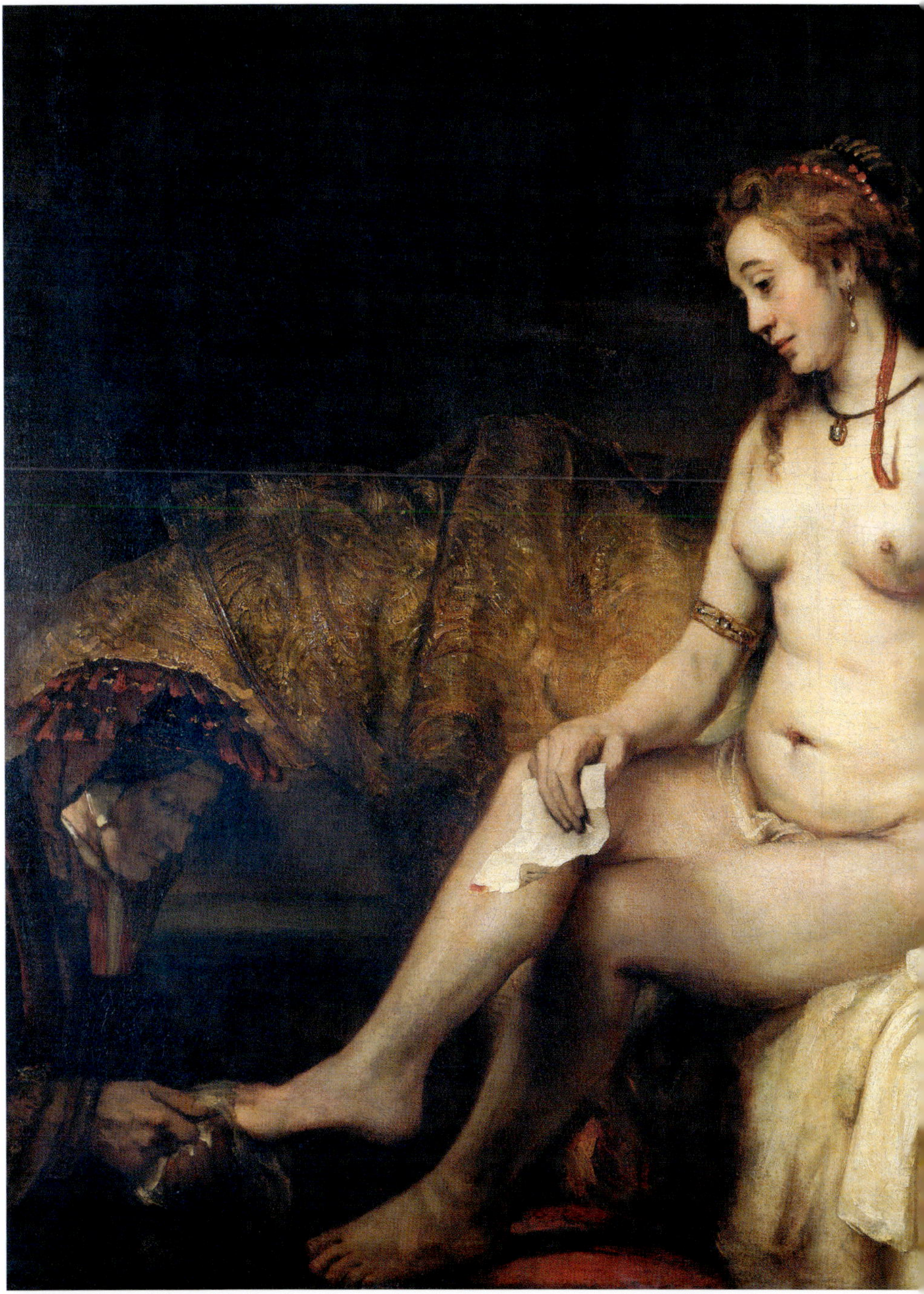

spec of pictures◆『バテシバ（バト・シェバ）』レンブラント・ファン・レイン　ルーヴル美術館蔵、油彩［1654年頃に制作］

ソロモン王の治世

賢王ソロモンがイスラエル黄金時代を作る

「列王記上」2章13節〜11章ほか

聖書のストーリー

ダビデが基礎を築いたイスラエル王国は、息子ソロモンの時代に最盛期を迎える。

ソロモンは王位に就くと、国内整備を積極的に推し進めた。とくに力を入れたのが建設事業であり、彼は宮殿をはじめ中央政庁、神殿の建設に着手する。

なかでもエルサレム神殿への打ち込みようはずば抜けていたようだ。ソロモンが神殿建設のために集めた人員は、木を切り出すのに3万人、材木輸送に7万人、石を切り出すのに8万人という途方もない数で、13年の歳月をかけたという。こうして完成した神殿は、金でおおわれた豪華絢《けん》爛《らん》なものだった。

またソロモンは製銅所と造船所を造ると、船を使った交易も積極的に行なった。

交易の成功で富を得たソロモンは、次に国内に倉庫の町、戦車の町、騎兵の町を設けて軍備を整えた。さらに北イスラエルを12の行政区に分けると、徴税組織を設けた。

このように、ソロモンは国家の行政、制度を確立し、イスラエルに黄金時代をもたらしたのである。

偉業は各地で噂になった。それはアラビア半島南西部の王国シェバにも至り、女王がソロモンを訪ねている。そこで彼女は実際に王の知恵に触れ、エルサレムの宮殿や神殿の豪華さ、家臣の素晴らしさに感嘆し、多くの贈り物を残して国に帰ったという。

だがソロモンも完璧ではなかった。外国の女性を好んだ彼は、各国から妃を迎え、彼女たちの信仰に触れるうちに異教を受け入れ、イスラエルの神に背くようになってしまうのである。

聖書がもっとわかる映画

『ソロモンとシバの女王』

１９５９年公開のアメリカ映画。知恵の王として知られたソロモンを陥落させるため、敵国シェバの美しい女王マグダが彼に近づく。ソロモンはその女王の色香に惑わされ――。

ソロモンとシバの女王のエピソードに脚色を加えた作品。

ソロモン時代の要塞都市と交易

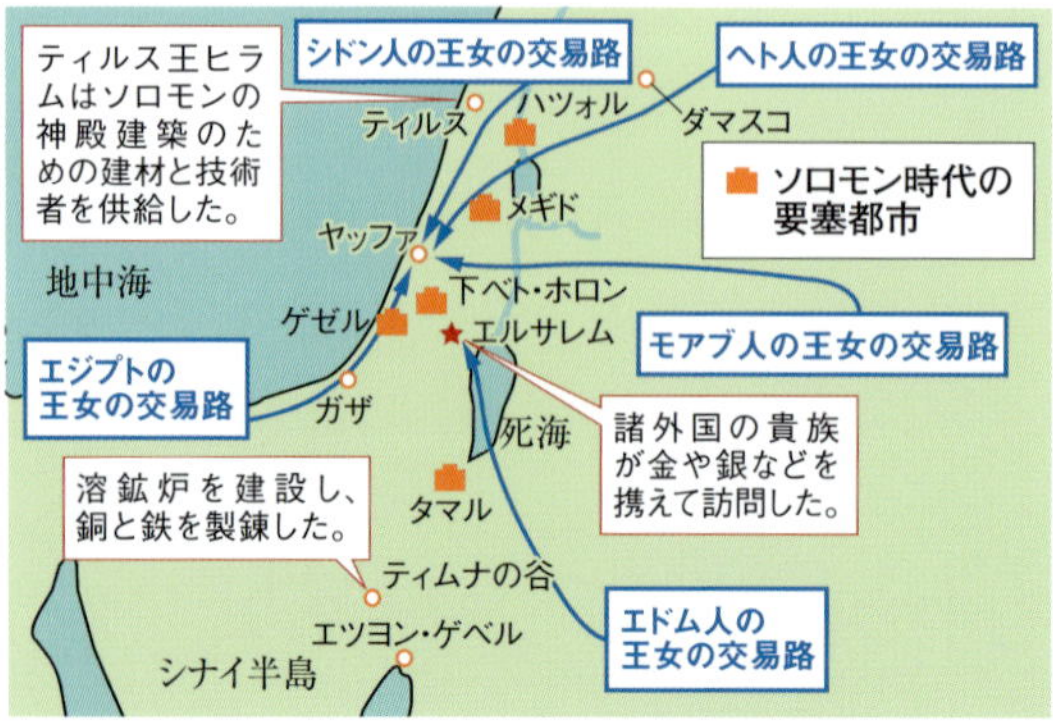
ティルス王ヒラムはソロモンの神殿建築のための建材と技術者を供給した。
シドン人の王女の交易路
ヘト人の王女の交易路
ハツォル
ダマスコ
ティルス
ソロモン時代の要塞都市
メギド
ヤッファ
地中海
下ベト・ホロン
ゲゼル
エルサレム
モアブ人の王女の交易路
エジプトの王女の交易路
ガザ
死海
諸外国の貴族が金や銀などを携えて訪問した。
溶鉱炉を建設し、銅と鉄を製錬した。
タマル
ティムナの谷
エツヨン・ゲベル
エドム人の王女の交易路
シナイ半島

ソロモンは内政だけでなく外政でも政治力を発揮。諸国との交易で国を富ませた。

◆ spec of pictures ◆

『偶像を崇拝するソロモン』 セバスティアン・ブルドン

ルーヴル美術館蔵、油彩 1646〜1647年頃に制作

名画が生まれた背景

賢王として知られ、イスラエルの全盛期を築いたソロモンも、晩年は妻たちの言いなりになり、異教の神を礼拝するようになった。この絵は、ソロモンが異教の偶像を礼拝するシーン。

本作品の特徴は、画面右側から左の彫像の後ろの木までかけられた布により斜めに構成されている点だ。また、人物たちのしなやかさ、穏やかな色彩、そして四方に広がる光など、ブルドンらしい抒情的な作風がよくあらわれている。

セバスティアン・ブルドンは、17世紀フランスのバロック期の画家である。18歳でローマに向かうと、同地でニコラ・プッサンに触れ、影響を受けることとなる。以後、古典主義を強めていくが、この絵でも、その傾向が見て取れる。

隠しメッセージ

画面中央に立つ女性は、異国の王妃。ソロモンに対し、身ぶりを使って左の女神像を称賛する様は、彼女が災いをもたらす張本人であることを強調している。

図像を読み解く

中央下部にひざまずくソロモンが、王妃の言葉を熱心に聞いている。王はその晩年、アシュトレトとミルコムという異教の2神を崇拝するようになった。

イスラエル王国の分裂

国家崩壊！ 分裂した国にあらわれたひとりの預言者

「列王記上」12章～20章
「列王記下」1章～17章
ほか

聖書のストーリー

ソロモンの背信行為に怒った神は彼に、「将来イスラエルの国は分裂し、家来のものになる」と告げる。事実、その死後に息子のレハブアムが王位を継承するも、北部の10部族が反旗を翻《ひるがえ》し、王国は北と南に分裂してしまった。

北部イスラエルを治めたのはソロモンの臣下ヤロブアム1世で、以後、北王国はイスラエル王国を、南王国はユダ王国を名乗ることになった。

イスラエル王国は、新生の共同体で見られる混乱のままに内乱を繰り返し、国家が存続した約200年のあいだに9王朝19人もの王が立っている。

北王国7代目の王になったアハブは、シドンの地の王の娘イゼベルを妻にした。

イゼベルは異教の神バアルをイスラエルにもたらしたため、神は預言者エリヤを遣《つか》わした。エリヤは干害が起きたときにバアルの預言者と雨ごいの対決をして勝利するが、イゼベルに命を狙われる。

エリヤは自分に代わる預言者として農夫エリシャを立て、アハブ王国に戻ってアハブを改心させると、天に召された。

北王国の最盛期は13代ヤロブアム2世の時代に訪れた。しかし預言者アモスが滅亡の預言を下すと衰退を始め、19代ホシェア王の治世でアッシリアに滅ぼされた。

イスラエル王国の王の系譜と預言者

在位 22年間	①ヤロブアム１世（10部族に擁立されて即位）	
２年間	②ナダブ（暗殺される）	
24年間	③バシャ	
２年間	④エラ（暗殺される）	
７日間	⑤ジムリ（焼身自殺をする）	
12年間	⑥オムリ	
22年間	⑦アハブ	エリヤ
２年間	⑧アハズヤ	エリヤ
12年間	⑨ヨラム	エリシャ
28年間	⑩イエフ	エリシャ
17年間	⑪ヨアハズ	エリシャ
16年間	⑫ヨアシュ	エリシャ
41年間	⑬ヤロブアム２世	アモス
６か月間	⑭ゼカリヤ	アモス
１か月間	⑮シャルム（暗殺される）	ホセア
10年間	⑯メナヘム	ホセア
２年間	⑰ペカフヤ	ホセア
20年間	⑱ペカ（暗殺される）	ホセア
９年間	⑲ホシェア	ホセア

預言者エリヤは王妃イゼベルによってバアル神に傾倒するアハブ王を諫め、改心させた。

聖書がもっとわかる旅

エリヤの洞窟

現在のイスラエル北部の都市ハイファの、カルメル山の麓にある洞窟。

エリヤが偶像崇拝にふけるアハブ王と、その妻イゼベル女王の追跡の目から逃れるため、隠れ住んだとされる。

伝承では、その地でエリヤはカラスを弟子にしたといわれ、今も現地に赴くと、カラスが出迎えてくれるとか。

『エリヤと寡婦の子』 フォード・マドックス・ブラウン

ヴィクトリア・アンド・アルバート美術館蔵、油彩 1864年頃に制作

名画が生まれた背景

イスラエルに干害が続くなか、イゼベルに追われたエリヤは、シドンのサレプタという地に逃れる。そこで薪を拾う寡婦に出会い、彼女に水と食料を所望した。

貧しい寡婦は息子と自分のためのわずかの食料をエリヤに分けると、甕の中の小麦と油が絶えることはなくなった。

それからしばらくのちのこと、息子が病気で死ぬと、エリヤは神に懇願して息子を蘇生させた。そのドラマチックな奇跡のシーンを描いたのが、この作品である。

ブラウンは19世紀のイギリスの画家で、フランスのカレーに生まれた。銅版画家ホガースの風刺精神の影響を受けつつ、ラファエル前派のスタイルを先取りしたような作風が特徴である。

図像を読み解く 1

母親は、当初エリヤとかかわったことで息子が死んだと思い込んでいた。しかし神の奇跡を目の当たりにし、歓喜の声をあげている。

図像を読み解く 2

画面中央のひげをたくわえた立派な体格の老人がエリヤ。その右手に抱える少年はすでに目を開いており、エリヤによって蘇生されたことがわかる。

ユダ王国の滅亡

政治的選択を迫られたユダの王が国を滅ぼす

「列王記上」14章～23章30節
「列王記下」2章～24章
ほか

聖書のストーリー

王位継承をめぐり血なまぐさい争いが続く北方のイスラエル王国に対し、南方のユダ王国はダビデの血統を守って、比較的安定した国政を行なっていた。

だがユダ王国12代アハズ王の時代のこと。周辺諸国と対立して窮地に陥ったアハズは、敵対するアッシリアに援助を求める。

そしてこれを神に背く行為と諫《いさ》めたのが、偉大な預言者イザヤだった（82ページ図版参照）。

ユダ王国はこのエピソードを含め、危機的状況を幾度か迎えるが、一方で名君も登場している。

13代ヒゼキヤは、歴代王のなかでもっとも神に敬虔な王であった。またシロアムの水路を開削してエルサレムの防備を固めるなどして、ユダ王国を繁栄させた。

信仰心の厚さから神の加護もあり、紀元前701年にアッシリアにエルサレムを包囲されたときも、預言者イザヤが彼を励ました。すると神の御使いがあらわれて18万5000のアッシリア軍を全滅させ、ユダヤ人の危機を救ったのである。

16代ヨシヤも神に忠実で、ユダ王国を再興した名君として知られる。

しかしこの頃、新興のバビロニアがアッシリアを滅ぼすと、その食指をユダ王国にも伸ばし始めた。

これを機に、ユダ王国は、建国以来最大の危機を迎えるのだった。

イスラエル王国の分裂

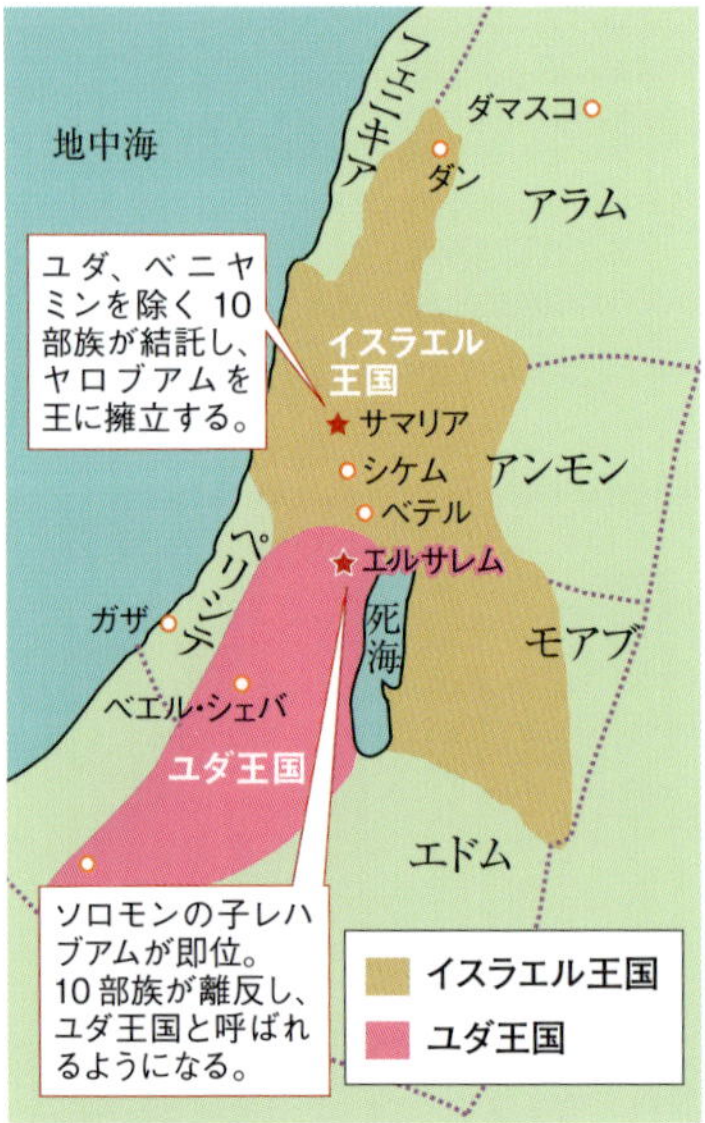
地中海
フェニキア
ダマスコ
ダン
アラム
ユダ、ベニヤミンを除く10部族が結託し、ヤロブアムを王に擁立する。
イスラエル王国
サマリア
シケム
アンモン
ベテル
エルサレム
ペリシテ
ガザ
死海
モアブ
ベエル・シェバ
ユダ王国
エドム
ソロモンの子レハブアムが即位。10部族が離反し、ユダ王国と呼ばれるようになる。
イスラエル王国
ユダ王国

ダビデによって統一されたイスラエルだったが、ソロモンの子レハブアムの時代に南北のあいだに亀裂が入る。ユダ王国はそれ以後、ダビデの子孫を王とし、比較的安定した政治を行なった。

聖書がもっとわかる書籍

『旧約聖書の預言者たち』
雨宮慧（日本放送出版協会）

『旧約聖書』にあらわれる預言者たちは、神と人の接点として激動の時代を生きた。

本書は、数多い預言者の中からアモス、ホセア、イザヤ、エレミヤ、エゼキエル、第2イザヤ、ハガイ、ゼカリヤ、マラキを俯瞰的な視点から紹介している。

『イザヤ』ミケランジェロ・ブオナローティ

システィーナ礼拝堂天井画、フレスコ　1508〜1512年頃に制作

名画が生まれた背景

ヴァチカン宮殿のシスティーナ礼拝堂の天井画は、誰もが一度は目にしたことがあるであろう壮大な作品だ。ルネサンス最盛期を彩る代表的画家ミケランジェロの手で、「天地創造」から「ノアの箱舟」までの９場面と、それを囲む11人の預言者の姿が描かれている。『イザヤ』もそのひとつだ。

ミケランジェロの描くイザヤは、ほかの画家が描くイザヤに比べて若く、また、預言者のアトリビュートともいえる巻物を持たないなど、特徴がある。

また、小脇に抱える書物に意味ありげに指を差し込んでいるのも象徴的だ。読みさしの書物を閉じた彼は、霊的な感覚に身を委ねているようにも見える。深い瞑想からの閃きをあらわすとも解釈される。

画家の主張

イザヤの傍らにいる子どもは、キューピッドと見る説もあるが、聖書をよく研究していたミケランジェロならば、イザヤ自身の２人の息子を描いた可能性が高い。

図像を読み解く

ミケランジェロのイザヤは、一般的な髭面の老人ではなく、若く髭のない青年の姿で描かれる。そこにどんな意図があったのか、いまだにはっきりしない。

バビロン捕囚

宗教的結合がユダヤ人のアイデンティティを作る

「列王記下」23章31節～25章
「歴代誌下」36章
「エレミヤ書」
ほか

聖書のストーリー

ヨシヤ王の死後、王位に就いたヨアハズはエジプトに捕らえられ、ヨアハズの兄のヨヤキムが跡を継いだ。紀元前605年、ユダ王国は新バビロニアの支配下に置かれる。

預言者エレミヤはユダがバビロニアに滅ぼされることを預言するが、ヨヤキムはこれを無視し対抗。紀元前598年に新バビロニアのネブカドネツァルに包囲されて敗北し、この世を去った。

次にヨヤキンが跡を継ぐと、王はじめ政府高官や職人たち1万もの人々がバビロニアに連行された。第1次バビロン捕囚《ほしゅう》である。

続くゼデキヤ王も反乱を起こし、ネブカドネツァル2世に攻め込まれた。このときエルサレムは陥落し、神殿も破壊された。そしてゼデキヤ王はじめ多くの有力者たちは、再びバビロンに連行された。

連行された人々は、「捕囚」という立場にありつつも、比較的自由な暮らしだったと伝えられる。限られた場所にまとまっていたため民族的同一が保たれ、ユダヤ民族というひとつの民族意識が生まれた。神への信仰という統一意識を損なわないために尽力したのが預言者エゼキエルや第2イザヤで、祈りを中心とした礼拝が行なわれるようになった。

ユダ王国の王の系譜と預言者

在位	王	イザヤ	ミカ	ゼファニア	エレミヤ	エゼキエル
17年間	①レハブアム					
3年間	②アビヤム					
41年間	③アサ					
25年間	④ヨシャファト					
8年間	⑤ヨラム					
1年間	⑥アハズヤ					
6年間	⑦アタルヤ（死刑に処される）					
40年間	⑧ヨアシュ（暗殺される）					
29年間	⑨アマツヤ					
52年間	⑩アザルヤ（ウジヤ）					
16年間	⑪ヨタム（摂政）	イザヤ				
16年間	⑫アハズ	イザヤ	ミカ			
29年間	⑬ヒゼキヤ	イザヤ	ミカ			
55年間	⑭マナセ		ミカ			
2年間	⑮アモン（暗殺される）			ゼファニア		
31年間	⑯ヨシヤ			ゼファニア		
3か月間	⑰ヨアハズ				エレミヤ	
11年間	⑱ヨヤキム				エレミヤ	
3か月間	⑲ヨヤキン 第1次バビロン捕囚:BC597				エレミヤ	エゼキエル
11年間	⑳ゼデキヤ 第2次バビロン捕囚:BC586				エレミヤ	エゼキエル

ユダ王国の民はバビロニアへ強制連行され、近郊に住まわされた。こうした戦勝国が敗戦国の国民を自国に連れ帰ることは、当時よく行なわれた。

聖書がもっとわかる旅

ペルガモン博物館

ドイツ・ベルリンにあるペルガモン博物館には、バビロン捕囚を行なった新バビロニア国王ネブカドネツァル2世によって建設された町とイシュタル門が復元されている。

当時の半分程度の規模だが、古代オリエントの建築美術が見事に再現されていて、一見の価値あり。

◆ spec of pictures ◆

『エゼキエルの幻想』 ラファエッロ・サンツィオ

ピッティ宮殿パラティーナ絵画館蔵、油彩 1518年頃に制作

名画が生まれた背景

この作品は、小さな油彩画で、預言者エゼキエルが幻視した天を駆ける神の姿が描かれている。『旧約聖書』「エゼキエル書」には「激しい風が大いなる雲を巻き起こし、火を発し、周囲に光を放ちながら吹いてくる」とある。

神は4つの生き物の上に乗って空中を駆けている。4つの生き物とは、翼のある人間あるいは天使、ライオン、牛、鷲のことで、美術においては福音書の4人の記者を象徴する。

壮年男性の肉体を持つ神は、ミケランジェロのシスティーナ礼拝堂の「天地創造」の神と類似が多い。

画面の下部には地上の風景がきわめて小さく描かれている。ラファエッロは小さな背景を神の大きさと対比することで迫力ある幻視を表現した。

隠しメッセージ

神が乗る4つの生き物は、キリスト教美術において、それぞれ福音書の記者であるマタイ、マルコ、ルカ、ヨハネを象徴している。

図像を読み解く

画面左下には、神を幻視したエゼキエルの姿が見える。雲間から差す光が彼を包んでいる。

エルサレムへの帰還

バビロニアからの解放後、民は独立を待ち望む

「エズラ記」
「ネヘミヤ記」
「マラキ書」
ほか

聖書のストーリー

新バビロニアはユダ王国を征服したが、その絶頂期は40年ほどで終わりを告げる。王室内のいざこざから国内が乱れると、弱体化の一途をたどり、代わって台頭したのがアケメネス朝ペルシアであった。ペルシアが新バビロニアを征服すると新バビロニアはペルシアの属州となった。

紀元前538年、ユダヤの捕囚民は解放され、ユダ王国の首長シェシュバツァルに率いられてエルサレムへの帰還を果たす。しかし、その頃祖国にはユダヤ人以外の者も多く住み、彼らによって定住と再建は妨害された。

シェシュバツァルは、神殿再建に着手したがまもなく中断。工事が再開されたのはダレイオス1世の時代だ。

預言者ハガイとゼカリヤが民衆を叱咤し、ダビデの血をひくゼルバベルとイエシュアが指揮をとって、第二神殿を完成させたのである。

こうしてエルサレムは再建されたが、問題は他にもあった。異邦の風習に染まった人々が戒めを忘れていたのだ。

こうした状況が続く中にあらわれ、民衆の指導に尽力したのが、預言者ネヘミヤである。わずか52日で城壁を作って警備を固めると、貧民救済のため、負債の免除や財産土地の返還、異教徒との結婚の禁止などの改革に努めた。やがて民衆は、ダビデの血をひく指導者があらわれ、国と民を救うという「メシア（救世主）」の存在を待望するようになる。最後の預言書である「マラキ書」には、そのメシア待望が記されている。

エルサレムへの帰還ルート（推定）

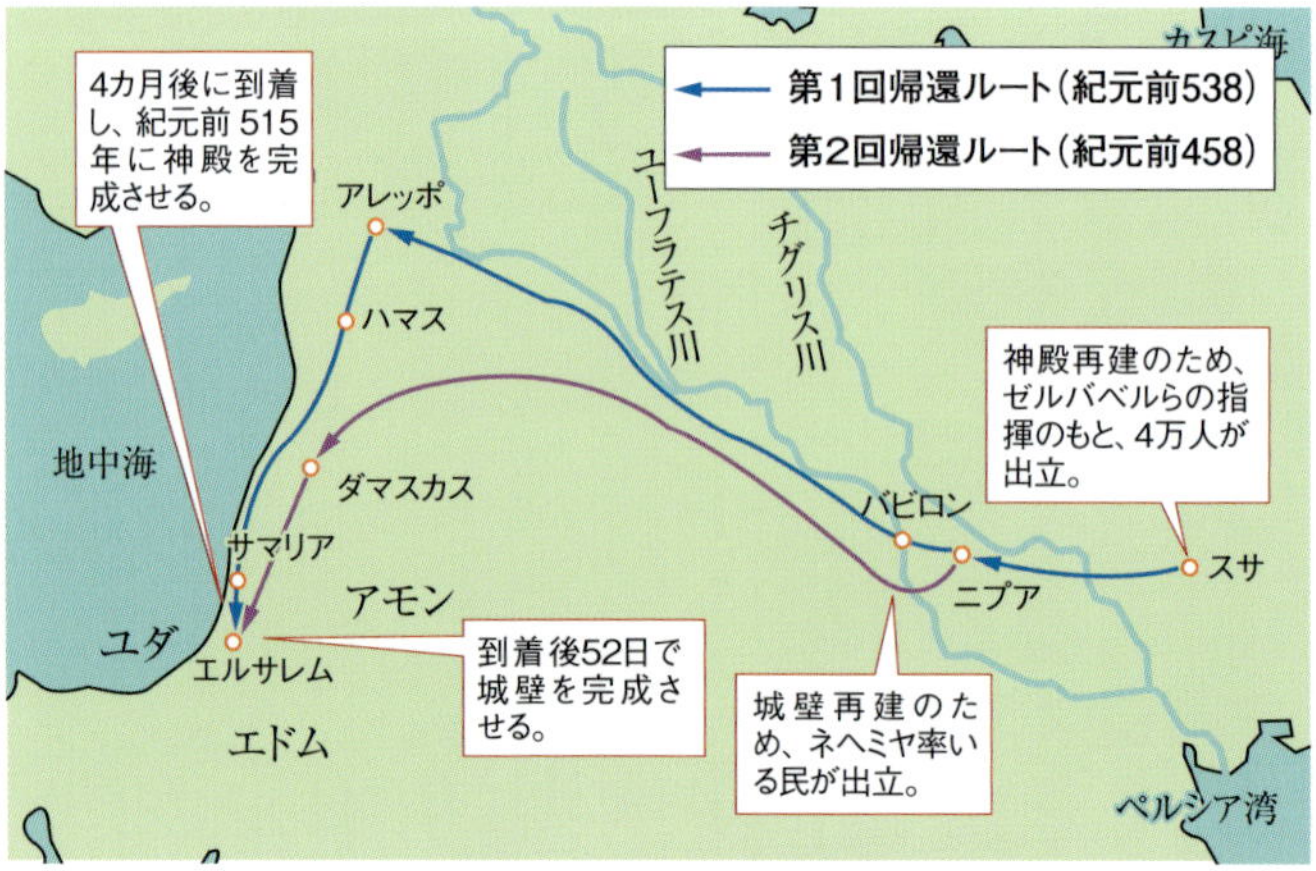
第1回帰還ルート（紀元前538）
第2回帰還ルート（紀元前458）
4カ月後に到着し、紀元前515年に神殿を完成させる。
神殿再建のため、ゼルバベルらの指揮のもと、4万人が出立。
到着後52日で城壁を完成させる。
城壁再建のため、ネヘミヤ率いる民が出立。
カスピ海
ユーフラテス川
チグリス川
アレッポ
ハマス
ダマスカス
サマリア
地中海
ユダ
エルサレム
アモン
エドム
バビロン
ニプア
スサ
ペルシア湾

新バビロニアの崩壊を機に、捕囚が解消されると、ユダヤ人たちはまず神殿の再建を目指した。宗教による意識統一を保持するためであった。

『エッサイの木』 ヘールトヘン・トット・シント・ヤンス

アムステルダム国立美術館蔵、油彩 1490年頃に制作

名画が生まれた背景

「エッサイ」とはダビデの父の名であり、この作品は、イエス・キリストがエッサイとダビデの血をひく者であることを表現した絵である。

「エッサイの株からひとつの芽が萌えいで、その根からひとつの若枝が育ち、その上に主の霊がとどまる」という「イザヤ書」11章の言葉を絵画化している。

「イザヤ書」のこの言葉はイエスの出現の預言ともいわれる。

この作品では、エッサイのすぐ上に彼の息子ダビデが描かれ、多くの子孫を経て絵の頂点に描かれている聖母マリアとイエスに至る。

そのあいだにいる10人ほどの人々の衣装や持ちもの、木の枝や葉が繊細に丁寧に描かれ、宗教画というよりも現世的な華やかさを演出している。

図像を読み解く

画面中央付近には縞の派手なタイツをはじめ、ダビデの子孫をあらわす人々が身にまとう衣装は、画家の時代である15世紀のものだ。

隠しメッセージ

横たわるエッサイのすぐ上で竪琴を持っている人物がダビデ。ダビデは竪琴の名手であったことから、絵画のアトリビュート（目印）となっている。

預言者ダニエル

ユダヤの民を激励するために創作された文学作品

「ダニエル書」

聖書のストーリー

舞台は紀元前6世紀バビロン捕囚時代のバビロニアである。当時の宮廷はユダヤ人であっても優秀な若者は受け入れて教育するという制度が定められていた。ユダ族のダニエルはその制度で宮廷に入り、ネブカドネツァル王の夢解きを行なって寵愛《ちょうあい》された。

すると大臣たちが、ダニエルを貶《おとし》めるべく、メディア王ダレイオスに「王以外の他の人間や神を祈る者は、ライオンの洞窟に投げ入れる」という勅令を出させる。

イスラエルの神を信じるダニエルは、勅令が出ても神への礼拝をやめず、ライオンの洞窟に投げ込まれてしまう。しかし、神に守られたダニエルは無傷のままだった。

そこで王は、ダニエルを陥れようとした大臣たちを洞窟に投げ込み、大臣たちは皆ライオンに噛み砕かれた。

この物語は「どんな苦難にあっても、神への信仰を失わなければ、神は必ず守ってくださる」という教えである。「ダニエル書」が著《あら》わされたのは、紀元前2世紀半ばとされ、当時ユダヤ人たちはシリアのアンティオコス4世の迫害に苦しめられていた。そんな迫害に苦しむユダヤ人を励ますために、この「ダニエル書」は書かれたのである。

ダニエルの夢解き

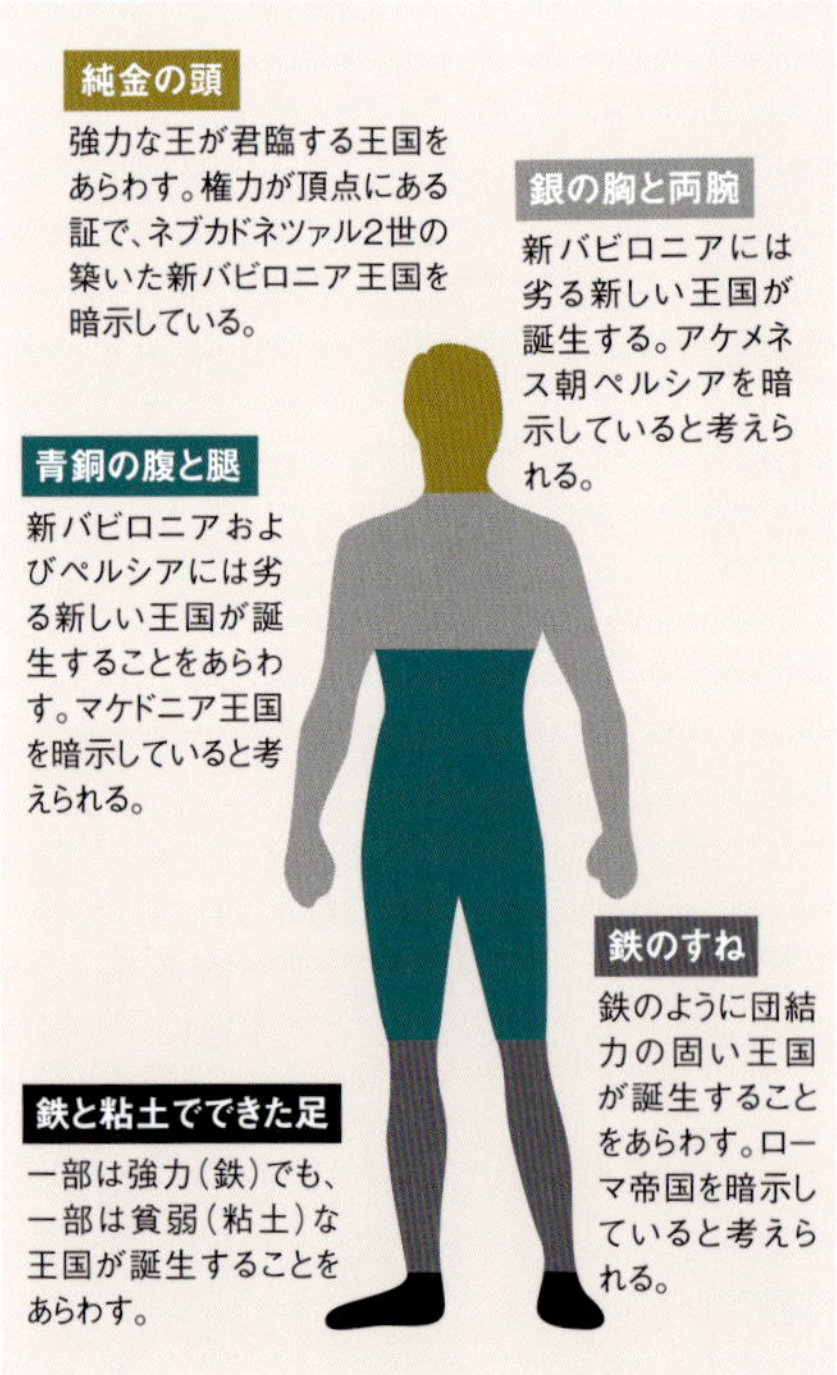
純金の頭
強力な王が君臨する王国をあらわす。権力が頂点にある証で、ネブカドネツァル2世の築いた新バビロニア王国を暗示している。
銀の胸と両腕
新バビロニアには劣る新しい王国が誕生する。アケメネス朝ペルシアを暗示していると考えられる。
青銅の腹と腿
新バビロニアおよびペルシアには劣る新しい王国が誕生することをあらわす。マケドニア王国を暗示していると考えられる。
鉄のすね
鉄のように団結力の固い王国が誕生することをあらわす。ローマ帝国を暗示していると考えられる。
鉄と粘土でできた足
一部は強力（鉄）でも、一部は貧弱（粘土）な王国が誕生することをあらわす。

ダニエルは、知恵があるだけでなく、夢解きにも優れていた。ネブカドネツァル王が見た巨像の夢を見事解き、王の信頼を勝ち得たのである。

聖書がもっとわかる書籍

『一人で学べるエゼキエル書とダニエル書』
フルダ・K・伊藤著（文芸社）

『旧約聖書』の預言者であるエゼキエルとダニエル。2人の偉大な預言者の生涯と預言ついて描かれた「エゼキエル書」と「ダニエル書」を、かみくだいて解説した入門書的な1冊。

『ライオンの穴の中のダニエル』ピーテル・パウル・ルーベンス

ワシントン・ナショナルギャラリー蔵、油彩 1613〜1615年頃に制作

名画が生まれた背景

ライオンの洞窟に投げ込まれたダニエルが、指を組み、天を見上げて神に祈るシーンである。ライオンを見ると、牙をむき出して咆哮するものや、襲いかかるタイミングをはかっているものなどが描き分けられ、恐ろしく獰猛《どうもう》な表情は迫力がある。

それもそのはずで、ルーベンスはこの絵を完成させるためにブリュッセルの動物園で本物のライオンを写生しながら描いた。実際に、絵の右端の背を向けたライオンは、チョークと水彩を用いた習作が現存する。

ダニエルの頭上には、洞窟の石が取り除かれて光が差しこんでいる。そのため、これはダニエルがダレイオス王によって洞窟から引き上げられる場面であることが推測できる。

ルーベンスは16世紀後半から17世紀前半に活躍したバロック期を代表するフランドルの画家である。

画家の主張

ルーベンスがこの絵に描いたライオンの数は9頭。「聖数」である7頭で描くのが一般的とされるが、なぜルーベンスが9頭としたのか、その謎は明らかでない。

隠しメッセージ

画面下にはドクロをはじめとした人骨が多数散らばっている。これら犠牲者の遺骸は、ダニエルの陥る危険を強調する役目を持つ。

王妃エステル

ユダヤ人撲滅を狙う悪臣の企みを阻止した美女

「エステル記」

聖書のストーリー

バビロン捕囚期、モルデカイの養女エステルは、ペルシア王クセルクセスに見初められて王妃となった。しかし彼女は自分がユダヤ人であることを隠していた。あるとき、王の寵臣ハマンが、王の権威を笠に着て、人々に自分にひざまずくよう強要した。

だがモルデカイはこれを拒否。ハマンは怒り、モルデカイはもちろん、ユダヤ人すべての殺害を企てるのである。

計画を知ったモルデカイはエステルに「王に伝えて計画を阻止してほしい」と訴える。当時は、王妃であっても王に呼ばれないのに御前に出た場合、死罪とされていた。

しかしエステルは命を顧みずに王に会いにいくと、王に自分が開く酒宴にハマンとともに来てほしいと頼んだ。王がエステルの行ないを許し、ハマンと連れ立って酒宴にやってくると、彼女はユダヤ人の命を助けるように懇願した。

陰謀が暴露されたハマンは処刑され、ユダヤ人はエステルの勇気によって危機を脱するのである。

現在ユダヤには、ユダヤ暦の1年の最後に「プリム祭」という祭が行なわれる。シナゴーグ（礼拝所）で「エステル記」が朗読され、人々は祝宴を開き、互いに贈り物を交わしてこの日を祝うのだ。この「プリム祭」の名はハマンがユダヤ人殺害の日をプル（くじ）で決めたことが由来とされている。

エステルをめぐる人間関係

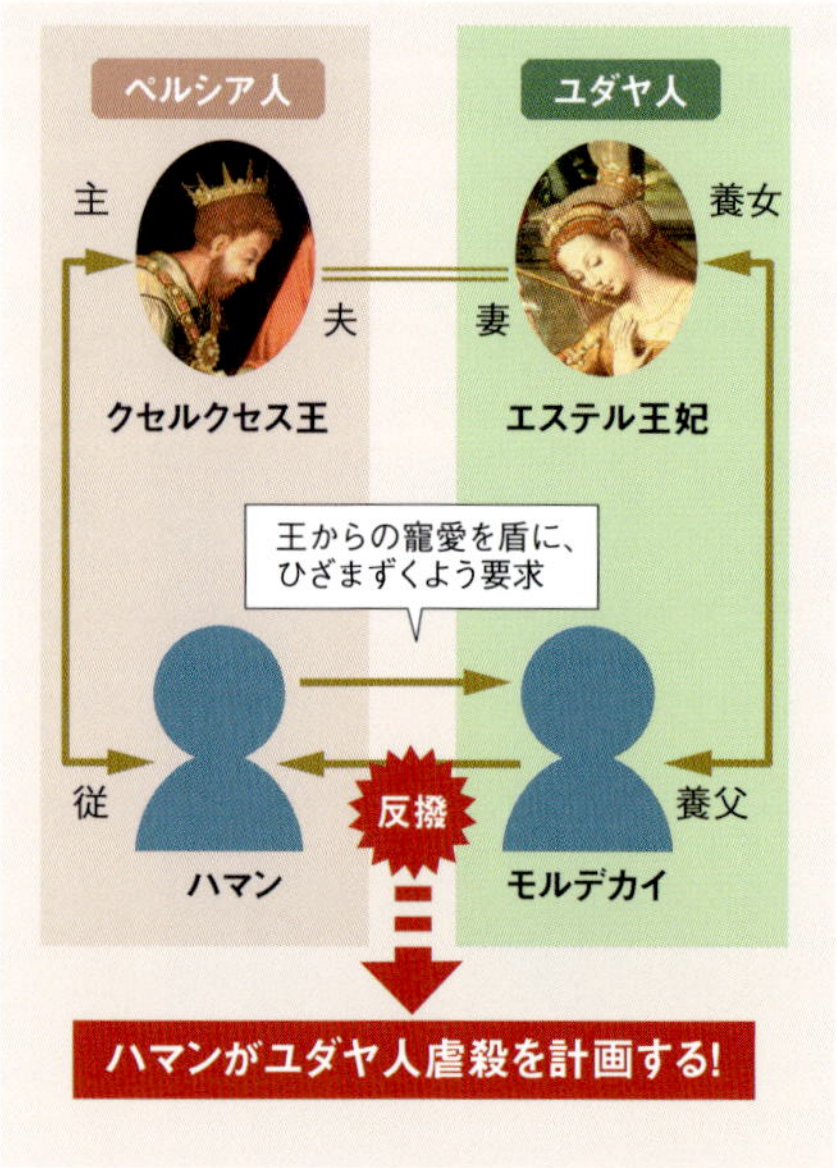
ペルシア人
ユダヤ人
主
養女
夫
妻
クセルクセス王
エステル王妃
王からの寵愛を盾に、
ひざまずくよう要求
従
反撥
養父
ハマン
モルデカイ
ハマンがユダヤ人虐殺を計画する!

ハマンのユダヤ人虐殺計画を知ったエステルは、自らの命を賭してクセルクセス王に嘆願し、民の危機を救った。

聖書がもっとわかる映画

『ペルシャ大王』

1961年公開のアメリカ映画。紀元前400年、宮廷を牛耳る宰相ハマンはユダヤ人の迫害を計画していた。

王妃に選ばれたエステルは、王に対し頑なだったが、やがてその人柄に触れ、心を開いていく。そんな日々の中で、ハマンがついに反逆者の姿を表にあらわす――。『旧約聖書』「エステル記」を忠実に再現した映画。

◆ spec of pictures ◆

『エステル』 クライエイセン・アンサニス

個人蔵、油彩 **1577年頃に制作**

名画が生まれた背景

「エステル記」を主題にした絵画は、おおむね３つのパターンに分類できる。

①エステルが王への接見を前に、熱心に化粧をしている場面、②実際に接見している場面。そして③酒宴で客人を迎え入れる場面である。

ここで取り上げる絵画は、②の「接見するエステル」を描いたものだ。当時の慣習では、王が持つ金の錫《しゃく》に触れれば、死罪を免れることになっており、エステルが命を救われた瞬間が描かれていることがわかる。

直前まで神経が張りつめていたエステルだったが、錫に触れてようやく気持ちがやわらいだのか、穏やかな笑みを浮かべている。

それは彼女の後ろに控える侍女たちも同様だったのだろう。ほっとしたような笑みをこぼす幼女や老女が表情豊かに表現されている。

図像を読み解く

玉座に座るクセルクセス王の手前に立つ黒い衣装のはげた男は、ハマンと思われる。その心のうちは表情のない顔からは伺えない。

隠しメッセージ

この絵は異時同図法が用いられている。エステルらの後方の背景には、その後の物語として、ハマンが処刑される姿が描かれている。

スザンナ

捕囚下のユダヤ人妻に迫る邪《よこしま》な欲望

「ダニエル書補遺」

聖書のストーリー

「ダニエル書補遺」の「スザンナ」は、86ページに登場する「ダニエル書」の主人公預言者ダニエルの若い頃の逸話とされ、現在は「ダニエル書」に外典（旧約聖書続編）という形でつけられている。

ここに描かれる不埒《ふらち》で醜悪な老人と、慎み深い人妻の物語は、エステルのようなヒロイックな場面はないものの、絵画をはじめ歌劇や戯曲などに取り上げられてきた。

捕囚下のバビロンには、多くのユダヤ人が暮らしていた。成功し、経済的に恵まれて裕福になる者もいた。

ユダヤ人のヨアキムも成功者のひとりで、美しいスザンナという妻がいた。ある日、スザンナが庭で水浴びをしていたところ、2人の長老がそれを覗き見て欲情する。左ページの絵画は、まさにその覗きの瞬間を切り取ったものだ。

欲望にかられた老人たちは「我々と関係しなければ、お前が若い男と不貞行為を働いていたと証言する」と彼女を恐喝する。

その頃、不義密通は死刑に処される重い罪だった。

しかしスザンナは、敢然とした態度で2人を拒否する。怒った老人たちは、民の長老で裁判官という地位を利用し、でたらめな証言をしてスザンナを死罪に処そうとした。

しかし、そのときダニエルという若者がスザンナの声を聞いてやってくる。ダニエルは長老2人を引き離し、それぞれに「彼女が不義を働いていたのはどの木の下か」と問い正した。口裏を合わせていなかった長老たちは途端に偽証がばれ、モーセの律法に従って、死刑に処せられた。

邪で醜悪な老人と、潔く貞淑な人妻が対比されるこの物語では、スザンナは悪徳に対する純潔の象徴、または異教に対する教会の象徴といわれている。

聖書がもっとわかる旅

聖ダニエル廟

現在のイラン南西部の都市シューシュ（スーサ）にある預言者ダニエルの霊廟。

スザンナの裁判において名判決を下したダニエルは、この霊廟に眠るとされる。円錐形の白い塔が特徴で、その内部は鏡を使ったモザイクで装飾されている。

1870年に建造された新しい史跡だ。

◆ spec of pictures ◆

『スザンナの水浴』 ティントレット（本名：ヤコポ・ロブスティ）

ウィーン美術史美術館蔵、油彩 1555年頃に制作

名画が生まれた背景

『旧約聖書』の物語をテーマにした絵画の中には、前に取り上げた『バテシバの水浴』のように、女性ヌードの「覗き見」作品が多い。

これらの主題は、画家たちにとって女性のヌードを描く純粋な口実となったうえ、覗き見る快楽の魅力もあったからだ。とくに『スザンナの水浴』はヴェネチア派の画家たちに人気のテーマで、多くの画家が官能的な作品を残している。

ティントレットは16世紀イタリア・ルネサンス期のヴェネチア派を代表する画家で、斬新かつ大胆な構図と、ドラマチックな表現を得意とする。この作品ではスザンナを豊満で量感溢れる女性に描いているが、その表情には品格が感じられ、発表当時からヴェネチアで人気を博した。

図像を読み解く

画面左下と中央上部には、スザンナを脅した2人の長老の姿が描かれる。水浴のシーンはバト・シェバと見分けがつきにくいが、はげた老人が描かれていれば、「スザンナ」だ。

隠しメッセージ

スザンナの手元や足元には豪華なブレスレットや真珠の首飾り、指輪、櫛などの宝飾品が見える。これらはスザンナを、庶民の娘ではなく貴婦人であることを示すアイテムである。

死を願う民の声に対し神が見せた2つの奇跡

「トビト記」

聖書のストーリー

ニネベに住むトビトは情け深く善行の人だった。しかしある日、眠っている目に雀《すずめ》の糞が落ち失明してしまう。不運に見舞われ絶望したトビトは、死を願うようになった。

同じ頃、メディアに住むサラという女性もまた、死を願っていた。これまで7度結婚したが、そのたびに夫が悪魔に殺され絶望していたからだ。2人の嘆きを聞いた神は、天使ラファエルを遣わして彼らを救うことにした。

あるとき、トビトは息子のトビアにメディアに貸したお金があるので、取りにいくように言う。その旅に付き添ったのが、人間に扮したラファエルである。ラファエルは、トビアが川で大きな魚に襲われると、その魚を捕らえ、心臓、肝臓、胆のうをとっておくよう告げた。

そしてメディアに着いたトビアに、「サラと結婚し、夜に、魚の心臓と肝臓を燻《いぶ》しなさい」と教えた。トビアがそのとおりにすると、悪魔が飛び出し捕らえられた。

また、故郷に帰ったトビアが魚の胆のうを父の目に塗ると、その目は光を取り戻した。

「善行を続けていれば、神は必ず報いてくださる」という教えの物語である。

「トビト記」の主要登場人物

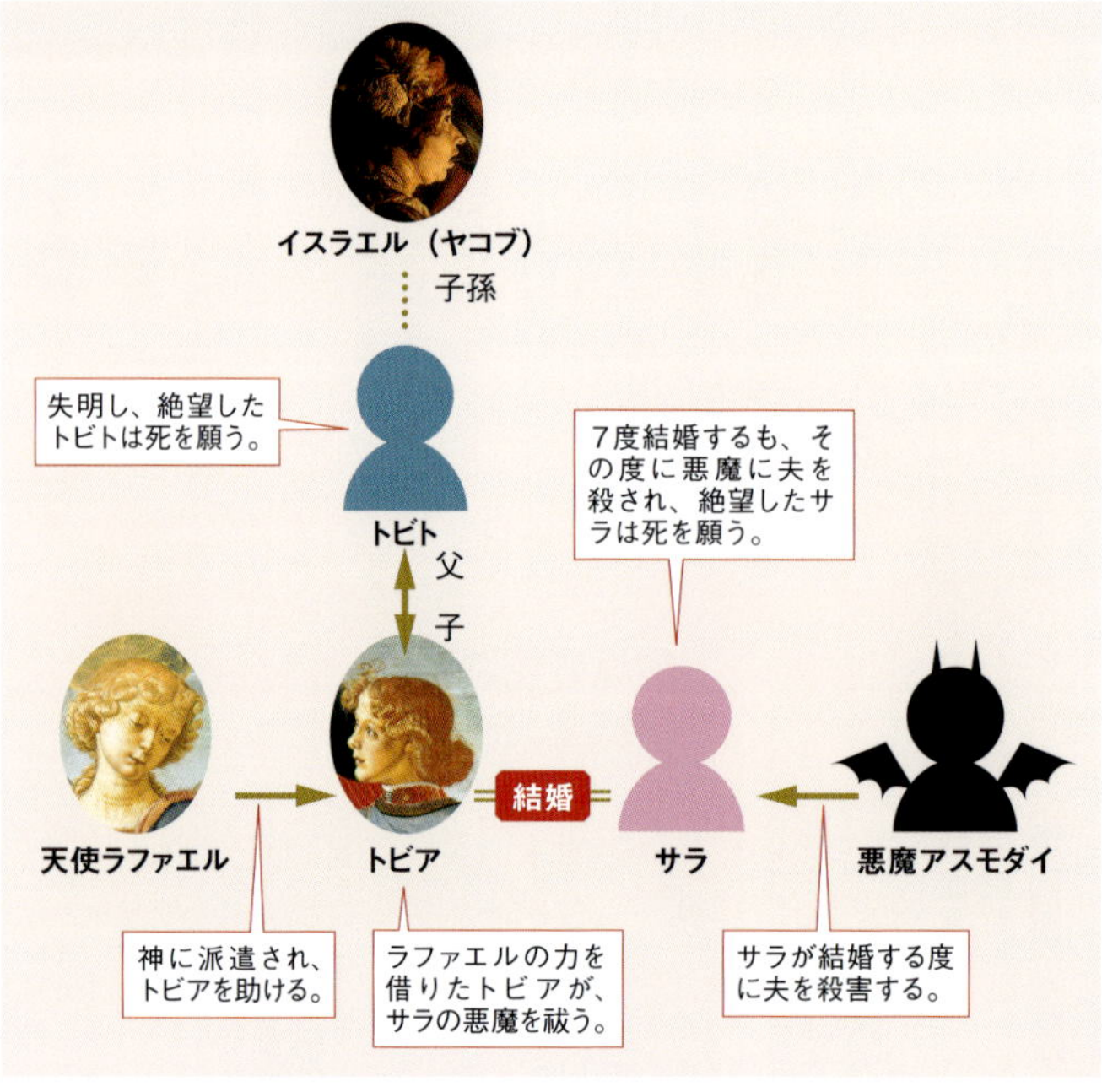
イスラエル（ヤコブ）
子孫
失明し、絶望したトビトは死を願う。
トビト
父子
7度結婚するも、その度に悪魔に夫を殺され、絶望したサラは死を願う。
天使ラファエル
トビア
結婚
サラ
悪魔アスモダイ
神に派遣され、トビアを助ける。
ラファエルの力を借りたトビアが、サラの悪魔を祓う。
サラが結婚する度に夫を殺害する。

民の悲痛な叫び声に耳を傾けた神は、天使ラファエルを地上に派遣し、トビアを助けて2人の命を救った。

◆ spec of pictures ◆

『トビアスと天使』 アンドレア・デル・ヴェロッキオ

ロンドン・ナショナルギャラリー蔵、テンペラ 1470年頃に制作

図像を読み解く

天使とトビアの色鮮やかな衣装は、当時のフィレンツェの商人の最新ファッションである。まさにその時代のおぼっちゃまといいたところだ。

隠しメッセージ

左側の天使の足元には、長毛の子犬の姿が見える。この子犬は、弟子レオナルド・ダ・ヴィンチの手によると推測されている。なお、ダ・ヴィンチはトビアの持つ魚や巻き毛も担当したと考えられる。

名画が生まれた背景

「トビト記」は、物語自体はそれほど一般的ではないが、ルネサンス期のフィレンツェやシエナの画家たちによく描かれた主題である。

というのも、このシーンはトビトがメディアの地で貸していたお金を息子に取りに行かせる「旅」をテーマにしている。

当時フィレンツェやシエナは欧州一の金融都市であり、豪商や金貸しにとって金の回収は危険な仕事だった。道中の無事は神に祈るしかない。そこで、この絵画をお守り代わりにと、画家に注文が殺到したのである。

実際に、ヴェロッキオの描くトビアの衣装は、当時のフィレンツェの裕福な商人の衣装そのままだ。また、トビアはレオナルド・ダ・ヴィンチがモデルといわれている。

ヴェロッキオは15世紀ルネサンス期のイタリアの画家で、ダ・ヴィンチの師である。

ユディト

勇気と機知に富んだ美女が、敵陣へ乗り込み故国を救う

「ユディト記」

聖書のストーリー

「ユディト記」も旧約聖書外典（旧約聖書続編）のひとつで、「エステル記」同様、美貌のヒロインが勇気と機知をもってユダヤ人滅亡の危機を救う物語だ。

しかし「ユディト記」のヒロイン・ユディトは、その命知らずで、大胆な振る舞いにおいて、エステルの上を行くともいえる。

ネブカドネツァル王の支配する新バビロニアには、勇猛だが冷酷非道で知られる武将ホロフェルネスがいた。

周辺国を征服し、ついにはイスラエルの町ベトリアに迫ったホロフェルネスは、ベトリアを包囲して井戸を占拠し、住民の水源を押さえるという非道な戦術をとる。

水をとられたベトリアの住民たちに残された手段は、降伏しかなかった。

しかし、ここに勇気あるヒロインが登場する。夫に死なれて喪に服していたユディトである。彼女は喪服を脱いで晴れ着に着替えると、美しく化粧し、侍女をひとり伴うだけで、単身敵の陣地に乗りこんでいった。

ホロフェルネスのもとに身を寄せたユディトは、「町を見限ったので私があなたの案内役を務めましょう」と嘘をついて彼を信用させた。

ホロフェルネスはユディトを見て、すっかり彼女の美貌に魅了されてしまい、酒をともにしてユディトを誘惑しようと考えた。だが、ユディトに飲まされているうちに眠りこけてしまう。

その瞬間、ユディトは隠し持っていた刀でホロフェルネスの首を切り落とすと、袋に入れてベトリアの町に凱旋したのである。将を失った新バビロニア軍は戦意を失い、ベトリアは救われたのだ。

ユディトは「敵将をだましたが、自分の身は清らかなままだ」と人々の前で宣言し、喝采を受けた。

聖書がもっとわかる書籍

『旧約聖書外典偽典概説』
土岐健治（教文館）

『旧約聖書』の外典は、正典の外に置かれた書であり、偽典は外典のほかに正典に入らなかった文書を示す。

本書は「ユディト記」を含む外典・偽典の基本知識がつまった概説書だ。

各文書の内容・伝承・成立年代・思想が順序立てて紹介されており、外典偽典を初めて読む人にもおすすめ。

『ユディトⅠ』 ギュスタフ・クリムト

ベルヴェデーレ宮オーストリア絵画館蔵、油彩 1901年頃に制作

名画が生まれた背景

19世紀後半から20世紀に活躍したクリムトは、女性の裸体、妊婦、性交など官能的で甘美なエロスとファム・ファタル（宿命の女・魔性の女）をテーマに描いた画家だ。

彼は切り離したホロフェルネスの首を持つユディトの絵を生涯に2度描いている。ここで取り上げたユディトは、『ユディトⅠ』のタイトルが示すように、はじめに描かれた作品。艶めかしい恍惚の表情を浮かべ、クリムトが好んだテーマ、ファム・ファタルとして描かれている。

このユディトは、命がけで祖国を救った美しく清らかなヒロインではない。男との交情で燃え上がり、その命まで我が物にした官能の姿である。

はだけた胸、軽く開かれた唇、半ば閉じられた目からは性の歓喜が溢れている。

隠しメッセージ

ユディトの美しさと官能性を高める役割を果たすのは、その背景。金地の背面装飾は、アッシリアの神殿を飾ったレリーフのモチーフをモデルにしている。豪華な額縁と相まり、絵の装飾性を際立てている。

画家の主張

画面右下には、よく見るとホロフェルネスの首が描かれる。半分以上画面からはみ出しているのは、すでにホロフェルネスの首がアクセサリーのような背景に過ぎないことを示している。

◆ この絵画を読み解く！ ◆

『ユーディット』

当世風の衣装に身を包んだ
ファッショナブルな美女

図像を読み解く

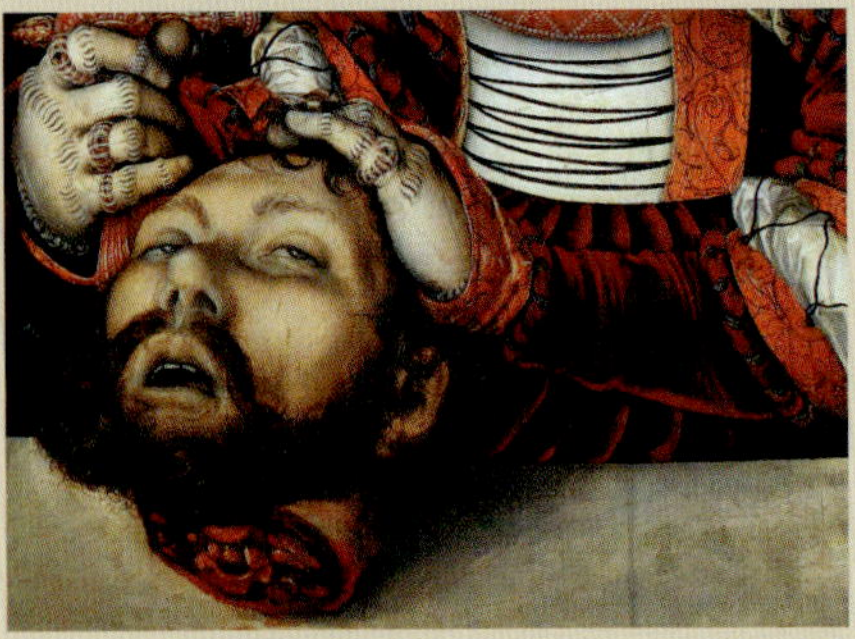

ユディトが手を添えるのは、ホロフェルネスの首。本作品は、一見するとただの着飾った美女の肖像と見てしまいがちだが、このグロテスクな首と、彼女が持つ剣が揃うことで、「ユディト記」を主題としていることがわかる。首の切断部は、まるで実物を見て描いたかのようにリアルだ。なお、ユディトの手がゴツゴツして見えるのは、手袋の下に指輪をはめているためである。

名画が生まれた背景

ルーカス・クラナッハ（父）は、15世紀後半から16世紀にかけて活躍したドイツ・ルネサンスの巨匠である。そのクラナッハが描くユディトは、同主題をテーマにしたほかの多くの作品と比べても異質だ。カラヴァッジョ以降のバロック絵画は、ユディトと侍女がホロフェルネスを取り押さえ、首を落とそうとするセンセーショナルなシーンが好まれたが、クラナッハの作品には暴力性が感じられない。

女性の表情は、惨劇のあとを思わせないほど穏やかであり、装いに目を移すと、ドレスからアクセサリーまでが豪華で、画家の時代の流行を示すカタログブックさながらである。

このことから、クラナッハは「ユディト記」を再現するというよりも、ユディトに見立てた当時の美女の肖像としてこの絵を描いたものと見られる。

なお、この作品は１５３０年頃に描かれたと考えられ、同じ頃に『女性の肖像』という絵も描いている。2つの作品に描かれる女性は非常によく似ており、同一のモデルが使われた可能性が指摘されている。

『女性の肖像』（エルミタージュ美術館蔵）。左ページのユディトと並べれば、よく似ていることがわかる。

spec of pictures◆『ユーディット』ルーカス・クラナッハ（父）　ウィーン美術史美術館蔵、油彩［1530年頃に制作］

第2部
新約聖書

独立を願うユダヤ人のもとに派遣された救世主の生涯

キリスト降誕

長い異国支配に疲れたユダヤの民のあいだでは、メシアを待望する声が高まっていた。

そしてイドマヤ総督アンティパトロスの息子ヘロデの治世を迎えた頃、ナザレに住むヨセフの婚約者マリアが聖霊の力によって子を宿す。

その子はベツレヘムの地で生まれ、イエスと名付けられた。

ときは流れ、30歳前後になったイエスは、洗礼者ヨハネより洗礼を受けると、荒野での修行を開始し、サタン（悪魔）の誘惑を退けた。

イエスは、ガリラヤ湖畔を拠点に宣教活動を開始する。多くの聴衆が集まる中、イエスは今後の活動のために「使徒」と呼ばれる弟子を迎える。

このとき1番目に使徒となったのはペトロ（シモン）とアンデレの兄弟だ。これをはじまりとしてイエスは弟子を召命し、十二弟子が選出された。

イエスは弟子の前で水をぶどう酒に変え、重病の患者を癒すなどのさまざまな奇跡を見せる。こうして弟子たちはイエスが神の子であることを確信するのである。

するとイエスの周りには、癒しを求める人や教えを求める人で溢れた。その中で、イエスは「死者をよみがえらせる」奇跡を起こして見せた。

しかしそれはユダヤ教の律法学者らに不遜な行為と思われ、彼らの反感を買った。

イエスの受難

イエスのもとに信徒が殺到するに従い、律法学者による反イエスの動きは高まった。

そしてついに、イエス殺害計画までが練られるようになる。過越祭《すぎこしさい》をひかえ、イエス一行はエルサレムに向かった。

イエスはそこで十二弟子と最後の食卓を囲み、突如、裏切り者の存在を宣言する。

その言葉どおりイエスは裏切り者イスカリオテのユダの手引きで逮捕され、大祭司の

新約聖書の舞台

シドン
ダマスコ
ティルス
カファルナウム
ベトサイダ
カナ
マグダラ
ガリラヤ湖
ナザレ
タボル山
地中海
カイサリア
ヨルダン川
ヤッファ
エルサレム
ベタニア
ベツレヘム
死海
ガザ
ヘブロン
ベエル・シェバ

【受胎告知教会】
イスラエル北部ナザレにあるカトリック教会で、マリアがイエスの懐妊を告げられたとされる場所に建てられる。

【山上の垂訓教会】
ガリラヤ湖の北西部にある丘の上の教会。ここでイエスは「山上の説教」を行なったといわれる

【ヨルダン川】
中東に位置する川で、洗礼者ヨハネがイエスに洗礼を授けた場所とされる。

【オリーブ山】
イエスはエルサレムに入城して以降、毎晩オリーブ山のゲツセマネで祈りをささげたという。

【聖墳墓教会】
イエスが埋葬された場所に建てられたと伝わる教会。今も数多くのキリスト教徒が同地を訪れる。

もとに引き出されると、翌朝には死刑判決が下り、十字架刑に処された。

　イエスは死後復活し、弟子たちに宣教活動を行なうよう指示すると、再臨を誓って昇天した。弟子は伝道に力をそそぎ、キリスト教を布教した。

『新約聖書』の系図および相関図

『新約聖書』に登場する人物をピックアップし、系図化するとともに、周辺人物の関係を図示した。

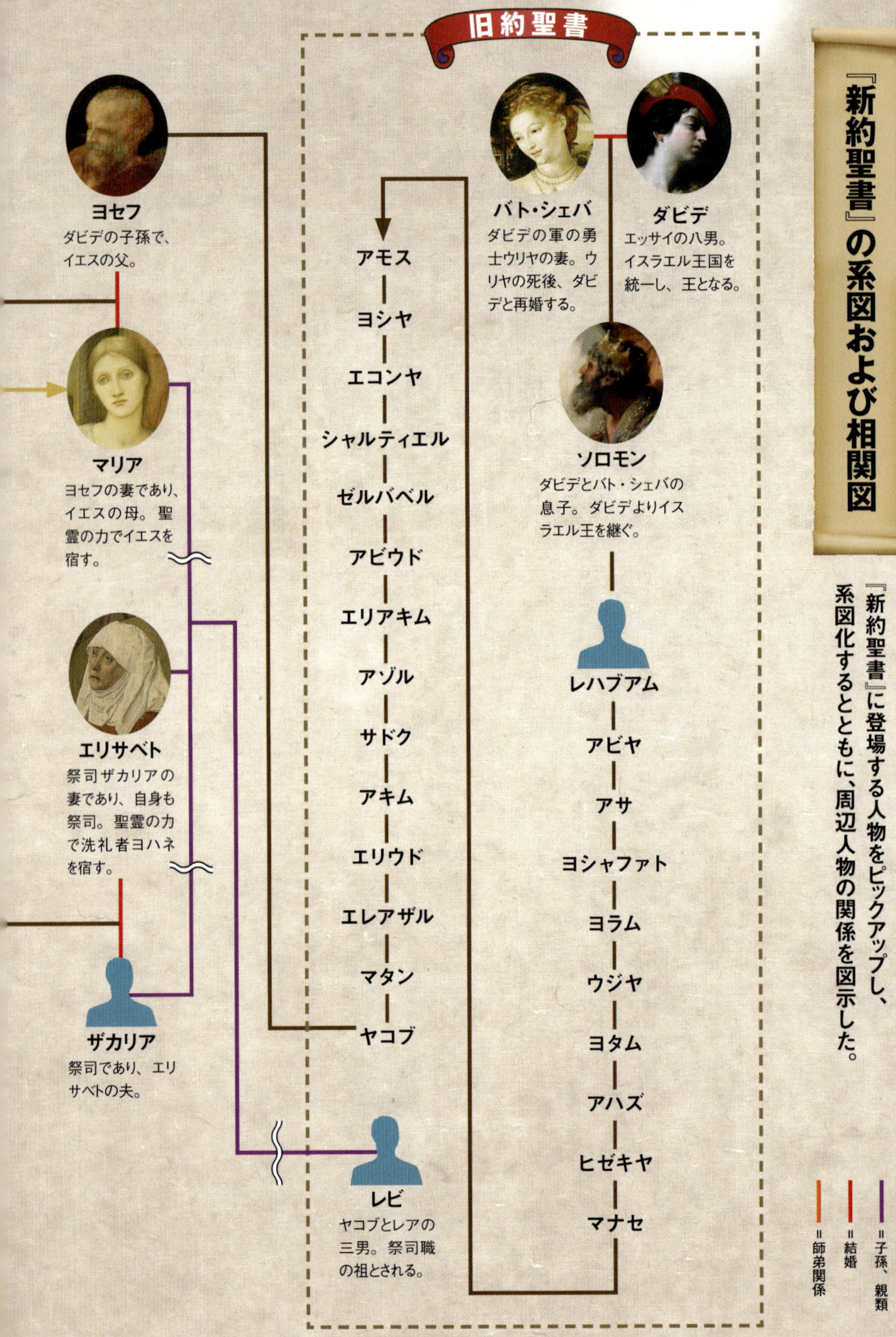

旧約聖書
ヨセフ
ダビデの子孫で、イエスの父。
マリア
ヨセフの妻であり、イエスの母。聖霊の力でイエスを宿す。
エリサベト
祭司ザカリアの妻であり、自身も祭司。聖霊の力で洗礼者ヨハネを宿す。
ザカリア
祭司であり、エリサベトの夫。
アモス
ヨシヤ
エコンヤ
シャルティエル
ゼルバベル
アビウド
エリアキム
アゾル
サドク
アキム
エリウド
エレアザル
マタン
ヤコブ
レビ
ヤコブとレアの三男。祭司職の祖とされる。
バト・シェバ
ダビデの軍の勇士ウリヤの妻。ウリヤの死後、ダビデと再婚する。
ダビデ
エッサイの八男。イスラエル王国を統一し、王となる。
ソロモン
ダビデとバト・シェバの息子。ダビデよりイスラエル王を継ぐ。
レハブアム
アビヤ
アサ
ヨシャファト
ヨラム
ウジヤ
ヨタム
アハズ
ヒゼキヤ
マナセ
＝子孫、親類
＝結婚
＝師弟関係

神
（聖霊）

聖霊の力をそそぐ

十二弟子（イエスの時代）

ペトロ

大ヤコブ

小ヤコブ

トマス

フィリポ

シモン

アンデレ

ヨハネ

バルトロマイ（ナタナエル）

マタイ

タダイ

ユダ

対立

律法学者たち
律法を重んじる律法学者たちにとって、イエスの教えは邪魔だった。痛烈に非難するイエスを憎悪した彼らは、彼を処刑台へと運ぶ。

イエス
神の子。ヨハネとマリアの息子として生を受ける。30歳前後で宣教活動を開始する。

イエスの弟子たち

マグダラのマリア
マグダラの町の女性。イエスによって悪霊を取り払われたのち、イエスの弟子となり従う。

きょうだい

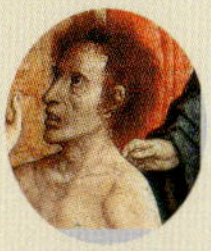
ラザロ
イエスの友人であり、弟子でもある。イエスによって死後よみがえる。

マルタ
ラザロのきょうだいで、ベタニアのマリアの姉。

ベタニアのマリア
ラザロのきょうだいで、マルタの妹。

洗礼者ヨハネ
ザカリアとエリサベトの息子で、イエスの親類。イエスに洗礼を施す。

ヘロデ王の治世

高まる不安が救世主待望論につながる

出典なし

聖書の物語の背景

バビロン捕囚《ほしゅう》からの解放後も、ユダヤ人の自由はなく、マケドニア、続いてシリアの支配下に置かれた。

紀元前167年、シリアがユダヤ民族への宗教迫害を始めると、律法の書が焼かれ、ユダヤ的生活が禁止される。

こうしたシリアの弾圧に対し、徹底抗戦を唱えたのがハスモン朝を興したマカバイ一族だ。

一族のユダ・マカバイは、シリア軍を相手に連勝を重ね、ついにはユダヤ全域を手中に収めた。

マカバイ家はその後もシリア軍と戦いを続け、両者は一進一退を繰り返す。ユダが戦死し、ヨナタンが継ぐと、シリア王からユダヤの大祭司と総督の地位を預かった。さらにそのあとを継いだシモンは、ローマと同盟を結び、ハスモン朝の礎を築いている。

そしてシモンの子ヒルカノス1世が大祭司の地位に就くと、ユダヤ教内で内紛が起こる。こうして生まれたのがサドカイ派、ファリサイ派、エッセネ派などの諸宗派だ。

マカバイ家はファリサイ派と手を結んだが、継承者争いが起きて内乱が勃発。その混乱に乗じてイドマヤ提督のアンティパトロスがユダヤを支配した。紀元前37年にはアンティパトロスの息子ヘロデが、ローマのカエサルやオクタヴィアヌスの信頼を得てユダヤの王となる。

しかしユダヤ人たちは、非ユダヤ人のヘロデ王を歓迎することはなかった。その性格は疑い深く残忍で、ローマへの反逆をにおわせる動きに対して厳しく弾圧した。また、地位に固執するあまり、それを脅かす動きを察すると、その相手に対し容赦なく制裁を与えた。

こうしたことから人々は、他国の支配から解放してくれる救世主《メシア》の登場を待ち望んだのである。

ヘロデの時代のユダヤ教

ファリサイ派	律法を日常生活に合わせて解釈し、律法を厳格に守ろうとする一派。ラビ（教師）を中心に勢力を伸ばす。
サドカイ派	神殿や祭儀に関する律法を守ることを主張する一派。伝統的にエルサレムの神殿の祭司を務めてきた子孫で構成され、その多くは有力貴族や地主だった。
エッセネ派	荒れ野に住み、厳格な禁欲生活をおくる一派。イエスに洗礼を施す洗礼者ヨハネも、この一派と関連しているという。
熱心党	ローマ帝国統治の現状を不服とし、独立を望む集団。自らを神の代理者と信じ、抵抗運動を指導するも制圧される。

ハスモン朝期にユダヤ教は内紛が勃発。ヘロデの時代にはサドカイ派、ファリサイ派などに分裂していた。

◆ spec of pictures ◆

『ベツレヘムの嬰児殺し』ピーテル・ブリューゲル（父）

ウィーン美術史美術館蔵、油彩 1567年頃に制作

名画が生まれた背景

ヘロデ王は、自らの地位を脅かすであろう未来の王の誕生を恐れていた。そこで不安の芽を摘み取るべく行なわれたのが、嬰児《えいじ》の殺戮《さつりく》である（110ページに後述）。ブリューゲルの『ベツレヘムの嬰児殺し』は、その惨劇の様子を描いたものだ。

ブリューゲルはあえてひとりの人間に焦点を絞らず、兵士たちにわが子を奪われ、殺されてしまう親たちを群衆描写にすることで、嘆きと絶望、無力さと、王の残虐さを際立たせることに成功している。

なお、タイトルは『ベツレヘムの嬰児殺し』だが、描かれた雪景色の舞台はベツレヘムでなく、ブリューゲルと同時代のネーデルラントの村である。

ブリューゲルは聖書の主題を借りて、1567年にネーデルラント総督アルバ公が行なった弾圧をほのめかし、非難しているのだともいわれている。

図像を読み解く

この絵では、実際に行なわれている残虐な描写はほぼ見られない。唯一画面中央で槍を手に幼子を虐殺しているほかは、絶望する母たちの姿にスポットがあてられている。

画家の主張

画面右端には、武器を持って扉を蹴破ろうとする処刑人の姿が見える。実際には描かずとも、画家はこうした表現でこれから始まる殺戮を予感させている。

受胎告知

天使ガブリエルが告げた乙女へのメッセージ

「マタイによる福音書」1章
「ルカによる福音書」1章26節〜38節

聖書のストーリー

ユダヤの人々がローマ帝国とヘロデの支配と、圧政に苦しんでいた時代、神は自身の子どもを、とあるひとりの女性に委《ゆだ》ねた。

その子どもがのちのイエス・キリストである。

ある日のこと、ナザレのマリアの前に天使ガブリエルがあらわれてこう言った。「おめでとう、恵まれた方。あなたは神の恵みにより、男の子を産みます。その子をイエスと名付けなさい」。

マリアは、ダビデの子孫であり、大工のヨセフと婚約していたが、清らかだった。そのため彼女はこのお告げに驚き、戸惑った。

だが聖霊の力で子が宿ったことを知ると、彼女は「お言葉どおり、この身に成りますように」と答え、その事実を静かに受け入れたのである。

このガブリエルによるマリアへの受胎告知を伝えるのが「ルカによる福音書」である。

一方で、受胎告知を受けたのは婚約者のヨセフだったと伝えるのが「マタイによる福音書」だ。

「マタイによる福音書」によると、ヨセフは、身ごもったマリアのことで悩んでいた。

ユダヤ人の規律では、婚約期間を1年経てから夫婦生活に入るべきとされ、ヨセフはそれを忠実に守っていた。しかしマリアは妊娠した。

そこでヨセフは、事態が明るみになる前に、マリアに婚約解消を言い渡そうとする。

そんなある晩、神の御使《みつか》いがヨセフの夢にあらわれ、こう言った。「ダビデの子、ヨセフ。恐れず妻マリアを迎え入れなさい。マリアの胎《たい》の子は聖霊によって宿ったのだ。その子は男の子で、イエスと名付けなさい」。

このように神の計らいであることを告げる。これを聞いたヨセフは、予定通りマリアと結婚することを決意するのだった。

福音書に見える「受胎告知」の違い

	告知を受ける者	告知を授ける者	告知内容
マタイ	ヨセフ	神の御使い	ヨセフの夢に神の御使いがあらわれ、マリアの妊娠が聖霊の力によること、その子をイエスと名付けるようにと告げる。
ルカ	マリア	天使ガブリエル	天使ガブリエルが天からマリアのもとに遣わされ、聖霊の力によって子を宿すことを伝える。

各福音書によって「受胎告知」の内容は異なる。告知者はともに神の御使い（天使）であるが、告知される者はヨセフとマリアで異なる。

◆ spec of pictures ◆

『受胎告知』 エドワード・バーン=ジョーンズ

レディ・リーヴァー美術館蔵、油彩 1876〜1879年頃に制作

名画が生まれた背景

後期ラファエル前派の画家であるバーン=ジョーンズは、ロマンティックな画風が持ち味だ。神話的主題や聖書の主題を好んで描き、そのいずれも独創的な面を持っている。たとえば、純潔を示す百合の花や、聖霊の化身である鳩、マリアの書見台《しょけんだい》などの「受胎告知」らしいアイテムがこの絵にはない。

怯えたように立ちすくむ少女マリアは、突然下された天使の知らせを受け、戸惑いを隠せない。画面左上には彫像のような天使の姿が見えるが、マリアの視線が天使へ向けられてないことから、この天使は実在しているのではなく、マリアのイメージによって描き出されたものだと解釈できる。

図像を読み解く

マリアがたたずむ背後のアーチ型開口部の側壁には、原罪と楽園追放の浮き彫りが見える。マリアの胎内に宿るイエスの苦難を象徴するかのようだ。

隠しメッセージ

少女というには色っぽい成熟した女性の魅力を持つマリア。じつは彼女を描くにあたり、バーン=ジョーンズは自分の妻をモデルにしたといわれる。

◆ この絵画を読み解く！ ◆

『受胎告知』

『受胎告知』の表現に新風をもたらそうとしたダ・ヴィンチの意欲作

名画が生まれた背景

たとえ絵画にうとくても、その名を知らぬ人はいないであろう画家レオナルド・ダ・ヴィンチ。ここに挙げた『受胎告知』は、ダ・ヴィンチの初期の絵画作品である。

ダ・ヴィンチは、師ヴェロッキオの工房で修業を積み、あらゆる種類の美術や工学的知識を学んだ。ヴェロッキオによって早くから才能が認められていたダ・ヴィンチだったが、独立を

spec of pictures ◆
『受胎告知』レオナルド・ダ・ヴィンチ
ウフィツィ美術館蔵、油彩
［1472 ～ 1475年頃に制作］

隠しメッセージ 2

マリアが右手を伸ばす書見台と、マリアの右側の建物内に見えるベッドの色は、ともに赤が採用されている。この赤は、のちにイエスが流すことになる血をあらわしているという。

果たしたのちも工房にとどまり、工房内でこの作品を描いたとみられている。

天使ガブリエルが、聖母マリアにイエスを身ごもったことを告げるシーンは、古今多くの画家によって描かれた。

そのなかでもダ・ヴィンチは、衣のひだや書見台などの写実性、一点透視法や空気遠近法などを用いた遠近感の出し方など、当時の最新の技法を用いて仕上げている。

また、師の作風の特徴である優美さが際立つ人物の、厳粛かつ静かな表情や、均整のとれた構成が主題を際立たせる。

弱冠20歳のレオナルドがいかに非凡であったかが、うかがい知れるだろう。

マリアの右腕が長すぎる点が、レオナルドらしくない不均衡さだと指摘する声もあるが、それについては、この作品が右側から見られることを前提に描かれたからだという説が唱えられている。

図像を読み解く

画面左側でマリアに受胎を告げるのは、天使ガブリエル。軽く上げられた右手で、ジャンケンのチョキのような形をつくっているが、これは祝福のポーズを示す。キリスト教美術ではおなじみのものである。

画家の主張

よく見ると、ガブリエルの手の奥で塀が途切れている。本来、処女性を示すため、マリアの庭は「閉ざされた庭」として表現される。これはダ・ヴィンチが暗に処女受胎を否定しているとも解釈できる。

隠しメッセージ 1

画面中央に立ち並ぶ糸杉の木立は、イタリア・トスカーナ地方独特の風景。その奥には青みがかった高い山がそびえている。この山は「山の中の山」であり、イエスの象徴と見る説もある。

ヨハネの誕生

マリアへのお告げの裏の、もうひとつの受胎告知

「ルカによる福音書」1章5節〜25節、39節〜66節

聖書のストーリー

受胎告知といえば、イエスを宿したマリアへの告知が知られるが、『新約聖書』には、受胎告知のエピソードがもうひとつある。イエスに洗礼を授けるヨハネの誕生である。

ユダの祭司ザカリアとエリサベトの夫婦は、敬虔《けいけん》な人として知られていた。しかしエリサベトは不妊であったため2人は子どもをあきらめていた。

そんなある日、神殿で祈るザカリアのもとに天使があらわれると、「エリサベトが妊娠し男の子を生むので、その子にはヨハネと名付けなさい」と告げるのである。

ザカリアは天使の言葉を素直に信じられなかった。妻も自分も老い、妊娠できるとは思えなかったからだ。すると神のお告げを疑った罰として、出産のその日まで彼の口は閉ざされ、話せなくなった。

のちにエリサベトは妊娠し、男の子を産んだ。ザカリアは天使の言葉に従い、その子をヨハネと名付けた。するとザカリアの口は開き、再び話すことができるようになった。

そして成長したヨハネは荒れ野に出て修行し、人々に崇められる預言者となった。

なお、新約外典「ヤコブ原福音書」には、ヨハネの誕生に際し、ヘロデ王の嬰児《えいじ》虐殺の難を逃れるため、エリサベトとヨハネは山に逃げたところ、山が2つに割れて2人を保護したという記述がある。

マリアとエリサベトの関係

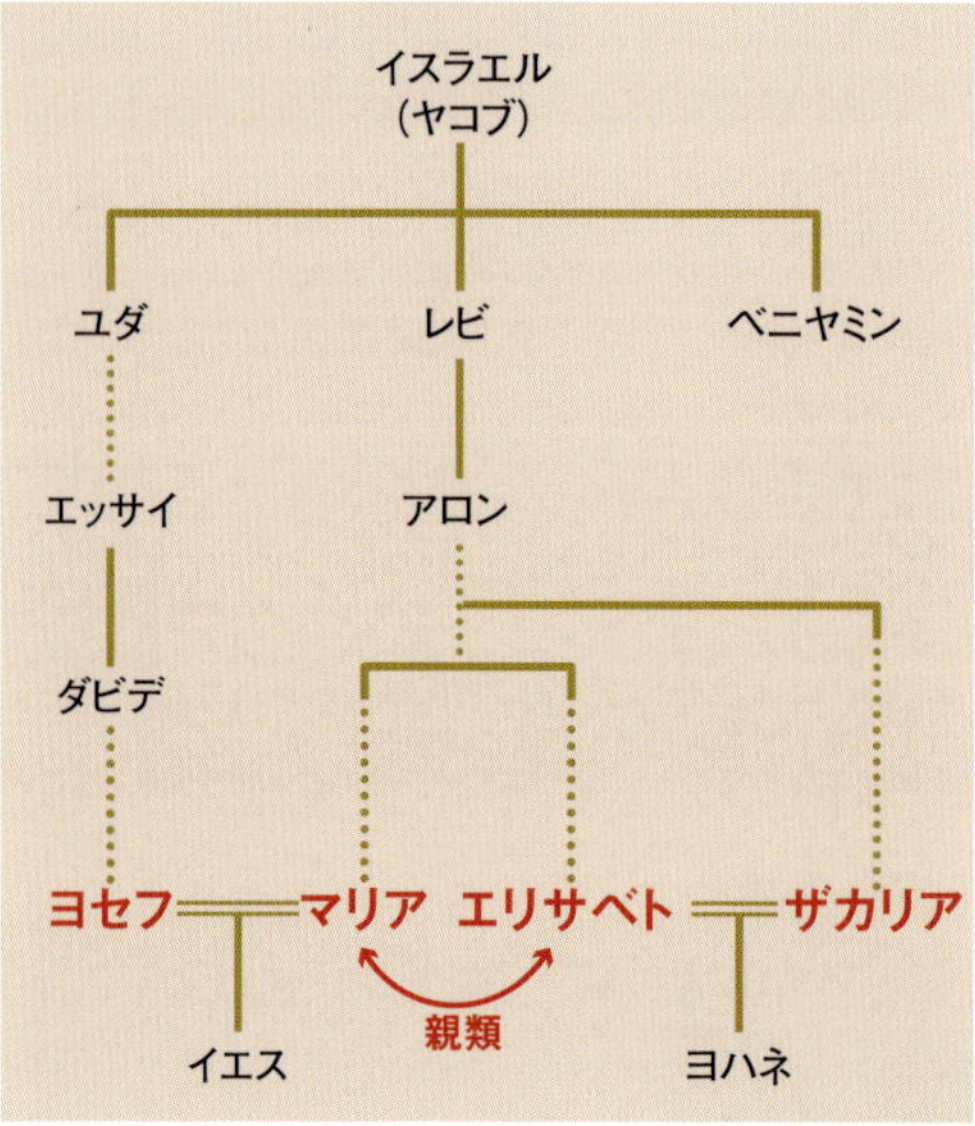
イスラエル
（ヤコブ）
ユダ
レビ
ベニヤミン
エッサイ
アロン
ダビデ
ヨセフ
マリア
エリサベト
ザカリア
親類
イエス
ヨハネ

ヨセフとマリアとエリサベト、そしてザカリアの４人は、血筋をたどっていくとヤコブ（イスラエル）にたどりつく。４人は遠い親類といえる。

聖書がもっとわかる映画

『ジーザス』

1979年公開（日本は2002年）のアメリカ映画。本作は、「ルカによる福音書」を忠実に映像化し、イエスの生涯を描いた作品。

実際の場所での撮影にこだわったため、イエスの時代には存在しなかった植物や電柱は移動させるなどしたという。

◆ spec of pictures ◆

『聖母の祭壇画』　デーリック・バウツ

プラド美術館蔵、祭壇画 1445年頃に制作

名画が生まれた背景

この作品は、『受胎告知』から『博士たちのイエス礼拝』までの4面からなる翼祭壇画である。その左から2番目に描かれるのが、「マリアのエリサベト訪問」だ。

「マリアのエリサベト訪問」を含む、この4枚のパネルに描かれるマリアは終始伏し目がちで、喜びにあふれるというよりも、重苦しいほどの厳粛さが見てとれる。

それはエリサベトも同様で、どちらかというとひきつった表情からは、天使から下された責任の重さに圧倒されてのことだろう。

ほかの画家はエリサベトをひざまずかせるなど、謙遜した姿勢で描くことが多いのに対して、2人を対等に配している。バウツのマリアとエリサベトはお互いにお腹を触れ合い、その役割の重大さを感じ、共有しているかのようだ。

図像を読み解く 1

聖書では、マリアがエリサベトを訪ね、挨拶をしたところ、エリサベトの胎内で子がおどったとある。

図像を読み解く 2

『受胎告知』から『マリアのエリサベト訪問』、『イエスの誕生』、『博士たちのイエス礼拝』まで、本作品では左から右に向かって場面が進んでいく。一種のコマ送りのような効果を鑑賞者に与えている。

イエスの誕生

故郷を離れベツレヘムの厩《うまや》で生まれた神の子

「ルカによる福音書」2章1節〜40節
「マタイによる福音書」2章

聖書のストーリー

マリアがイエスを胎内に宿していた頃、ローマ皇帝アウグストゥスが、帝国領土の全住民の人口調査をせよという命令を下した。

そのため、調査にあたり、すべての人が自分の祖先の地で住民登録をしなければならなくなったと聖書は記す。

それはヨセフ夫妻も同様で、ヨセフは身重《みおも》のマリアをともない、ナザレを離れて故郷ベツレヘムに向かった。

しかし宿屋はどこも住民登録のために故郷に戻る人でいっぱいで、泊まることができない。結局、マリアとヨセフは宿の厩に身を寄せることになった。そしてその日の翌朝、月は満ちイエスが誕生する。

「マタイによる福音書」によると、優れた天文学者3人がイエスの誕生を知り、ヘロデに謁見《えっけん》すると、「ユダヤの王として生まれた方はどこにいらっしゃるのですか」と尋ねた。

当時、ヘロデには子が産まれていない。つまりヘロデにとって、この話は聞き捨てならないものである。

そこで学者たちに子どもが見つかったら自分にも知らせるようにと告げるが、星に導かれてイエスのもとを訪ね、礼拝した彼らは、ヘロデに報告することなく姿を消した。

しかしイエスの噂はまたたく間に広がる。そして、その存在を恐れたヘロデはベツレヘムの嬰児を虐殺する命を下すのだった。これが103ページに取り上げたブリューゲルの絵画の主題である。

ヨセフはイエスに迫る危機について天使から教わると、虐殺を逃れエジプトに向かうのである。

ヨセフ一家の旅路

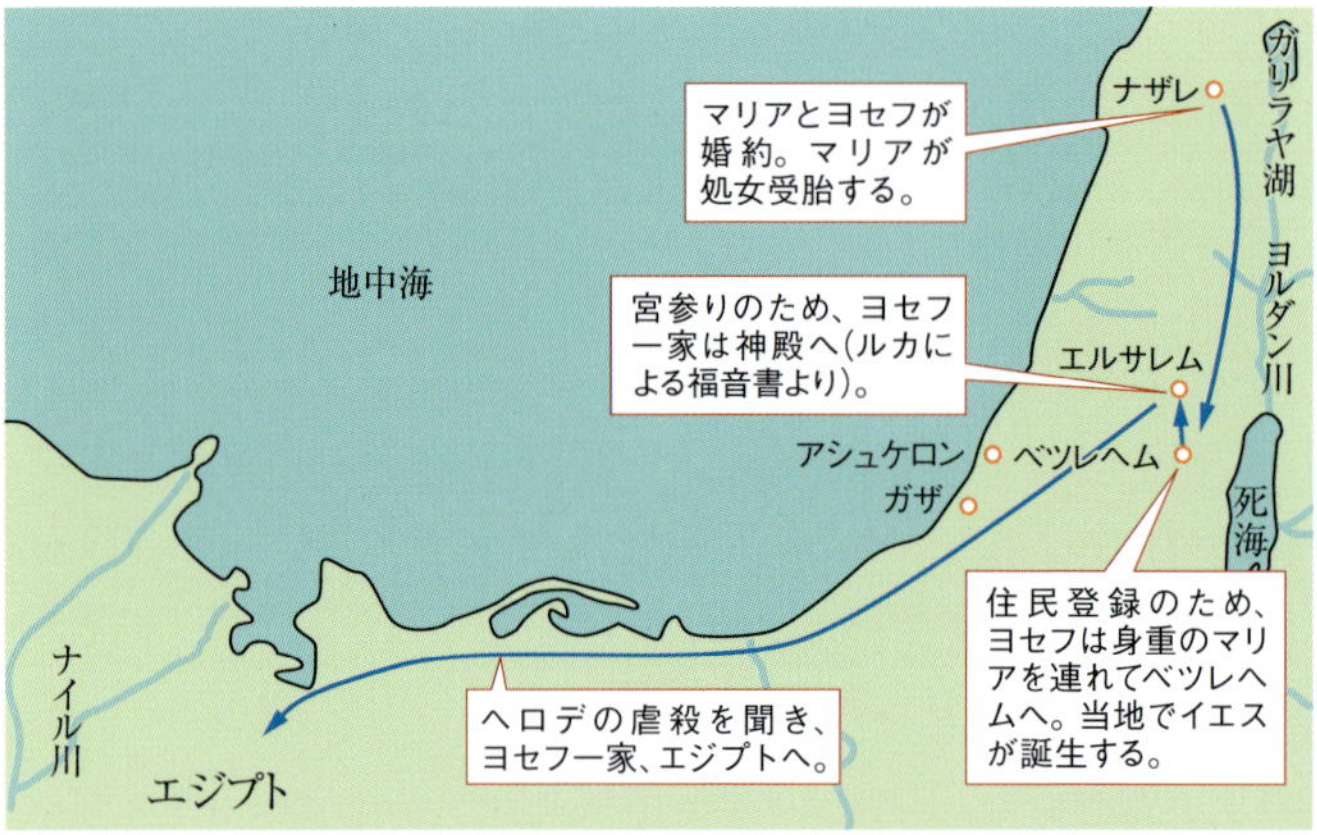
ナザレ
マリアとヨセフが婚約。マリアが処女受胎する。
ガリラヤ湖
ヨルダン川
地中海
宮参りのため、ヨセフ一家は神殿へ(ルカによる福音書より)。
エルサレム
アシュケロン
ベツレヘム
ガザ
死海
住民登録のため、ヨセフは身重のマリアを連れてベツレヘムへ。当地でイエスが誕生する。
ナイル川
ヘロデの虐殺を聞き、ヨセフ一家、エジプトへ。
エジプト

マリアとヨセフはイエス出産を控え、ベツレヘムへの旅を強いられる。また、出産後は虐殺の魔の手を逃れるべく、エジプトへ向かった。

◆ spec of pictures ◆

『羊飼いの礼拝（ラ・ノッテ）』 コレッジョ（本名：アントーニオ・アッレグリ）

ドレスデン国立絵画館蔵、油彩 1528〜1530年頃に制作

名画が生まれた背景

イエス誕生に際し「ルカによる福音書」は、東方三博士《とうほうのさんはかせ》（天文学者の礼拝）の記述はなく、光と天使の導きにより、羊飼いたちがイエスのもとを訪れたとある。本作品はその逸話をもとにした絵画だ。

生まれたばかりのイエスとマリアがまばゆいばかりに輝き、脇に立つ村娘はそのまぶしさに思わず手をかざして光から目を守ろうとしている。

のちに多く登場する光と闇を対比させる画法は、コレッジョのこの作品が初とされる。

なお、イエスの神々《こうごう》しさを強調するために夜の場面を用いたことから、「ラ・ノッテ（夜）」の愛称で親しまれている。

画家の主張

背景に描かれる古代の建物の廃墟は古い律法支配の象徴である。イエスの誕生場面に組み込むことでキリスト教が勝利することをあらわしたといわれる。

図像を読み解く

マリアの後ろで闇にまぎれそうな老人は、夫であるヨセフ。妻子の様子に目もくれず、厩の中にマリアを乗せていたロバをひく作業に没頭しているようだ。

聖母子

人々の祈りの先駆けとなったマリアと幼子イエス

出典なし

聖書の物語の背景

慈悲深い聖母マリアと幼子《おさなご》イエスは、画家が好んで描く主題となり、その図像にはさまざまなタイプがある。

「ニコポイア型」は、聖母がイエスを両手で持ち、正面を向いている図像で、もっとも原始的なものだ。

ゴシック期に教会堂を飾った「ホディギトリア型」は、聖母が立って幼いイエスを左手に抱く図像。有名なものにボッティチェッリの『マニフィカートの聖母』がある。

中世になると、ジョットやドゥッチョの作品に見られるような荘厳でモニュメント的な表現があらわれる。その一方で、「グリュコフィルサ型（聖母と幼児がほおをすり寄せている図像）」や「愛すべき聖母型（母子が自由な姿で愛情を交換している図像）」など、人間的で情感的な母子の姿が広く描かれるようになった。

聖母子像は、描かれる時代背景によってもその姿を変えている。

たとえば、伝染病が流行した頃に多く描かれたのが「慈《いつく》しみの聖母型」だ。人々をマントで覆《おお》い、マリア自らが人々を慰めている様子が描かれている。

また、聖書の主題にそった作品もあり、イエスの磔刑《たっけい》でマリアが十字架に寄りそう「哀しみの聖母型」や、マリアが没後被昇天《ひしょうてん》するさまを描いた「天の女王の聖母型」などもある。

「聖母子」の図像のおもな種類

ニコポイア型	マリア、イエスともに正面を向いている図像。公的な図像で、立ち姿と座り姿がある。別名「勝利の聖母」。
ホディギトリア型	マリアが立ってイエスを左手で抱く図像。イエスは律法の巻物を持ち、祝福のサインをおくる。別名「導きの聖母」。
グリュコフィルサ型	マリアとイエスがほおをすり寄せている図像。別名「憐みの聖母」。
愛すべき聖母型	母子が自由な姿で愛情を交換している図像。
敬虔な聖母型	合掌したり、両手を胸に交差して置くなど、祈りのポーズをとる聖母の図像。「羊飼いの礼拝」などはこのタイプ。
慈しみの聖母型	マリアがマントで人々をおおい、慰めを与えている図像。伝染病流行時に多く描かれた。
哀しみの聖母型	イエスがかけられた十字架に寄りそったマリアが哀しみをあらわにしている図像。
ピエタ型	十字架から降ろされたイエスにマリアが最後の別れをする図像。

聖母子の図像の種類は数多いが、ある程度は系統立てて描かれている。時代時代の世相によって、描かれ方が変わっていった。

聖書がもっとわかる旅

降誕教会

現在のパレスチナのベツレヘムに位置するキリスト教の教会。

キリスト生誕の地とされる場所に建てられた教会で、教会を含む一帯が、２０１２年、ユネスコによって世界遺産に登録された。

登録名は「イエスの生誕地：ベツレヘムの聖誕教会と巡礼路」。

◆ spec of pictures ◆

『薔薇垣の聖母』 シュテファン・ロッホナー

ヴァルラフ=リヒャルツ美術館蔵、油彩 1448年頃に制作

名画が生まれた背景

薔薇《ばら》に棘《とげ》があるのは、アダムとエバの原罪のためであり、イエスの受難の象徴とされた。その対極に置かれ、聖母マリアの象徴とされたのが、「棘のない薔薇」である。

この棘のない薔薇をふんだんにあしらった作品が15世紀前半のロッホナーの『薔薇垣の聖母（ホディギトリア型）』だ。

聖母の背後には赤と白の薔薇の垣根があり、天使が音楽を奏でる。頭上から母子を見下ろすのは父なる神と聖霊の鳩である。

図像を読み解く

聖母子の花園は、「エデンの園」を連想させる。聖母に抱かれた幼子のイエスに天使から原罪の象徴であるりんごが手渡されているのは、原罪と贖罪の関係を暗示させる。

隠しメッセージ

足元にぎっしりと描かれたいちごは、赤い実の色から受難により流される血を示唆している。りんご同様、ここにもイエスの運命を象徴するものが配されている。

◆ この絵画を読み解く！ ◆

『岩窟の聖母』

注文主とのトラブルによって生まれた
2つの『岩窟の聖母』

名画が生まれた背景

レオナルド・ダ・ヴィンチによる聖母子の図像は、下に示した通り2点存在する。いずれもタイトルは『岩窟の聖母』で、並べてみると驚くほど似ていることに気づくだろう。

先に描かれたのは、現在ルーヴル美術館に所蔵されている右側の作品である。これは本来、ミラノのサン・フランチェスコ・グランデ大聖堂の祭壇画として注文を受けたものだが、描写

図像を読み解く 1

聖母を中心に、向かって右手にいる親子のような２人組は、赤ん坊がイエスで、大人が大天使ウリエルである。依頼主はウリエルがイエスの首をかき切るようなしぐさを見て仰天し、ダ・ヴィンチに猛烈なクレームをつけた。

図像を読み解く 2

聖母マリアが右手で抱える赤ん坊は、洗礼者ヨハネ。このヨハネが「洗礼者ヨハネ」を示す持ち物（十字の杖など）を持っておらず、イエスとの区別がないことも、依頼主を怒らせる原因となった。

spec of pictures ◆『岩窟の聖母』（ルーヴル版） レオナルド･ダ･ヴィンチ ルーヴル美術館蔵、油彩［1483～1486年頃に制作］

や報酬について、依頼主である聖堂とレオナルドのあいだでトラブルが生じたとされる。

とくにその絵画表現は受け入れがたいものだったようで、依頼主側は絵の受け取りを拒否。このトラブルの仲介にあたったのが、当時ミラノを支配していたフランス王ルイ12世だった。そこでダ・ヴィンチは感謝の気持ちから出来上がった絵を王に献上したという。

しかし、やはり本来の依頼主を放置することはできなかったようで、その後改めて同聖堂の要望に従った形の聖母子の図像を描いている。それが、左ページに示したロンドン・ナショナルギャラリー所蔵の作品だ。

しかし、ダ・ヴィンチは先のトラブルで嫌気がさしたのであろうか。ナショナルギャラリー版はルーヴル版の構図を手本としながら、協力者デ・プレディス兄弟が描いたと見るのが一般的だ。ルーヴル版に比べ筆致が硬質で明暗の対比も強い。

図像を読み解く 3

2つの絵画を並べたとき、もっとも大きく異なるのが、ウリエルの右手だ。聖堂側から反撥を受けた右手が、ナショナルギャラリー版では、きれいに消え失せている。

図像を読み解く 4

聖母マリアが右手で支える洗礼者ヨハネは、ルーヴル版の反省もあってか、「洗礼者ヨハネ」を示すアトリビュート（象徴）である、獣の衣や十字の杖が描き加えられている。

spec of pictures ◆『岩窟の聖母』（ナショナルギャラリー版） レオナルド・ダ・ヴィンチほか ロンドン・ナショナルギャラリー蔵、油彩［1495～1508年頃に制作］

過越祭

12歳で「神の子」たらんと両親に知らしめたイエス

「ルカによる福音書」2章41節～52節

聖書のストーリー

じつは聖書には、イエスがどのようにマリアに育てられたのかを語る記述がほぼない。ヘロデからの迫害を逃れるため、エジプトへ避難したヨセフ一家は、ヘロデの死を機に、ガリラヤのナザレへ戻った。このとき、イエスは2歳ぐらいであったと推定される。

唯一、少年時代のイエスを物語るのが、「ルカによる福音書」の過越祭《すぎこしさい》の話だ。

過越祭とは、4月頃に行なわれるユダヤ教の祭りで、「出《しゅつ》エジプト」の「10の禍《わざわい》」を由来とする。神が「エジプトの初子がすべて死ぬ禍」を起こした際、イスラエルの民を過ぎ越したことを祝う祭りだ。

イエスが12歳のとき、過越祭を祝うために、イエスは両親に連れられてエルサレムへ向かう。祭りが終わり、両親は家路につくのだが、そのときそばにイエスがいないことに気づかなかった。神殿周辺は大変な混雑で別行動になっていたからだ。だが、1日の道のりを行ったところで、イエスがいないことに気づく。

慌ててイエスを捜しながらエルサレムまで戻っていくが、一向に見つけられず、3日も過ぎてしまった。

ついに神殿まで戻っていくと、なんとイエスは律法学者を相手に議論を交わしていたのである。周りの学者はイエスの理論に太刀《たち》打ちできず、舌を巻いていた。

マリアが「なぜ、こんなところにいるのか」と息子に問うと、イエスはこう答えた。「私が、父（神）の家にいるのが当たり前と知らなかったのですか」。

12歳にしてイエスは、「神の子」としての役割を理解し、その役目を果たそうとしていたのである。

イエス失踪から発見までの経緯

過越祭前日	ヨセフ、マリア、イエスがエルサレムへ向かい出発。
過越祭当日	大人のグループ、子どものグループに分かれて行動。ヨセフとマリアは祭りの終了後、帰途につく。
過越祭翌日	ヨセフとマリア、イエスがいないことに気づく。1日をかけて親戚・知人を訪ね、探し続けたのち、エルサレムへ。
過越祭から4日後	神殿内で、大人相手に議論を交わすイエスを発見。

当時、過越祭は大人と子どもで分かれて行動していたという。そのため、ヨセフとマリアはわが子を見失ったことに気づくのが遅れたのであろう。

聖書がもっとわかる旅

ナザレ

現在のパレスチナ北部ガリラヤ地方にある町で、聖書によるとイエスが少年時代を過ごした場所とされる。そのため、イエスは「ナザレのイエス」と呼ばれた。有名な史跡に聖告知（受胎告知）教会がある。

◆ spec of pictures ◆

『博士たちの間のキリスト』ホセ・デ・リベラ

ウィーン美術史美術館蔵、油彩 1630年頃に制作

名画が生まれた背景

見識のある学者たちを相手に、自らの主張を述べ、あらゆる質問に答える12歳のイエス。その自信に満ちた動作には神々しささえ宿る。

イエスの顔は静かだが力強く、真の神の愛を認めようとしない学者に対し、厳しくその間違いを正しているかのようにも見える。

本作品はスペイン出身のホセ・デ・リベラによって描かれた。リベラは徹底した写実的画風を特徴とした画家で、若くしてイタリアに渡り、カラヴァッジョの明暗法を学んでいる。

この作品でも、イエスに光が集中する一方で、頭を抱える学者やイエスの背後で暗闇に溶け込むようにして佇《たたず》むマリアとヨセフが対比されるように描かれている。

その強烈なまでの対比が、否が応にもイエスの絶対的な存在感を観る人々に感じさせている。

画家の主張

イエスは律法学者らに目を見据え、右手の指を高々と上げている。このしぐさは祝福の印ではなく、神を指し、律法書より神を信じよと述べているのだろう。

図像を読み解く

イエスの背後で、暗闇に溶け込むようにして戸惑いの表情を浮かべている男女は、イエスの両親であるマリアとヨセフである。

イエスの洗礼

雲の間から聖霊が降る！洗礼の瞬間に起きた奇跡

「マタイによる福音書」3章
「マルコによる福音書」1章1節～11節
「ルカによる福音書」3章1節～18節
21節～22節

聖書のストーリー

荒れ野で修行を積んでいたエリサベトの子ヨハネは、30歳頃にヨルダン川のほとりにあらわれると、人々に悔い改めを説き、洗礼《バプテスマ》を授けるようになっていた。

当時のユダヤ教は律法を遵守することに固執して形骸化《けいがいか》し、祭司や律法学者は自らの地位や名誉だけを重んじるようになっていた。

その一方で、ヨハネの教えは「下着を2枚持っているなら、1枚を持たない者に分けなさい」など、誰もがすぐに実践できるものばかりだった。

加えてヨハネ自身、ラクダの毛衣に革の帯という粗末な服を身にまとい、野蜜とイナゴで糊口《ここう》をしのぐという清貧の聖者そのものの姿だった。

そのため、教えに説得力があり、民衆や政治家、徴税人までもがこぞってヨハネのもとに足を運び、悔い改めて洗礼を受けたのである。

あるとき、洗礼を受けようとする人々の列の中に、イエスの姿があった。イエスを見つけたヨハネは駆け寄ると、「私こそあなたから洗礼を受けるべきです」と恐縮した。

その言葉にイエスは「あなたから洗礼を受けることが神の御心です」と説得し、洗礼を受けたのである。

イエスが洗礼を受けると、突如、天が裂けて雲の合間から白い鳩のように聖霊があらわれた。そして「これは私の愛する子、私の心に適う者」という神の声が響くのだった。

洗礼者ヨハネの足跡

ガリラヤ湖
タボル山
ヨルダン川
ヨルダン川で人々に洗礼を施す。
↓
その列にイエスが加わり、ヨハネはイエスにも洗礼を施す。
エルサレム
エンカレム
死海
ザカリアとエリサベトのあいだに生まれる。
ユダの荒れ野
長じて修行のため、荒れ野で禁欲的な生活を始める。

敬虔なユダヤ教徒であった祭司ザカリアとエリサベトのもとに生まれたヨハネだったが、誕生してから神殿に入ることなく、長じてからは荒野での修行に励んだ。

聖書がもっとわかる旅

ワディ・ハラール

現在のヨルダン（ヨルダン・ハシュミット王国）の首都アンマンから車で45分ほどにあるキリスト洗礼地とされる場所（異説もあり）。

元ローマ教皇ベネディクト16世も訪問したことがある当地は、現在水質の汚染に悩まされ、洗礼のために水に浸かることに警鐘を鳴らす学者もいる。

『キリストの洗礼』 エル・グレコ（本名：ドメニコ・テオトコプーロス）

プラド美術館蔵、テンペラと油彩 1597〜1600年頃に制作

名画が生まれた背景

ドーニャ・マリア・デ・アラゴン学院礼拝堂主祭壇衝立の『受胎告知』の右に掲げられていたといわれる本作品は、聖書の記述をただ再現するのではなく、洗礼そのものの意味を象徴的に捉えて描かれる。

グレコの画風は、人物のみを光り輝かせるのでなく、画面全体が不思議な光に包まれて見えるのが特徴だ。

これは、テンペラと油彩を組み合わせることで実現した独特の表現法だ。

グレコは、まずテンペラで塗り、その上から油彩を塗るという二重技法を採用した。場合によっては、さらに油彩の上にテンペラを重ねることもあったかもしれないといわれている。こうした工夫が、グレコ特有のタッチと色彩を生み出したのだ。

なお、本作品の作成中にグレコは死に、息子が完成させたという。

図像を読み解く

キリストが片膝をつく表現のはじまりは、この作品にあると考えられている。それ以前までのイエスは立って洗礼を受ける図だった。片膝をつく図像は謙遜を意味する。

サタンの誘惑

神への献身を証明し、サタンの誘惑を退ける

「マタイによる福音書」4章1節～11節
「マルコによる福音書」1章12節～13節
「ルカによる福音書」4章1節～13節

聖書のストーリー

ヨハネから洗礼を受けたイエスは、聖霊に導かれて荒れ野へ向かい、40日にわたる断食に入った。

そんなイエスに悪魔（サタン）は3つの誘惑を仕掛け、堕落させようとした。「マタイによる福音書」によると、はじめ悪魔はこう言った。「神の子ならこれらの石がパンになるように命じたらどうだ」。

しかしイエスは「人はパンだけで生きるものではない。神の口から出る一つ一つの言葉で生きると書いてある（「申命記」8章3節）」と『旧約聖書』の教えを引用して、退けた。

次に悪魔はイエスをエルサレムの神殿の屋根に連れていって言った。「神の子ならば、飛び降りたらどうだ。『神があなたのために天使に命じると、天使たちが支える』と書いてある」。

イエスは「『あなたの神である主を試してはならない（「申命記」6章16節）』とも書いてある」と、再び『旧約聖書』を引用した。

さらに悪魔はイエスを非常に高い山に連れて行って世界の国々の繁栄ぶりを見せると、「自分に仕えるなら世界をイエスに与える」と誘惑した。

イエスはまたも『旧約聖書』を引用し、「『あなたの神である主に仕えよ（「申命記」6章13節）』とある」と悪魔を退けた。

すると悪魔は去り、天使がイエスのもとにきて仕えた。

悪魔（サタン）の誘惑

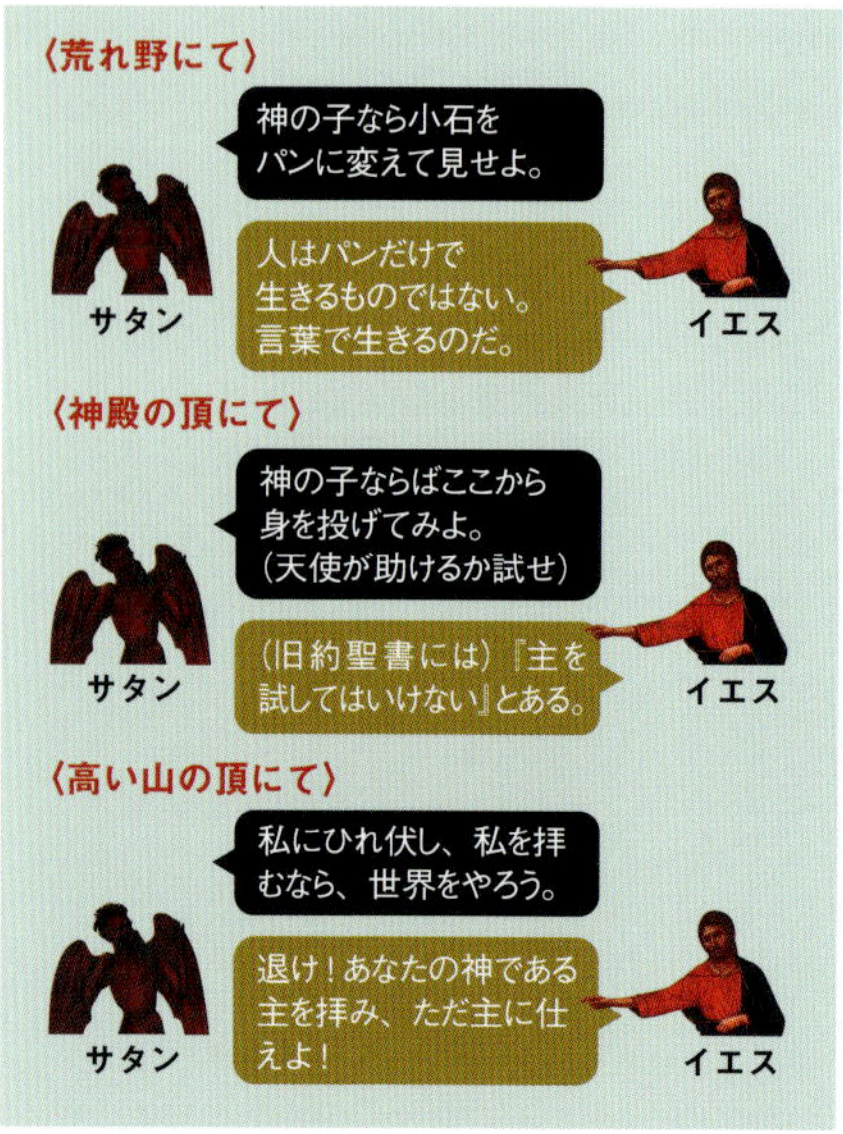
〈荒れ野にて〉
神の子なら小石をパンに変えて見せよ。
人はパンだけで生きるものではない。言葉で生きるのだ。
サタン
イエス
〈神殿の頂にて〉
神の子ならばここから身を投げてみよ。（天使が助けるか試せ）
（旧約聖書には）『主を試してはいけない』とある。
サタン
イエス
〈高い山の頂にて〉
私にひれ伏し、私を拝むなら、世界をやろう。
退け！あなたの神である主を拝み、ただ主に仕えよ！
サタン
イエス

イエスは40日にわたって試練を受けた。この40日という数字は、「ノアの箱舟」で神が降らせた降雨の日数と同じであり、聖書では試練をあらわす数字と捉えている。

聖書がもっとわかる旅

ユダの荒野

現在のエルサレムから東北の都市エリコのあいだに広がる荒涼とした砂漠地帯。この地でイエスは試練を受け、悪魔からの誘惑を受けた。

砂漠でありながら雨季があり、一定量の雨が降るため、羊の放牧が行なわれることもあったという。

『悪魔の誘惑』 ドゥッチョ・ディ・ブオニンセーニャ

フリック・コレクション蔵、テンペラ 1308〜1311年に制作

名画が生まれた背景

悪魔による誘惑を主題とした絵画は多いが、この作品のように3番目の誘惑の場面を描いたものは数少ない。

目に見える存在でない天使や悪魔をどう表現するか、画家たちの頭を悩ませたからだ。

悪魔や天使は聖書にも具体的な説明がなく、画家たちは自ら創造するしかなかった。

本作品を見ると、まるでイエスらがミニチュアの町に立っているようだ。

ドゥッチョの時代はルネサンス以前であり、遠近法や空間の描き方は重視されていなかった。むしろ重要とされるものを大きく描くことが優先されたため、イエスや天使、悪魔が大きく、国々は足元に小さく描かれたのである。

図像を読み解く 1

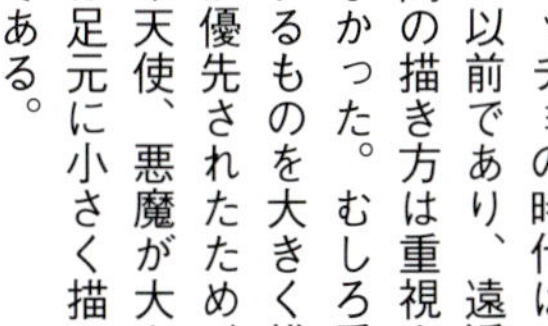

悪魔は堕天使のイメージから天使のように翼を持つものという表現がされるようになったが、黒い毛で覆われていたり、尾や鉤爪が付けられた人間の姿で描かれることもある。

図像を読み解く 2

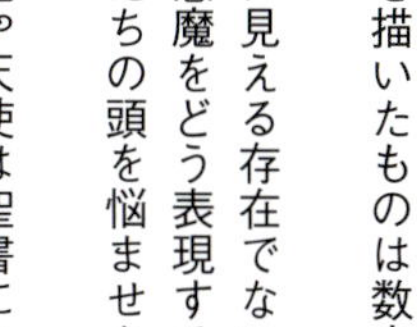

ドゥッチョの時代、天使の姿はまだ確立されていなかった。ここで描かれる天使は、現在のイメージに近く、翼を持つ形で表現されている。

◆ この絵画を読み解く！ ◆

『荒野のイエス・キリスト』

イエスに画家自身の精神を投影した
ロシア人画家クラムスコイ

名画が生まれた背景

イエスは洗礼を受けたあと、荒れ野で試練を受けた。それは40日間の断食を含む、苛酷なものだった。このとき、イエスの前には悪魔があらわれて、3つの誘惑をしたという。

前ページで紹介したドゥッチョの作品を含め、多くの画家たちが好んで描いたのは、このイエスが悪魔と対峙し、それを退けるというドラマチックな場面である。

ところが、この『荒野のイエス・キリスト』に見えるのは、思索にふけるかのように座り込んでいるイエスただひとり。悪魔の姿はおろか、木々もなく、ただただ寒々しい岩場だけが地平線にまで続いている。

本作品の作者のクラムスコイは、19世紀ロシア美術を代表する画家である。

当時の帝政ロシアは、農奴制をはじめとする社会のひずみが表面化し、貧富の差が激しかった。

貧しい町人の出身でありながらペテルブルグ美術大に学んだクラムスコイは、硬直したアカデミズムに対抗する思想的リーダーとしても積極的な活動を展開した。

飢えのためやせ衰え、両手を固く握りしめて思索にふけるイエスの姿は、人民の救済を目指しつつ、孤独に芸術を追求する画家自身の精神的肖像であるともいえる。

画家の主張

イエスの後方では、地平線から明るさが徐々に増してきている。光の表現はじつに正確で、夕焼けではなく朝焼けだということがわかる。クラムスコイはまもなくやってくる太陽の光によって、イエスが悪魔との戦いに勝利したことを示した。

図像を読み解く

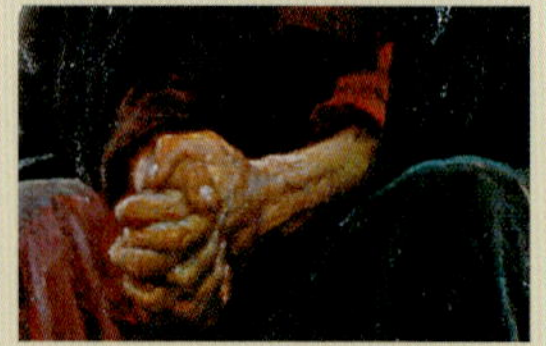

膝のあいだで固く結ばれたイエスの両手。その力がこもった手からは、今まさにイエスが神と対話を交わしているところであると、鑑賞者に知らしめているようだ。

spec of pictures ◆『荒野のイエス・キリスト』イワン・クラムスコイ　トレチャコフ美術館蔵、油彩［1872年頃に制作］

121ページで紹介した14世紀に描かれたドゥッチョの作品は、正確性より様式美が重んじられたため、遠近感などはまったくない。対して19世紀の画家であるクラムスコイは、徹底した写実性に力を注いでいることがわかる。

ヨハネの死

魅惑の踊りで父を籠絡した美しき少女が望んだもの

「マタイによる福音書」14章1節～12節
「マルコによる福音書」6章14節～29節
「ルカによる福音書」3章19節～20節
9章7節～9節

聖書のストーリー

洗礼者ヨハネは、ヘロデ大王の子ヘロデ・アンティパスに捕らえられ、投獄されていた。ヘロデは弟の妻であり、義理の妹であるヘロディアに懸想《けそう》し、強引に妻としていた。その行動を、ヨハネはユダヤ法に違反するとして、公然と批判したため、ヘロデが激怒したのが逮捕の理由である。

ヘロデはヨハネを監獄につなぎとめながらも、その処分に困っていた。人々の絶大な人気もさることながら、ヘロデ自身ヨハネを聖人と捉えていたため、殺すことができなかったからである。

しかし、ヘロデの妻ヘロディアは違った。彼女のヨハネに対する憎しみは深く、ヨハネを亡き者にと考えていた（図版参照）。

そしてその機会は、ヘロデの誕生日を祝う宴で訪れた。宴席でヘロディアの娘であり、ヘロデの継娘が魅惑的に踊ると、大喝采を浴びる。そこでヘロデは継娘に、「褒美として、望むものを何でも言いなさい」と約束する。

「何を望めばいいか」と相談する娘に対し、母ヘロディアの答えはこうだった。「洗礼者ヨハネの首を望みなさい」。

娘の要求にヘロデは困惑したが、人々の面前で約束をしてしまった手前、断れない。結局、ヨハネの首をはね、命を絶つのである。

ヨハネの死の関係者相関図

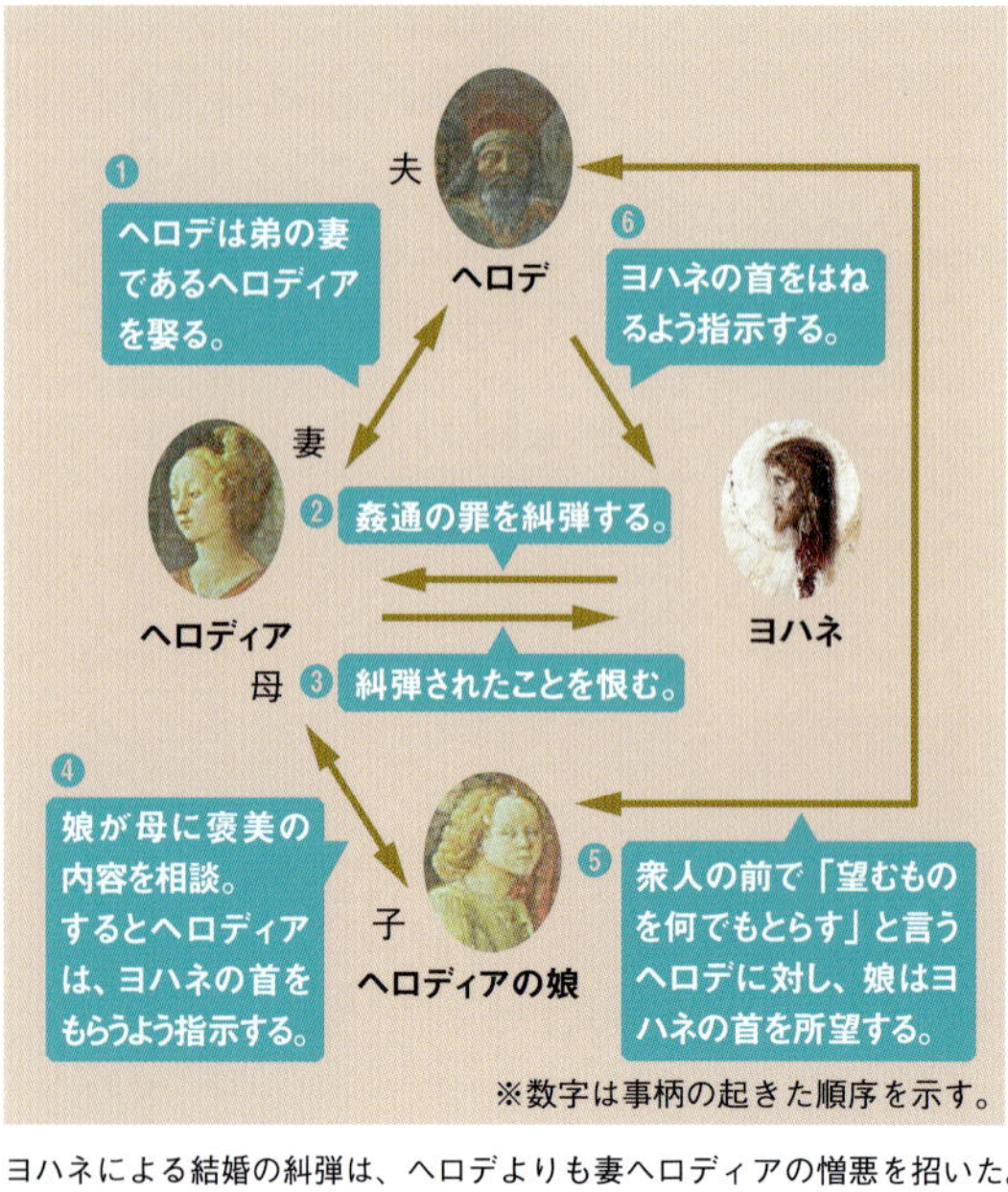
夫
ヘロデ
妻
ヘロディア
母
子
ヘロディアの娘
ヨハネ
① ヘロデは弟の妻であるヘロディアを娶る。
② 姦通の罪を糾弾する。
③ 糾弾されたことを恨む。
④ 娘が母に褒美の内容を相談。するとヘロディアは、ヨハネの首をもらうよう指示する。
⑤ 衆人の前で「望むものを何でもとらす」と言うヘロデに対し、娘はヨハネの首を所望する。
⑥ ヨハネの首をはねるよう指示する。
※数字は事柄の起きた順序を示す。

ヨハネによる結婚の糾弾は、ヘロデよりも妻ヘロディアの憎悪を招いた。ヨハネを恨むヘロディアは、娘をけしかけてヨハネを誘惑させたともいう。

聖書がもっとわかる映画

『サロメ』

2003年公開のスペイン映画。オスカー・ワイルドが1891年に書いた戯曲「サロメ」を下敷きにしたフラメンコ映画。主演と振付を担当したダンサー、アイーダ・ゴメスが、激しく情熱的なダンスで観る者を魅了する。

◆ spec of pictures ◆

『出現』ギュスターヴ・モロー

ギュスターヴ・モロー美術館蔵、油彩 1874〜1876年頃に制作

名画が生まれた背景

ヘロディアの娘は、現在サロメの名で知られる。絵画では、男を迷わせ破滅させるファム・ファタル（95ページ参照）として描かれた。

モローがサロメを描き始めた1870年代は、フローベルの小説やマラルメの詩が契機となり空前のサロメブームを迎えていた。モローは流行を踏まえつつ、聖書の中の登場人物としてのサロメではなく、サロメに代表される女性の本性を描いたといわれる。本作のサロメは、男性の命を命とも思わない恐ろしさを秘めている。

隠しメッセージ

空中に浮かぶのはヨハネの首。主題は聖書にある「ヨハネの死」だが、断首の表現は、男性が持つ去勢恐怖を美的にあらわす意図も見える。

画家の主張

ヨハネの首を示すサロメ。モローはサロメを、女性という魅力的な「性」を駆使して男を屈服させ、どんな願いも叶えさせてしまう魔性の女として描いた。歴史画的な様式と装飾性が特徴的だ。

◆ この絵画を読み解く！ ◆

『ヘロデの宴』

卓越した心理描写で舞台上の人物の感情を浮き彫りにした作品

名画が生まれた背景

フィリッポ・リッピの『ヘロデの宴』は、異時同図法が用いられている。

これは、異なる時間に起こった出来事を、同じ空間内に描く画法で、①画面中央には、ヘロデの前で美しく舞う娘（サロメ）の姿が、②画面向かって左には、ヨハネの首を盆に受けとろうとするサロメの姿が、そして③画面右手には、ヨハネの首を母へロディアに差し出すサロメの姿

が描かれている。

　プラート大聖堂内陣を飾るこのフレスコ画は、もとをたどるとリッピと同時代の画僧フラ・アンジェリコに依頼されたのだという。しかし彼が辞退したためにリッピが引き受けることになった。

　繊細で優美な曲線とメランコリックな表情を浮かべる女性の姿は、リッピの弟子ボッティチェッリへの確かな影響が認められ、初期ルネサンスの傑作のひとつといえる。

隠しメッセージ

魅惑的に踊るヘロディアの娘。リッピはこの壁画の制作中に、同地の修道女ルクレツィアと出会い恋に落ちた。一説では、絵の娘のモデルは、ルクレツィアではないかと考えられている。

図像を読み解く 1

画面右側には、首を差し出すヘロディアの娘が描かれる。その表情は、画面中央で踊っていたときのような初々しさがすっかり影をひそめ、まるで感情を持たない人形のようである。

図像を読み解く 2

画面右手でヨハネの首を見るヘロディアの隣には、声をひそめささやき合う侍女たちの姿が見える。ひとりは恐れ、ひとりは軽蔑しているかのようにも見え、リッピの心理描写力の高さがうかがえる。

spec of pictures ◆
『ヘロデの宴』フィリッポ・リッピ
プラート大聖堂礼拝堂壁画、フレスコ
［1452～1464年頃に制作］

弟子の召命

主イエスのもとに集う12人の弟子たち

「マタイによる福音書」4章12節～22節
9章9節～13節、10章1節～4節
「マルコによる福音書」1章14節～20節
2章13節～17節、3章13節～19節
「ルカによる福音書」4章14節～15節
5章1節～11節、6章12節～16節ほか

聖書のストーリー

悪魔の誘惑を退けたイエスは、ガリラヤに戻り、湖畔で本格的な宣教活動を開始する。このとき、宣教活動の中心になる12人の弟子、いわゆる「十二弟子」との出会いを果たしている。

イエスがはじめに声をかけたのは、湖で漁をしていたシモン（のちのペトロ）とアンデレの兄弟だった。イエスが「あなたたちを、人をとる漁師にしよう」と声をかけると、2人はすぐに従った。

十二弟子の召命順は福音書によって違うが、ペトロだけはどれも一番に挙げている。

ペトロとアンデレのほかに召命されたのが、漁師の大ヤコブとヨハネ、フィリポ、バルトロマイ、トマス、徴税人マタイ、小ヤコブ、タダイ、熱心党のシモン、そしてイスカリオテのユダである。

イエスのまわりには続々と信徒が集まったが、その中でも十二弟子は、イエスから直接教えを授かり、民衆に伝える重要な役割を担った。

そのため彼らは財産や家族を捨て、常にイエスにつき従い、また各地をまわって宣教活動を行なったのである。

十二弟子一覧

1 **ペトロ（シモン）**
ベツサイダ出身の元漁師。

2 **アンデレ**
ペトロの弟で、兄と同じく元漁師。

3 **ゼベダイの子ヤコブ**
網の修繕中にイエスに請われ、従う。通称大ヤコブ。

4 **ヨハネ**
ゼベダイの子ヤコブの兄弟。ヤコブと同時に使徒になる。

5 **フィリポ**
ベツサイダ出身の人。ナタナエルにイエスを紹介する。

6 **バルトロマイ（ナタナエル）**
フィリポの友人。イエスに会い、感銘を受ける。カナ出身。

7 **マタイ**
元徴税人。イエスに召命され、従うようになる。

8 **イスカリオテのユダ**
集団の会計係。のちにイエスを裏切る。

8 **マティア**
イスカリオテのユダの代わりに使徒に加わる。

9 **アルファイの子ヤコブ**
ゼベダイの子ヤコブとは別人。通称小ヤコブ。

10 **シモン**
熱心党の党員。ペトロとは別人。

11 **トマス**
イエスの復活を疑う。

12 **タダイ**
小ヤコブの子ユダ・タダイ。「ユダの手紙」の著者とされる。

弟子の数が「12」となっているのは、イスラエル12部族とのつながりを持たせるためである。そのため、のちにユダの裏切りで欠員が出ると、補充されている。

聖書がもっとわかる旅

ガリラヤ湖と聖ペトロ召命教会

ガリラヤ湖は、ヨルダン地溝に位置するイスラエル最大の淡水湖。現在もイスラエルの人々の主水源となっている。

イエスの伝道はこの地をスタートにしており、周辺はイエスにまつわる遺構が多い。

ペトロとの出会いがあった場所には、聖ペトロ召命教会が建てられている。

◆ spec of pictures ◆

『奇跡の漁《すなど》り』 ラファエッロ・サンツィオ

ヴィクトリア&アルバート美術館蔵、テンペラ 1515年頃に制作

名画が生まれた背景

教皇レオ10世がローマのシスティーナ礼拝堂に飾るタペストリー10枚連作のためにラファエッロに下絵を注文した最初の主題。

この下絵に基づき、ベルギーやフランドルの職人が実際のタペストリーを制作している。

イエスはガリラヤ湖畔の町ゲネサレトにて、不漁に悩むペトロたちと出会う。イエスの言葉に従いペトロたちが網を下ろすと、信じられないほどの大漁だった。

その奇跡に驚き、ペトロとアンデレ、さらにヤコブとヨハネまでも弟子になったという場面を描いている。

左端に座る男性がイエス。そのイエスの言葉に驚き、ひれ伏しているのがペトロで、さらにその後ろに両手を広げて驚きをあらわしているのがアンデレだ。

画家の主張

船の端に描かれたイエスは、ペトロらが見せているような動きがいっさいなく、ただ静かに座っている。動の表現のなかの静のこの部分こそが、この絵の主張である。

図像を読み解く

ペトロの船の中には、あふれんばかりの魚が描かれる。このときとれた魚は、学名「クロミス・シモニス（シモンのスズメダイ）」という。黒鯛に似た魚で、ピーターフィッシュ（ペトロの魚）の名で知られる。

カナの婚礼

水がぶどう酒に変わる！主が起こした最初の奇跡

「ヨハネによる福音書」2章1節～12節

聖書のストーリー

「ヨハネによる福音書」によると、イエスが最初に起こした奇跡は「カナの婚礼」で見られた。カナはナザレの北方14キロにある町で、ある人物の婚礼にイエスと母マリア、弟子たちが招かれたのである。

婚礼には多くの客がやってきて、そのお祝いは1週間も続いた。しかし祝宴の最中に、用意しておいたぶどう酒が、底をついてしまう。

どんなに貧しくても、婚礼の祝いではお客にたっぷりとぶどう酒をふるまうのが礼儀とされていた時代である。家主は不測の出来事に、途方に暮れてしまった。

母マリアはイエスに「ぶどう酒がなくなりました」と告げた。しかし、それに対しイエスは「婦人よ、わたしとどんなかかわりがあるのです。わたしの時はまだ来ていません」と冷ややかに返した。

こうして一度は突き放したものの、ユダヤ人が清めに使う石の水がめが6つあるのに目をとめたイエスは、召使いに水を注ぐように言った。

召使いが言われたとおりふちまで水を満たして宴席に運んだところ、水がいつの間にかぶどう酒に変わっていた。

そのぶどう酒は味もよく、宴席の世話人は「こんなおいしいぶどう酒を最後に出すなんて、なんという心配りだろう」と新郎を褒めた。

奇跡を目の当たりにした弟子たちは、これを機にイエスを信じるのだった。

「カナの婚礼」の解釈の仕方

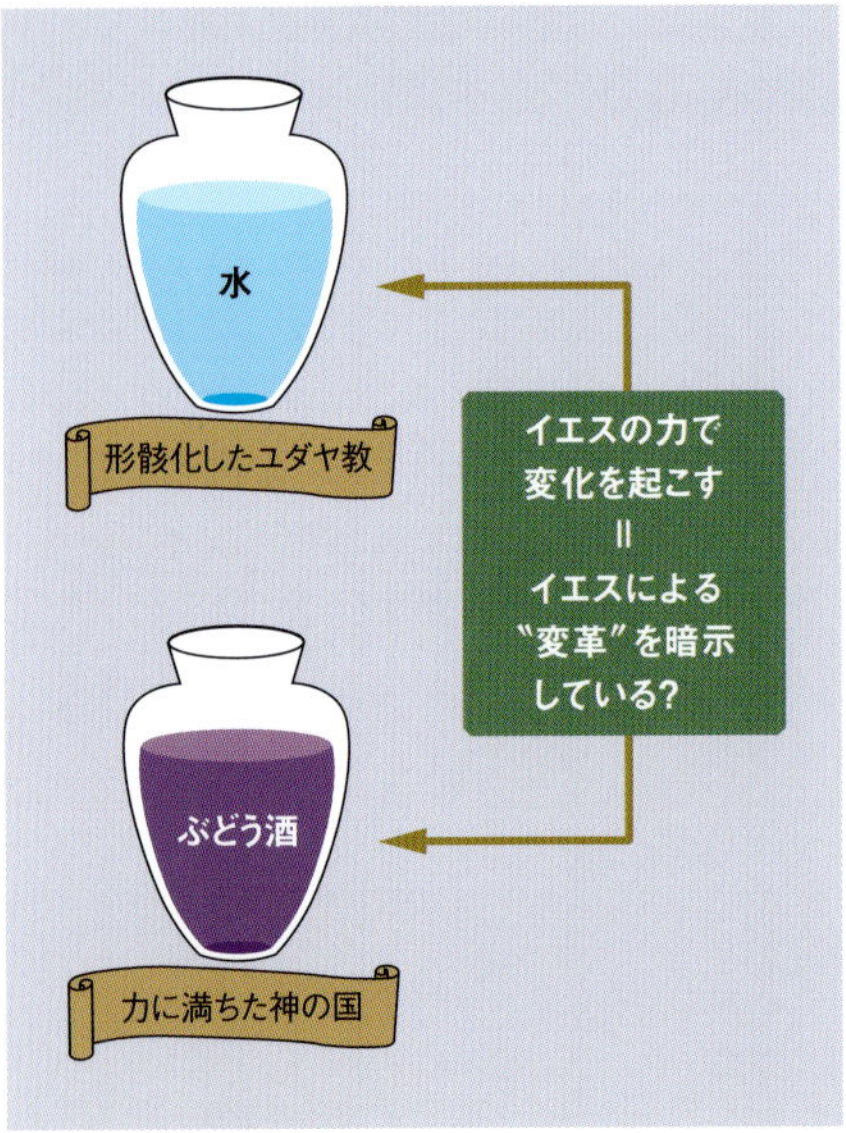
水
形骸化したユダヤ教
イエスの力で
変化を起こす
＝
イエスによる
“変革”を暗示
している？
ぶどう酒
力に満ちた神の国

当時のユダヤ教では神との関係を築けないため、新しい関係を結ぶためにイエスが行なう宣教活動を象徴していると解釈できる。

聖書がもっとわかる旅

カナの婚礼教会

現在のイスラエルのカナに建つ教会。この婚礼教会は、イエスが水をぶどう酒に変えるという奇跡を起こしたことを記念に建てられた。

フランチェスコ修道会の教会とギリシア正教会の2つの婚礼教会がある。

現在も当地で結婚式を挙げることができる。

◆ spec of pictures ◆

『カナの婚礼』パオロ・ヴェロネーゼ

ルーヴル美術館蔵、油彩 1562～1563年頃に制作

名画が生まれた背景

イエスの最初の奇跡を描いたこの作品は、ベネディクト修道会のサン・ジョルジョ・マッジョーレ島に新しく建設された食堂の装飾用として、ヴェロネーゼに依頼された。

依頼主である修道士は、食堂の壁をすっかりおおう大きさにすることをとくに念を入れて注文したという。

およそ70平方mという巨大な作品は、15か月間という短期間で仕上げられた。2・5mの高さに掛けられ、鑑賞者に空間が奥まで続いているような錯覚を覚えさせる。

古代風の列柱が並ぶテラスで宴が繰り広げられる群像画は、鮮やかな衣装に身を包んだ100人以上もの人々が、舞台で演じているかのようだ。

しかし、物語の主役である新郎新婦が左端に追いやられ、絵の中心がイエスであることから宗教画であることがわかる。

画家の主張

16世紀の銀食器や豪華な金銀細工、優美なクリスタルのグラスや花びん。これらは、俗なるものを象徴させ、聖なるイエスの存在と対比させるために描いたとされる。

隠しメッセージ

伝承によると、画面中央で白い衣装に身を包み、ヴィオラ・ダ・ガンバを手にした音楽家はヴェロネーゼ自身であるという。その横にいるのは同時代の画家ティッツィアーノとバッサーノだ。

湖上を歩くキリスト

自然の摂理を支配し、神の子としての力を示す

「マタイによる福音書」8章23節～27節
「マルコによる福音書」4章35節～41節
6章45節～52節
「ルカによる福音書」8章22節～25節
「ヨハネによる福音書」6章15節～21節ほか

聖書のストーリー

イエスはカナで力を示して以降、弟子たちの前でさまざまな奇跡を見せている。

カファルナウムの近くに赴《おもむ》き、イエスが弟子たちとともに、舟でガリラヤ湖を渡っていたときのことである。

イエスが舟の中で眠っていると、突然天候が変わり、暴風雨が吹き荒れた。舟が大きく揺れ、恐怖を覚えた弟子たちは、「主よ、助けてください。舟が沈んで溺れそうです」とイエスに訴えた。

目覚めたイエスは「なぜ怖がるのか。信仰の薄い者たちよ」と言い、荒れ狂う風や波に向かって「静まれ」と命じた。すると嵐はおさまり、穏やかになったのである。

また、あるときのこと。説教を終えたイエスが、弟子たちを舟に乗せて次の目的地であるベトサイダに送り出すと、自らは祈りを捧げるために山へ入ってしまった。

弟子たちの乗る舟は、夕方には陸からかなり離れていたが、強い向かい風でそれ以上先に進まなくなってしまう。

夜が明ける頃、弟子たちは湖上を歩くイエスを見た。その姿に思わず「幽霊だ」と怯え叫ぶと、イエスはすぐに「安心なさい。私だ。恐れることはない」と安心させた。

するとペトロが「自分も水の上を歩きたい」と言う。イエスが来るように言うとペトロは水の上を歩いたが、疑いの気持ちを持ったため沈みかけ、イエスに救われるのだった。

聖書がもっとわかる映画

『ベン・ハー』
1960年公開のアメリカ映画

アメリカ人の作家ルー・ウォレスの長編小説を映画化したもの。主人公であるユダヤ人貴族ベン・ハーはイエスと同時代のユダヤ人で、ピラトの策動に抗議するガリラヤ人たちを指揮する。ハンセン病に苦しむベン・ハーの母と妹がイエスによって癒されたことで、イエスに帰依するが——。

イエスが示した自然を操る奇跡

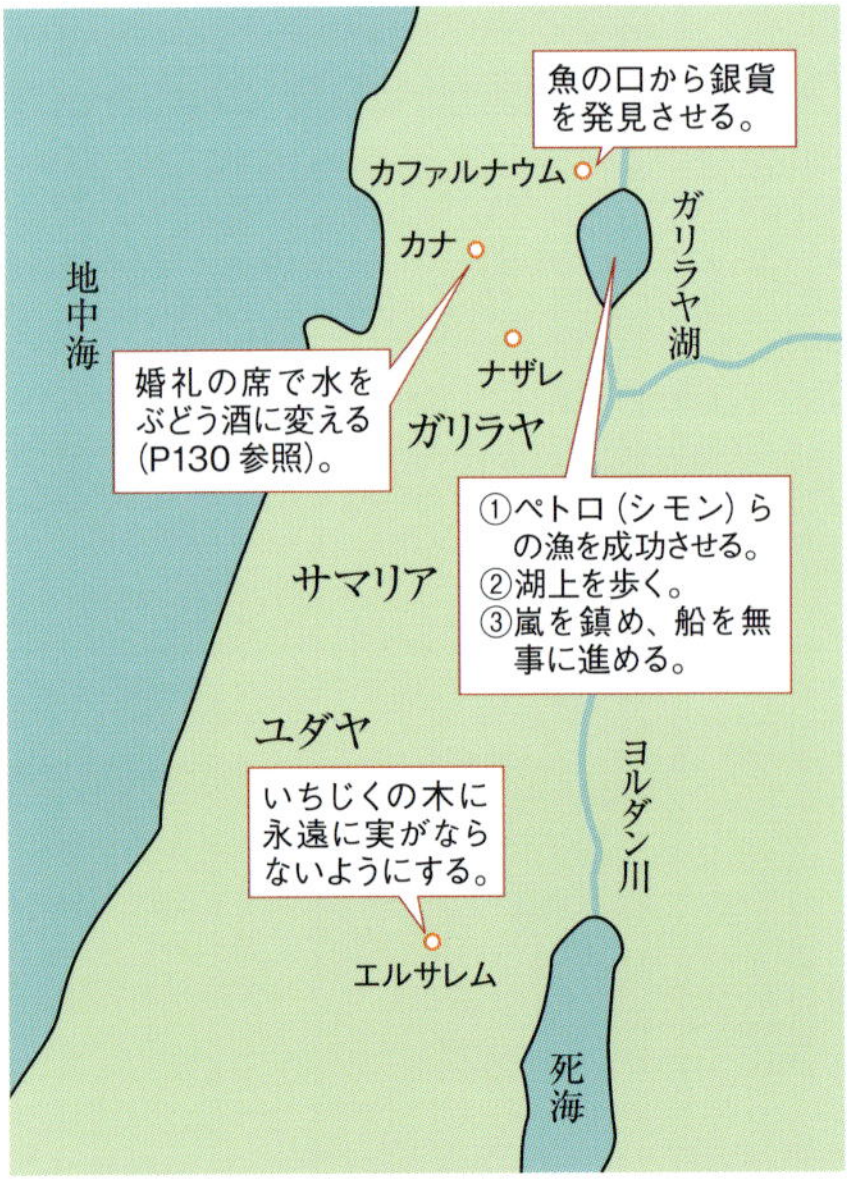
魚の口から銀貨を発見させる。
カファルナウム
カナ
ガリラヤ湖
地中海
ナザレ
婚礼の席で水をぶどう酒に変える(P130参照)。
ガリラヤ
①ペトロ(シモン)らの漁を成功させる。
②湖上を歩く。
③嵐を鎮め、船を無事に進める。
サマリア
ユダヤ
ヨルダン川
いちじくの木に永遠に実がならないようにする。
エルサレム
死海

イエスの力は、自然をも自在に操ることができた。とくにガリラヤ湖周辺で多くの奇跡を起こしている。

◆ spec of pictures ◆

『湖上を歩くキリスト』 ティントレット（本名：ヤコポ・ロブスティ）

ワシントン・ナショナルギャラリー蔵、油彩 1575〜1580年頃に制作

名画が生まれた背景

本作品の作者であるティントレットは、本名をヤコポ・ロブスティという。「ティントレット（染物屋の息子）」という名は、彼の家業に由来する

ルネサンス期ヴェネチア派の画家として多くの作品を残したティントレットは、聖書の話を壮大な物語の場面として描くことに定評があった。

本作品は、イエスが湖上を歩いて弟子たちの乗る小舟に向かう奇跡のシーンを描いたもの。画面左手に大きく描かれているのがイエスの姿だ。

右側の小舟には弟子たちの姿が見え、小舟の中から波打つ水面に足をつけ、ペトロがイエスに向かって歩こうとしている。

巨大なイエスと小舟に揺られる小さな弟子たちという斬新で大胆な構図は、ティントレットの特徴を明らかに示しており、バロック絵画を先駆するものといえる。

図像を読み解く

画面左手には、水に浮かぶイエスの姿が大きく描かれている。船と湖と弟子という構図は『奇跡の漁り』に似ているが、湖上に立つイエスが、本作品の主題を教えてくれる。

隠しメッセージ

弟子たちが乗る小舟。キリストによって庇護される小舟は、それを通じて人々が救済へと導かれることから、教会を象徴していると考えられている。

盲人を癒す

治癒活動が人々の注目を集め、信者を増やす

「マタイによる福音書」4章23節～25節
「マルコによる福音書」1章29節～34節
「ルカによる福音書」6章17節～19節
ほか

聖書のストーリー

イエスの奇跡は、大きく2つに分けられる。ひとつは「湖上の奇跡」のような、自然を操る奇跡、そしてもうひとつが、人々の病を癒したり、悪霊を追い出す奇跡である。

たとえば足が悪い人の足を歩けるようにしたほか、皮膚病に苦しむ人や熱病にうなされる人など、あらゆる人を癒した。これら癒しの奇跡のエピソードは数多く、4つの福音書には100を超える話が記されている。

イエスの癒しは、貧しくまともな治療を受けられない人々を引きつけた。そしてイエスのもとには、連日、病を抱える人々が押し寄せた。

あるとき、イエスのもとに中風にかかった男がやってきた。しかし、イエスは群衆に囲まれ、近づくことができない。そこで男の友人たちは屋根に上ると、瓦をはがし、その穴から男を室内に下ろしてイエスに近づけた。

イエスは暴挙を悟ったが、男に「あなたの罪は赦された」と告げて中風を癒した。

イエスの「罪が赦された」という言葉は重要である。

本来、人の罪を赦せるのは神だけである。それをイエスは、神から人の罪を赦す権限を与えられた〝神の子〟であることを示すためにあえてこのような言葉を用いたのだと考えられる。しかしそれは、同時にユダヤの律法学者からは「不遜だ」と非難を浴びることになった。

イエスの癒し

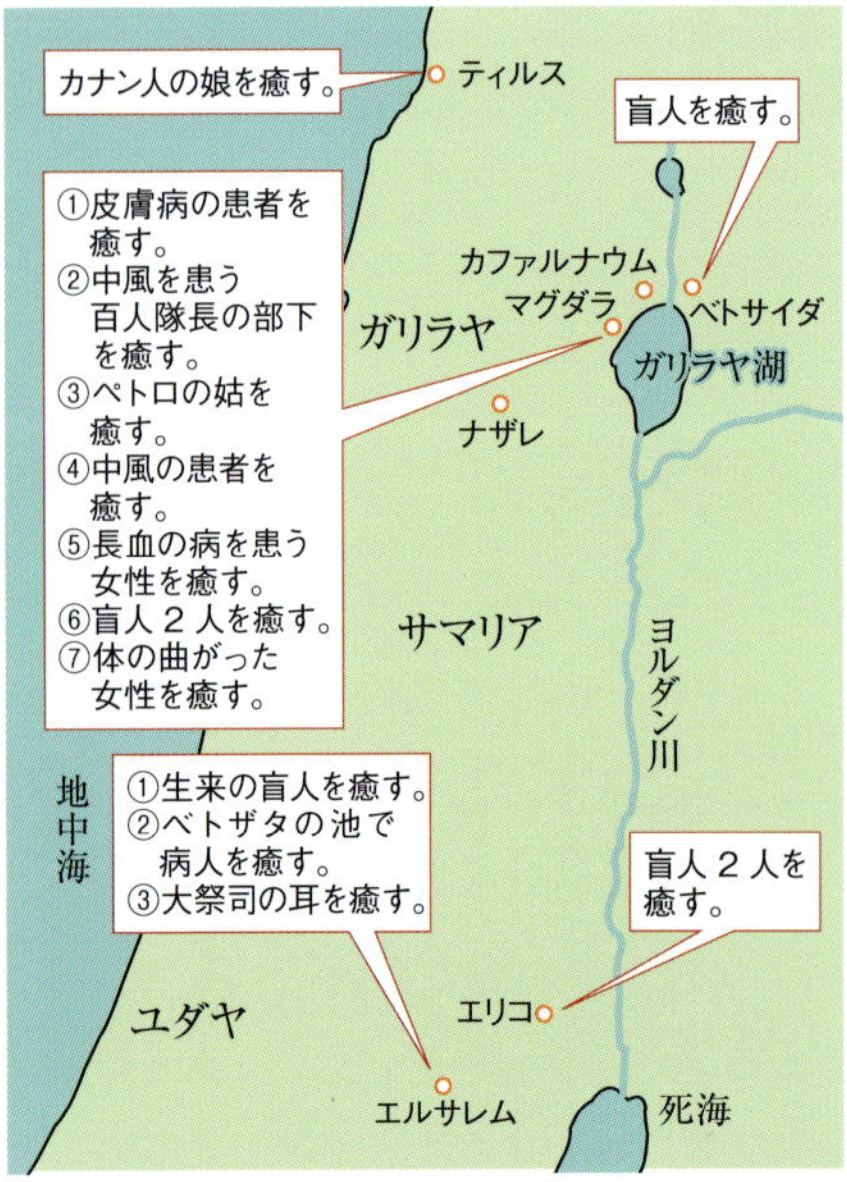
カナン人の娘を癒す。
ティルス
盲人を癒す。
①皮膚病の患者を癒す。
②中風を患う百人隊長の部下を癒す。
③ペトロの姑を癒す。
④中風の患者を癒す。
⑤長血の病を患う女性を癒す。
⑥盲人２人を癒す。
⑦体の曲がった女性を癒す。
カファルナウム
マグダラ
ベトサイダ
ガリラヤ
ガリラヤ湖
ナザレ
サマリア
ヨルダン川
地中海
①生来の盲人を癒す。
②ベトザタの池で病人を癒す。
③大祭司の耳を癒す。
盲人２人を癒す。
エリコ
ユダヤ
エルサレム
死海

イエスは弟子や民の前でさまざまな奇跡を示した。とくに数が多いのが「癒し」の奇跡と「悪霊退治」の奇跡である。

聖書がもっとわかる旅

シロアムの池

イエスが盲人の治癒のために唾でこねた土を目に塗り、そこで目を洗いなさいと指示した場所が、シロアムの池。

2005年8月、現在のエルサレム旧市街にて、下水管の修理をしていた作業員が発見し、ニュースになった。

◆ spec of pictures ◆

『盲人の治癒』 ドゥッチョ・ディ・ブオニンセーニャ

ロンドン・ナショナルギャラリー蔵、テンペラ　1311年頃に制作

名画が生まれた背景

シエナ大聖堂主祭壇画『マエスタ』の裏面に描かれた「キリストの公生涯の諸エピソード」の中のひとつ。イエスが示した癒しの奇跡を主題としている。

全盲の人に会ったイエスは地面につばを吐いて土をこね、それを全盲の人の両目に塗り、「目を洗うように」と言った。言われたとおりにしたところ、目が見えるようになったというエピソードを描いている。

画面中央には、イエス自らこねた土を全盲の人の目に塗っている姿。同じ男の姿が画面右手にも見えるのは、治癒後のシーンをあらわしている。

このように治癒前と治癒後の姿を同じ作品に描き、対比させることで、イエスの奇跡の偉大さがひと目でわかるよう工夫されている。

図像を読み解く

イエスの背後に連なる人は、十二弟子を含むイエスの信徒たち。ドゥッチョはビザンティン美術の図像伝統に倣いながらも、繊細かつ優美で感情豊かな人物を描いた。

隠しメッセージ

画面右側には話のその後が描かれている。全盲の人のかたわらには杖が立てかけられている。すでに男が杖を必要としていない状態つまり治癒後であることを表現している。

ラザロの復活

死者をもよみがえらせた イエスに向かう不穏な風

「マタイによる福音書」9章18節〜26節
「マルコによる福音書」5章21節〜43節
「ルカによる福音書」8章40節〜56節
「ヨハネによる福音書」11章1節〜44節ほか

聖書のストーリー

イエスの癒しの奇跡は、死者をも再生させている。死者復活に関する記述は福音書にいくつか見えるが、もっとも有名な話が「ヨハネによる福音書」のラザロの復活だろう。

エルサレム近郊のベタニアという町に、イエスと親しいマルタとマリアの姉妹が住んでいた。彼女たちにはラザロという兄弟がいたが、そのラザロがあるとき病に冒されてしまう。姉妹は急ぎイエスに病状を伝えたが、イエスが到着したときには、すでにラザロは息を引きとり、埋葬されてから4日がたっていた。

周囲の人々はイエスが各地で起こした奇跡の数々を知っていたものの、4日前に死んでしまった人間を復活させるのは無理だろうと話していた。

しかしイエスは、マルタにこう言った。「あなたの兄弟はよみがえる。信仰があれば肉体が死んでも生きるのだ。あなたは信じるか？」。

この問いに対し、マルタは「信じます」と答えた。

マルタをともなってラザロの墓へ向かったイエスは、墓石をどけさせると「出てきなさい」と声をかけた。

すると、棺の中から布に巻かれたままのラザロが出てきたのである。

これを見ていた人々は驚き、ますますイエスを神の子として崇めるようになった。一方で、イエスの力に恐れをなす者は、イエスの存在を危険視するようになるのである。

死者を復活させたイエスの奇跡

ナインという町の未亡人の息子
未亡人の姿に深く同情したイエスは、棺に手をかけ「若者よ、起きなさい」と声をかけたところ、死者が起き上がってものを言い出した。
（ルカによる福音書）

ヤイロという名の会堂長の娘
イエスは、今まさに亡くなったばかりの娘のそばに寄りそうと手をとり、「娘よ、起きなさい」と声をかけた。すると娘はすぐに起きあがった。
（ルカによる福音書）

マルタのきょうだいラザロ
死後4日たち、すでに墓に埋葬されていたが、イエスが「ラザロよ、出てきなさい」と声をかけると、体中を布で覆われたラザロが墓から出てきた。
（ヨハネによる福音書）

「死者の復活」は人々に「イエス＝神の子」と知らしめるのに、十分な力があった。一方で、律法学者らの憎悪をかきたてることにもなった。

聖書がもっとわかる映画

『偉大な生涯の物語』

1965年公開のアメリカ映画。ジョージ・スティーヴンスが製作・監督した作品は、イエス・キリストの生涯をたどる。

108ページで取り上げた『ジーザス』に比べ、イエスの言葉や奇跡が丁寧に描かれているのが特徴。ラザロ復活のシーンでは、「ハレルヤ」のコーラスが流れる。

◆ spec of pictures ◆

『ラザロの蘇生』 フアン・デ・フランデス

プラド美術館蔵、油彩 1514〜1519年頃に制作

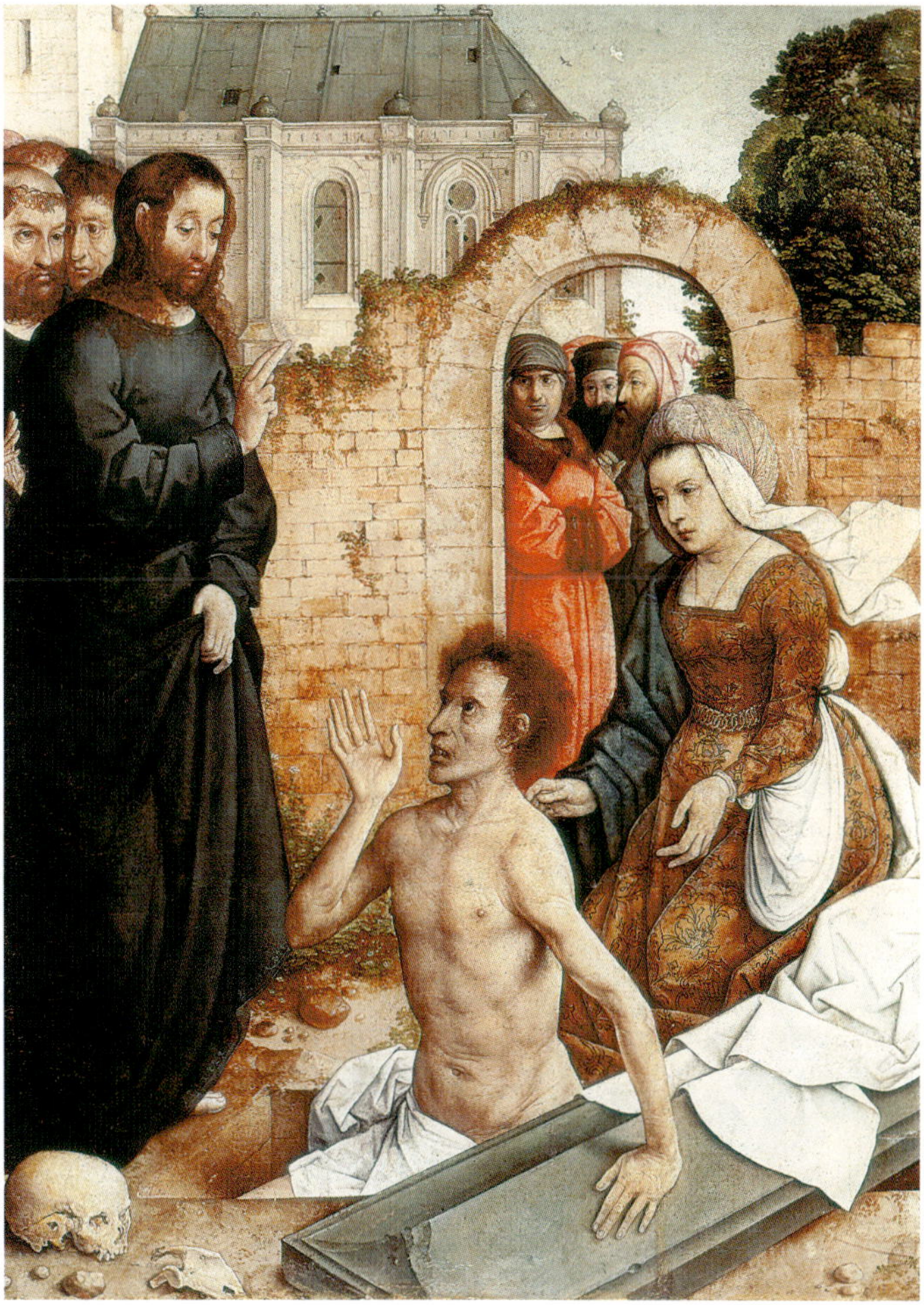

名画が生まれた背景

ラザロが埋葬されていた墓から出てくるシーン。右の女性はラザロのきょうだいマルタであり、ラザロの復活には神の子イエスの力はもとより、迷いなき信仰を見せたマルタの存在が欠かせなかった。

本作品では、復活を信じていたマルタが落ち着いた表情を浮かべる一方で、よみがえったばかりのラザロは、自分の身に何が起きたのかわからず、呆然としている。マルタの白く透きとおる肌に対して、土気色をしたラザロの肌は彼が一度死んだ人間であることを感じさせる。

図像を読み解く

マルタとラザロの後方で、胡散臭そうな顔をして事の成り行きを見つめているのは、律法学者たちのようだ。この奇跡が、彼らのイエスに対する反感を高めたのは確かである。

隠しメッセージ

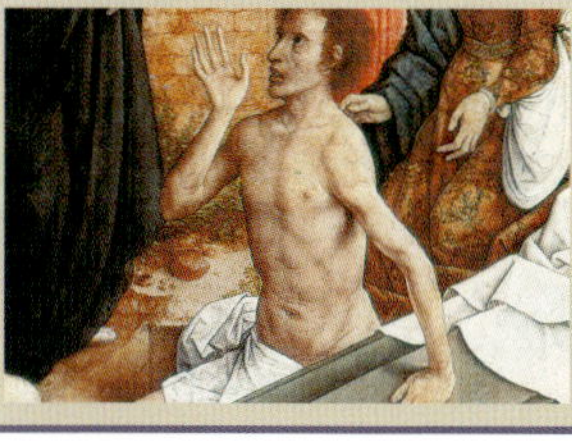

棺から起き上がるラザロ。聖書の記述では、当時、遺体は立てたまま墓に納められた。しかしルネサンス以降は、当時の世相を反映し、棺から起き上がる形で描かれた。本作品もそれが反映されている。

マグダラのマリア

イエスに癒され、生涯を捧げた謎の女性

「ルカによる福音書」7章36節～8章3節
「ヨハネによる福音書」12章1節～8節
ほか

聖書のストーリー

イエスが選んだ十二弟子はすべて男性信者だったが、従った信徒の中には女性の姿も少なくなかった。そんな女性信者の中心とみなされるのが、マグダラのマリアである。

「ルカによる福音書」によると、マリアは7つの悪霊《あくれい》にとりつかれ苦しんでいたところをイエスに救われ、苦しみから解放された。以来、全財産を捧げイエスに付き従って宣教活動を支えたという。

悪霊にとりつかれるのは罪のためとされるが、マリアがどんな罪を犯したのか。『新約聖書』は記さない。ただのちの教会は、7つの大罪（高慢、物欲、色欲、憤怒、貪欲、嫉妬、怠惰）を掲げており、後世、マグダラのマリアは娼婦だったと唱える人もいる。

また、イエスがガリラヤ湖畔の町で会食をしていたときにあらわれ、イエスの足に泣きながら接吻し、香油を塗った「罪深い女」と同義とされることがある。このほかにも、各福音書ではマリアという名の女性が複数登場する。

ベタニアで弟子たちと食卓を囲むイエスにひざまずき、高価な香油をイエスの足に塗り、自分の髪でぬぐったという女性の名もマリアである（「ヨハネによる福音書」）。このマリアをマグダラのマリアと同一人物とみなす説と別人とみなす説がある。

のちの教会が掲げた7つの大罪

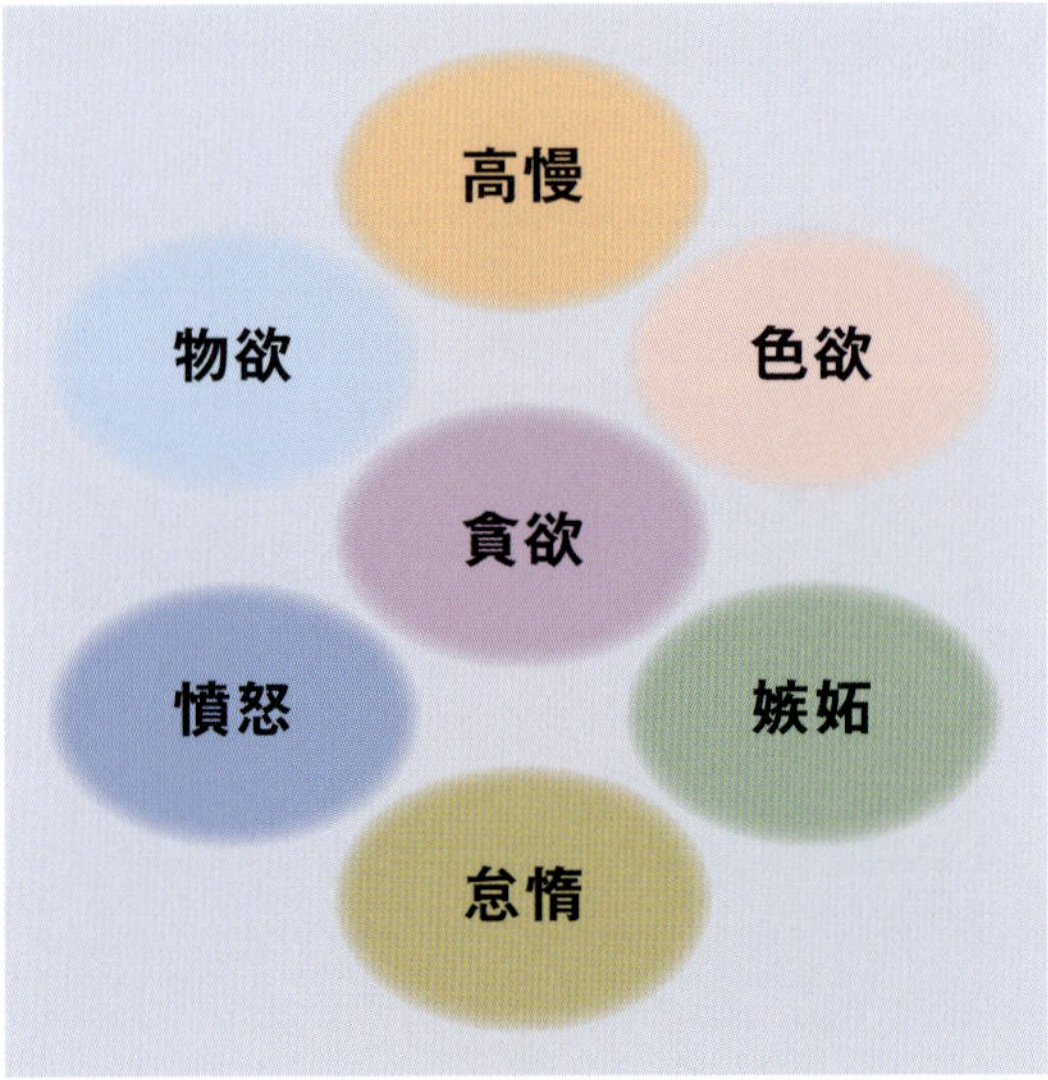

マグダラのマリアは、「ルカによる福音書」によれば「悪霊にとりつかれた女」である。聖書はその罪の内容に言及していないが、娼婦だったと唱える人もいる。

聖書がもっとわかる映画

『最後の誘惑』

1989年公開のアメリカ映画。マーティン・スコセッシが監督した本作品は異色の作品といえる。磔にされたイエスが、マグダラのマリアと結婚し子どもを持つという設定は、多くのキリスト教団体の反撥を呼んだ。

『2つの灯火の前のマグダラのマリア』ジョルジュ・ド・ラ・トゥール

メトロポリタン美術館蔵、油彩 1638〜1643年頃に制作

名画が生まれた背景

マグダラのマリアは、中世以降のキリスト教美術において懺悔《ざんげ》する図像の主題としてよく取り上げられた。

マグダラのマリアをあらわす特徴は、束ねられないまま背中に流される長い髪の毛。着衣のものと、裸のものがある。持物《じぶつ》（アトリビュート）として、香油壺や髑髏が描かれることが多い。

本作品のマリアは、暗い室内の中で、静かに指を組み、悔い改めている。ほのかな灯りで彼女を浮き上がらせる蝋燭は、信仰の光の象徴である。

画家の主張

薄暗くてよく見えないが、マリアの足元には、床に投げ捨てられた豪華な宝石類が見える。これらは物欲を絶った証拠として描いている。

隠しメッセージ

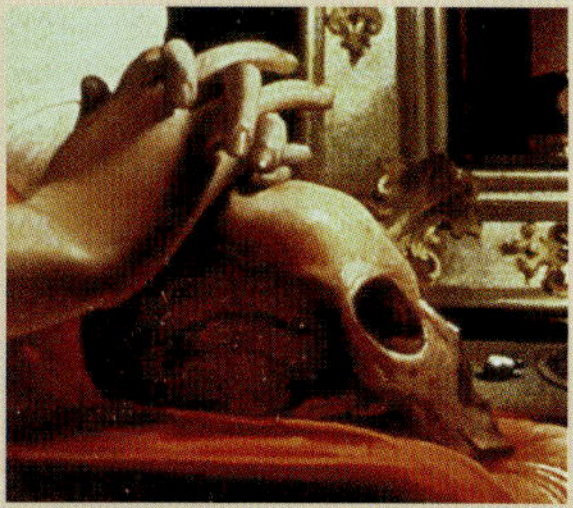

マリアの手の下には髑髏が見える。髑髏は死の象徴であるが、「信仰に支えられた精神は滅びない」ということを伝える道具ともなる。

◆ この絵画を読み解く! ◆

『キリストと姦淫の女』

静と動のぶつかり合いが
イエスと女の神聖さを引き立てる

名画が生まれた背景

前述したとおり、マグダラのマリアにはさまざま伝説が入り混じり、ベタニアのマリアのほかにも、姦淫罪で引き出された「姦淫の女」や、マルタの妹マリアなどとしばしば混同される。ロレンツォ・ロットのこの作品が描く「姦淫の女」は、マグダラのマリアではない。

姦通の現場で捕らえられた女を学者たちが攻め立てるこの作品では、女を非難のまなざしでにらみつける者、女の服をひっぱる者など律法学者やファリサイ派の人々の熱気を帯びたふるまいや表情に対し、冷静さを失わないイエスと深い悔恨の感情を見せる女の姿が場面を引き立てている。

16世紀イタリアのヴェネチア派らしい豊かな色彩表現を用いながらも、それだけにとどまらず、表現対象の内面に迫る心理描写の深さこそがロットの持ち味で、本図像でもその才能がいかんなく発揮されている。

巨匠ティッツィアーノと双璧をなす存在といわれたロットが遺した宗教画の中でも、傑出した作品といえるだろう。

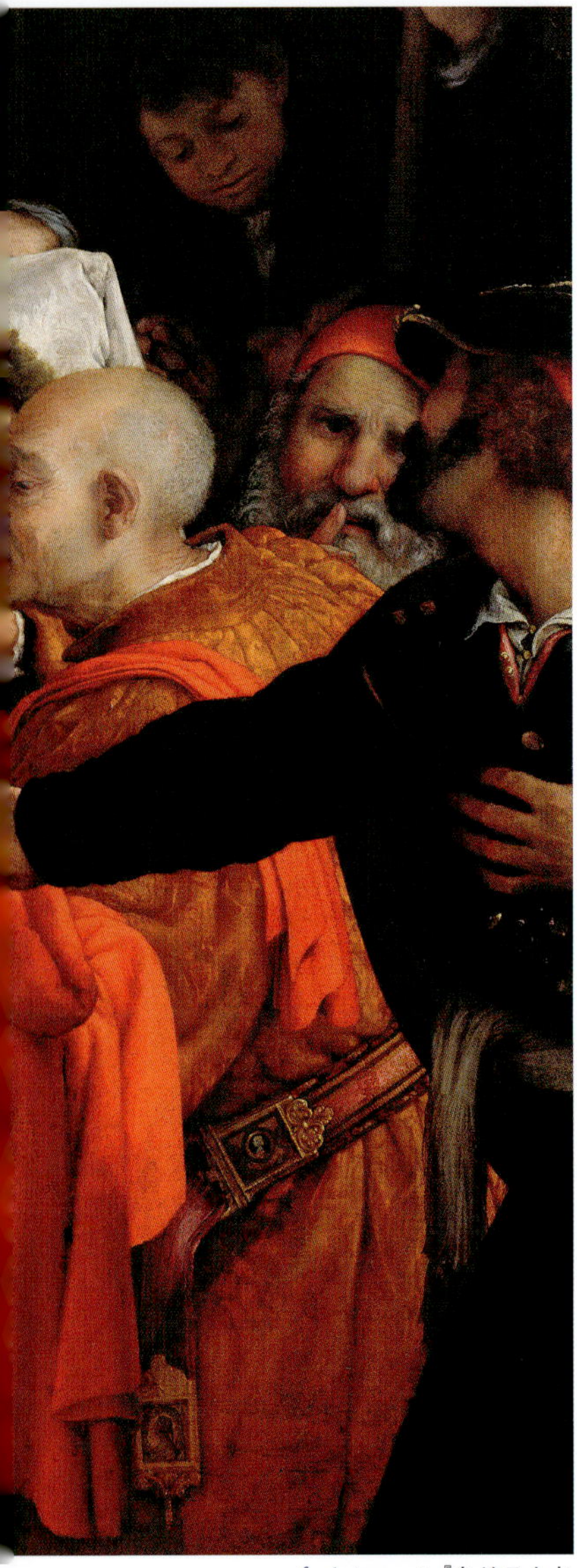

spec of pictures ◆『キリストと姦淫の女』ロレンツォ・ロット ルーヴル美術館蔵、油彩［1530～1535年頃に制作］

画家の主張

イエスの表情は、周囲の人々の、荒々しく感情的な表情に対し、どこまでも穏やかだ。ロットはイエスの落ち着きを際立たせるため、わざと周囲の人間を動的に描き、対比させている。

図像を読み解く

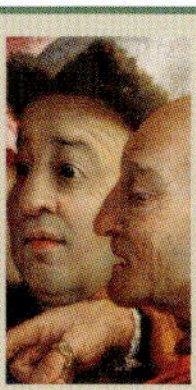

周りを囲む男たち。彼らの視線はイエスや娼婦の女に対し憎しみや怒りの感情を放っているが、一方で美しく淫らな服装をしている女性への関心が捨てきれずにいる。

隠しメッセージ

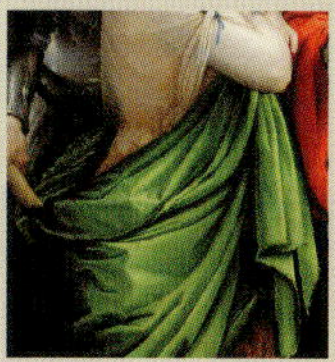

姦淫の女が身にまとうのは、鮮やかなグリーンの衣。じつは衣装の色はその人自身がどういう立場であるかを語る重要なアイテムだ。たとえば緑色の衣装は、悔い改め、罪が許されたサイン。

山上の説教

民衆を前に行なわれたイエスの「八福《はちふく》」の教え

「マタイによる福音書」5章～7章
「ルカによる福音書」6章20節～49節
ほか

聖書のストーリー

イエスの奇跡は人を呼び、その教えを聞こうとイエスの周りは群衆で溢れた。そこでイエスは山に登り人々に神の教えを説いた。これを「山上《さんじょう》の説教」という。

山上の説教は「心の貧しい人々は、幸いである、天の国はその人たちのものである」といった「～は幸いである」という言葉で始まる。

イエスの教えの主軸は、殺人や姦淫、復讐といった罪を犯さず、施しや祈り、断食などの善行に励むより、神への純粋な信仰こそが大切であるということにあった。

たとえば、殺人という行為自体を犯さないまでも、心の中で人を憎んでいたのでは正しい人とはいえない。

また、施《ほどこ》しや祈りを毎日欠かさず行なっていても、それが自分の評判をよくする意図を持っているようでは、本当によい行ないをしたとはいえない。

しかし、たとえ罪を犯したとしても、それを心から悔い改めるならば、神はその人を赦《ゆる》すだろう――。そこには神の絶対的な愛と、弱者に向けたあたたかいまなざしが示されている。

当時のユダヤ教の考えでは、一度犯した罪は消えないとされていた。そのため、このイエスの教えは人々に大きな希望を与えたのである。

イエスは、「神が完全な存在であることを信じ、その完全さを目標として努力しようとする生きざまこそが正しい信仰である」と説いたのだ。

また、山上の説教は「マタイによる福音書」収録で、「ルカによる福音書」では平地でこの説教がなされたとあり、「平野の説教」と呼ぶ。

イエスの語る8つの幸い

1、心の貧しい人々（謙遜する人）	神の国（天の国）はその人たちのものである
2、悲しむ人々	その涙は神によってぬぐわれ、慰められる
3、柔和な人々	神の恵みを受け継ぐ
4、正義に飢え渇く人々	神によって満たされる
5、憐み深い人々	憐みを受けるようになる
6、心の清い人々	神と顔を合わせ、見られるようになる
7、平和を求める人々	神の子と呼ばれるようになる
8、義のために迫害される人々	神の国（天の国）はその人たちのものである

山上の説教は、「～は幸いである」という言葉で始まり、この幸いは8つあったため、「八福」と呼ばれる。

聖書がもっとわかる旅

山上の垂訓教会

今日のイスラエル北部ガリラヤ湖北西岸の都市テル・フームにある「祝福の山」という名の丘に立つ教会は、イエスが群衆に向けて「山上の説教」を語ったことを記念して建てられた。現在は、フランシスコ会が管理している。

◆ spec of pictures ◆

『山上の垂訓』 フラ・アンジェリコ

サン・マルコ美術館蔵、フレスコ 1436〜1443年頃に制作

名画が生まれた背景

岩山の上に座るイエスを囲むように車座を作る弟子たち。聖書の記述では、説教を聞いたのは十二使徒だけでなく、多くの人々と記されているため、内容と一致しているとはいい難い。

しかしこれは画僧フラ・アンジェリコの意図するものだったという。木も生えない岩山にイエスと弟子たちだけをクローズアップして描くことで、暗にイエスと民衆の関係を示しているというのだ。

また、イエスの教えを〝永遠の教え〟とイメージさせるため、あえて聖書の記述どおりではなく、またどこの山かもわからない形で表現しているともいわれる。

山上の説教はモーセの「十戒《じっかい》」と比べられることが多いが、このように描き方にも違いが見られる。

図像を読み解く

岩山に座し、教えを説くイエス。モーセは「十戒」の石版を用いて民衆に神の言葉を伝えたが、イエスは自らの口で語ることで教えを伝えた。

画家の主張

「山上の説教」をあらわす絵画では、一般的に緑溢れる山が描かれるが、アンジェリコのこの作品では、弟子たちをクローズアップさせるためにあえて木々を描いていない。

善いサマリア人のたとえ

たとえ話をもって真実の「隣人」を語る

「ルカによる福音書」10章25節～37節
ほか多数

聖書のストーリー

「山上の説教」のようなイエスの教えは、律法学者の反感を買った。彼らはイエスの教えの欠点を暴こうと、意地の悪い質問を浴びせた。

イエスはそれに対し、たとえ話を用いながら、誰もがわかる形で答えている。

ある日のこと、律法学者がイエスにこう問うた。「あなたは『隣人を愛せ』というが、隣人とは誰のことか？」。

するとイエスは、次のようなたとえを話し始めた。

「あるユダヤ人の男性が旅の途中で盗賊に襲われ、身ぐるみはがされ、その上暴行されて道に放置された。その後、祭司がこの道を通ったが、怪我をした男のことは見てみぬふりをして通りすぎた。次にやってきたレビ人《びと》（神殿で働く人）も同様で、男が倒れているのには気付いたが、そのまま通りすぎた。その次にあらわれたのが、サマリア人（当時のユダヤの敵対民族）である。彼はケガをした男を見ると駆け寄って、手当てをした。それから男を宿まで運び、一晩中介抱をした。翌朝、彼は仕事で出かける際に、宿の主人に銀貨を渡し、男の世話を頼んだ」。

そこまで話し、イエスは「3人の中で襲われた者の隣人となったのは誰だと思うか？」と聞いた。律法学者が「助けた人だ」と答えると、イエスは「行って、あなたも同じようにしなさい」と告げた。

イエスが語った主なたとえ話とその出典

たとえ話	マルコ	マタイ	ルカ
升の下に置かれた灯火	4：21	5：15	8：16 11：33
岩の上の家と砂の上の家		7：24-27	6：47-49
古い服と新しい継ぎ当ての布	2：21	9：16	5：36
古い革袋と新しいぶどう酒	2：22	9：17	5：37-38
種を蒔く人	4：3-8	13：18-23	8：5-8
からし種	4：30-32	13：31-32	13：18-19
麦と毒麦		13：24-30	
パン種		13：33	13：20-21
ぶどう園と小作農夫	12：1-9	21：33-41	20：9-16
夏を告げるいちじくの木	13：28-31	24：32-35	21：29-33
10人の乙女		25：1-13	
羊と山羊		25：32-33	
善いサマリア人			10：25-37
婚宴の上席			14：7-14
放蕩息子			15：11-32
金持ちとラザロ			16：19-31
ファリサイ派の人と徴税人			18：10-14

たとえ話が収録される福音書（章：節）
イエスは、律法学者との論争や弟子への教えに「たとえ話」を使った。たとえ話しによって神の国についての自分の理解を相手へ伝え、悔い改めることを迫ったのである。

◆ spec of pictures ◆

『善きサマリア人』 フィンセント・ファン・ゴッホ

クレラー・ミューラー美術館蔵、油彩 1890年頃に制作

名画が生まれた背景

ゴッホのこの有名な作品は、じつはオリジナルではなくドラクロアの原画の複製版画を模写したもの。

実際のところ、ゴッホオリジナルの宗教画は1枚もないが、彼とキリスト教の関係は深い。

ゴッホはオランダの厳格な牧師の子として生まれ、見習い牧師となると貧しい炭鉱の町に派遣される。そこでゴッホは人々の手助けにと、家財道具をすべて投げ出し、自ら藁《わら》の中で寝起きした。ところが、あまりにもみすぼらしいゴッホの姿は、威厳を損なうとして、伝道協会は彼を破門にしてしまう。

このようにゴッホは、自ら「善きサマリア人」になろうとして裏切られ、以後形骸化した教会を批判するようになったという。

図像を読み解く

左側に小さく描かれている2人は、ケガをした男に気付きながらも通り過ぎた祭司とレビ人。足早に遠ざかろうとするその背中は、典型的な事なかれ主義がにじんでいるようだ。

画家の主張

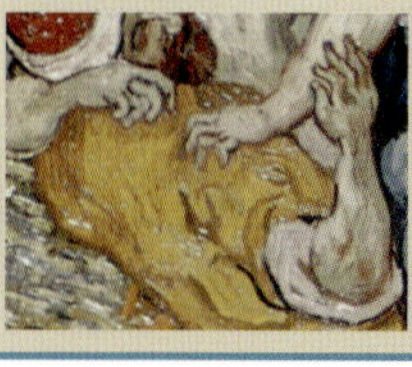

サマリア人は、黄色の衣服を身にまとっている。パリで印象主義と出会ったゴッホは、以後色彩豊かな作品を描くようになり、とくに黄色はゴッホを印象づける色である。

放蕩息子のたとえ

悔い改めによる神の赦しと愛を説く

「ルカによる福音書」15章11節〜32節

聖書のストーリー

イエスは、神の愛がいかに深く、測りえないものであるかを伝えるためにも、たとえ話を用いている。「ルカによる福音書」の「放蕩《ほうとう》息子」のたとえがそれである。

ある男に2人の息子がいた。兄は堅実な性格だったが、弟は世間知らずでわがままだった。その弟があるとき、父に「私が相続する財産の分け前をください」と言った。

父には、その息子に財産を分けても、やがて食い潰してしまうだろうことがわかっていた。にもかかわらず、息子の言い分を聞いて財産を分けてやった。

弟はその財産をすべて金に換えると、外国に旅立ち、享楽にふけった。弟は湯水のように財産を使ったが、まもなく使い果たし、貧乏になってしまう。食べるのにも困り、ある地方に住む人の家に居候《いそうろう》させてもらうが、家主に豚の世話をさせられる。

ユダヤ人社会では豚は不浄の生き物とされるため、その世話は良家に育てられた者にとって屈辱的だった。弟はわが身の情けなさを悔やんだ。

絶望した弟は、そこで我に返る。「父のもとに帰ろう。しかし、再び息子と呼ばれる資格はないのだから、雇い人にしてもらおう」。

こうして家に帰った弟を、父は温かく迎え、上等な衣服を与えると、彼のために大宴会を催した。

この話の父とは神を、弟は人をあらわす。人が心から悔い改めれば、神は赦しを与えてくれるというわけである。

また、物語の後半で兄は、放蕩者の弟を温かく迎えた父を批判する。ここでの兄は律法学者を暗に示している。

世間的には、兄は善行を積み、神に愛されるべき人に見えるが、信仰という観点では、それまでの行ないに関係なく悔い改めた弟も救われるのである。

聖書がもっとわかる書籍

『放蕩息子の帰郷　父の家に立ち返る物語』
ヘンリ・ナウエン 著（あめんどう）

レンブラントが描いた『放蕩息子の帰還』をモチーフに、著者ナウエンの人生と照らし合わせながら人間と神の愛の物語をつづる1冊。

「たとえ話」系の書籍のなかでもっとも有名といわれる本書は、元アメリカ大統領ビル・クリントンが不倫騒動を起こしたとき、妻ヒラリーが読んで心を癒したという逸話が残る。

◆ spec of pictures ◆

『放蕩息子の帰還』 レンブラント・ファン・レイン

エルミタージュ美術館蔵、油彩 1666〜1668年頃に制作

名画が生まれた背景

惨めな姿で戻ってきた息子を温かく迎える父。放蕩息子は父の前にひざまずき、赦しを乞うている。

本作品はレンブラントの最晩年のもので、父と息子のあいだの強い絆を、抑えた筆致ながら、深い感情表現であらわしている。画家が手掛けた多くの宗教画のなかでも評価が高い。

息子を迎える父の姿には、妻子に先立たれてしまい、寂しい余生を送っていたレンブラント自身の姿が投影されているという説がある。

隠しメッセージ

疲れきった弟。落ちぶれた放蕩息子の姿は、若くして新進気鋭の画家として認められながら、不景気のあおりを受けて没落してしまったレンブラント自身の人生を重ね合わせているとの説もある。

図像を読み解く

父の前でひざまずく弟と、それを抱きしめる父という２人の姿を、冷ややかな視線で見つめている人物は、兄だと考えられている。

イエスの変容

弟子の目前で、イエスが旧約の預言者らと語らう

「マタイによる福音書」17章1節～8節
「マルコによる福音書」9章2節～8節
「ルカによる福音書」9章28節～36節

聖書のストーリー

イエスの評判は、ガリラヤを中心にユダヤ中に広がっていった。

そんなある日のこと、イエスは弟子らとともにフィリポ・カイサリアへ向かう。そこでイエスは、弟子に向かって「私は何者と言われているのか？」と尋ねた。弟子は「ある者は洗礼者ヨハネ、ある者は預言者だと言います」と答える。するとイエスは重ねてこう問うた。「あなたたちは私を何者と思うのか？」。

すかさずペトロが「あなたは救世主《メシア》、神の子です」と言うと、イエスは信仰を受け止めて讃え、天の国の鍵を授けた。この鍵は、人々を神の支配に預からせる鍵とされる。

その後、イエスは自分が長老や祭司長、律法学者から苦しめられて殺されること、そして3日後に復活することを告げた。自らの受難を弟子たちに預言したのだ。

その6日後、イエスはペトロとヨハネ、ヤコブの3人をともない、高い山に登った。山上でイエスが祈っていると、イエスの顔が太陽のように明るく輝き、預言者モーセとエリヤがあらわれた。そしてこれから迎えるイエスの死について話し合いを始めたのだ。そこでペトロが3人のために仮小屋を作ると言うと、天から「これは私の愛する子、私の心に適う者。これに聞け」という声が響いた。弟子たちは神の声に驚き、ただひれ伏すことしかできなかった。イエスに励まされて3人が顔を上げると、預言者の姿は消え、イエスひとりになっていた。

イエスは、3人に今、見たことは自分が死んで復活するまでは誰にも話してはいけないと口止めをした。

イエスの変容が見られた地

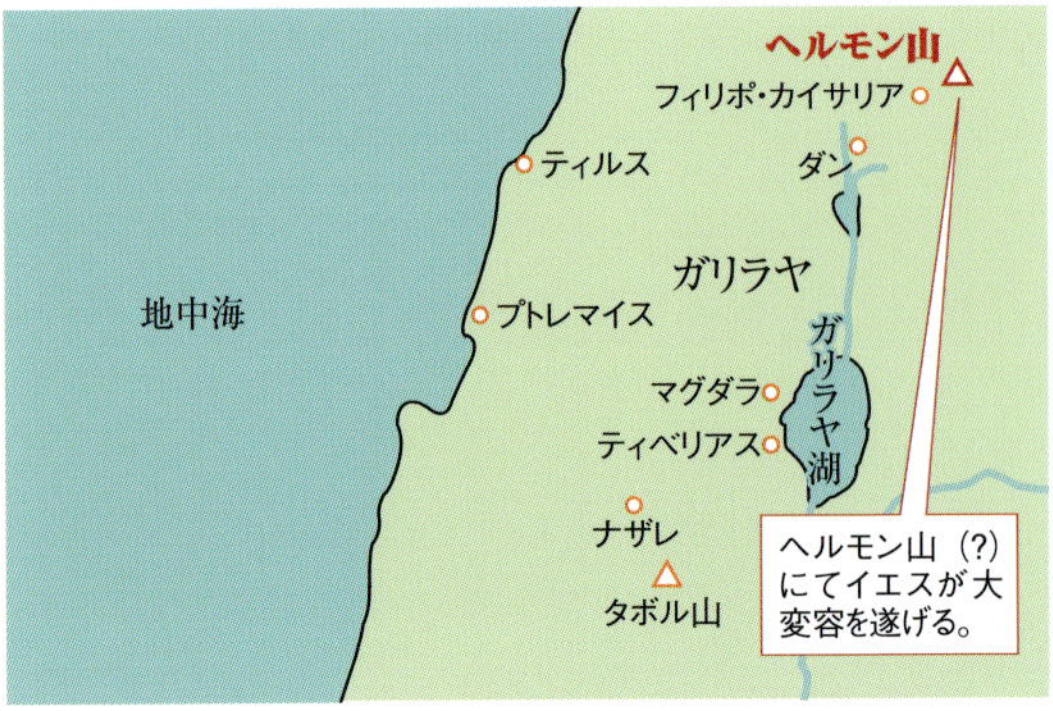
ヘルモン山
フィリポ・カイサリア
ティルス
ダン
ガリラヤ
地中海
プトレマイス
ガリラヤ湖
マグダラ
ティベリアス
ナザレ
タボル山
ヘルモン山（?）にてイエスが大変容を遂げる。

イエスの変容は、3人の弟子を連れて高い山へ登ったときに起こった。モーセとエリヤがあらわれ、イエスと語らったという。

聖書がもっとわかる旅

タボル山

現在のイスラエル北部の町ナザレから南東に少し南東に向かったところにある標高588mの山。

聖書の記述では、イエスの変容はヘルモン山で起きたとあるが、同山にも変容の伝承が残る。

◆ spec of pictures ◆

『キリストの変容』 ジョヴァンニ・ベッリーニ

カポディモンテ美術館蔵、油彩 1487年頃に制作

名画が生まれた背景

天の神の声を聞き、イエスが自ら神の子であることを3人の弟子に示す場面。

イエスの両脇には、モーセとエリヤがいる。イエスの足元にひれ伏しているのは3人の弟子たちだ。

神であることを示す重要な宗教主題でありながらも、自然の豊かな風景を、詩的に描いているのが、ベッリーニらしい。驚きと敬虔と恐れを感じさせながらも、美しい風景が落ち着きをもたらしている。

この主題の絵画は大きく2つの方法で表現される。ひとつはこの絵のように、イエスが山や丘の上に立つ姿で描かれるタイプで、これらは初期の作品に多い。

もうひとつが16世紀以降、ラファエッロの作品に見られるように、宙にイエスが浮かぶ劇的な構図だ。

図像を読み解く 1

イエスの両脇に立つ老人は、『旧約聖書』に登場する預言者エリヤとモーセである。向かって左の立派な髭を蓄えた老人がモーセである。

図像を読み解く 2

イエスの変容を目の当たりにし、恐れおののく弟子たち。中央の短い巻き毛に髭の男性がペトロ、右側の若者がヨハネ、残りのひとりがヤコブである。

エルサレム入城

預言の実現！救世主がエルサレムに入る

「マタイによる福音書」21章1節〜11節
「マルコによる福音書」11章1節〜11節
「ルカによる福音書」19章28節〜38節
「ヨハネによる福音書」12章12節〜19節）

聖書のストーリー

イエスはガリラヤに戻り、再度自分の死と復活を予告する。そして過越祭を祝うため、一行はエルサレムへ向かう。

いよいよ過越祭が目前に迫り、エルサレム近郊のオリーブ山の麓《ふもと》の村にたどり着くと、イエスはそこで休み、ロバにまたがった。これは、『旧約聖書』の「ユダヤの王がロバに乗ってエルサレムへやってくる」という預言を成就させるためである。

イエスは神殿の東に位置する黄金門からエルサレムに入城した。エルサレムの民は、一行を取り囲み、歓喜の声を上げた。虐《しいた》げられてきた民衆にとって、救世主は唯一の希望だったからだ。

人々はイエスの進む道に衣服を敷き、また木の枝を敷き、ダビデの末裔《まつえい》を祝福する歌を歌った。「ホサナ（今救ってください）。主の名によって来られるかたに……」。

そんな民衆の熱狂を、祭司長やファリサイ派は憎々しい思いで見つめていた。

イエスは神殿をぐるりと見てまわると、ベタニアの村に泊まった。ベタニアのマリアが、香油壷を抱えてイエスの足元にひれ伏し、イエスの足に高価な香油を塗ったのはこのときである。

その後の数日間、イエスはエルサレムとベタニアを行き来することになる。

ガリラヤでの宣教活動をほんの数年で終えたイエスが、エルサレム入城を行なったのは、受難告知を受けたためとされる。神の意志に従い、イエスが罪深い人の代わりに磔刑に処せられ、やがて復活することで、イエスがこの世に遣わされた本来の役目が完結されるというわけである。

聖書がもっとわかる旅

エルサレム城壁の黄金門

現在のエルサレム旧市街を取り囲む城壁に設けられた門は、現在8つ。そのなかのひとつ黄金門は、古くユダヤ教で「救世主がここから神殿に入る」と伝えられ、イエス入城で使われた可能性もある。現在は封鎖されている。

イエスを待ち受ける受難（受難週）

日曜日 — イエス、エルサレムに入城する。
月曜日〜火曜日 — 律法学者たちがイエス殺害を企てる。
水曜日 — イスカリオテのユダが祭司長と語り、裏切りを決める。
木曜日 — イエス、十二弟子と最後の晩餐をする。
→ ユダの裏切りにより、イエスが逮捕される。
金曜日 — イエス、十字架刑に処される（受難日）。
土曜日
→ イエスのしかばねが埋葬される。
日曜日 — イエス、復活を遂げる（復活祭、イースター）。

エルサレム入城は、これからイエスに起こるであろう受難の入り口である。しかし福音書はあえて祝賀のムードを強調している。

◆ spec of pictures ◆

『キリストのエルサレム入城』 シャルル・ル・ブラン

サン・テティエンヌ現代美術館蔵、油彩 1689年頃に制作

名画が生まれた背景

青い衣をまとったイエスがロバに乗り、エルサレム入城を果たすシーン。イエスを迎える人々は、歓呼の声を上げながら、その道に枝や自分の衣服を敷く。その喜びに沸く様子を描いた作品だ。

ル・ブランが自身の死の前年に描いたこの作品は、ニコラ・プッサンの『七つの秘蹟』に倣《なら》って描いたという。

待望の救世主がいよいよやってきたことに場はどよめき、歓喜の渦が広がっていく。こうした感動と興奮が広まるさまを、鮮やかな色彩を用いて叙情的に表現している。

ル・ブランはルイ14世の首席画家で、ヴェルサイユ宮殿や、ルーヴル宮殿の壁画・天井画装飾を行なった。また、プッサンの古典様式とバロック様式を融合させ、フランス宮廷独自の古典主義絵画の理論的な基盤を形成した。

図像を読み解く

入城するイエスの脇で木の枝を携える男性。聖書では「野原から葉のついた枝を切って敷いた」としか記述がないが、棕櫚（しゅろ）の木だと考えられている。

隠しメッセージ

イエスがまとう衣は、鮮やかな青で描かれる。青はキリスト教絵画において、「天上の国」を象徴しているといわれる。

宮清め

激怒したイエスが神殿の商人を追い払う

「マタイによる福音書」21章12節～17節
「マルコによる福音書」11章15節～19節
「ルカによる福音書」19章45節～48節
「ヨハネによる福音書」2章13節～22節

聖書のストーリー

エルサレムに入ったイエスは、その足で神殿に向かった。するとそこには、生贄《いけにえ》用の仔羊や仔山羊、仔牛、鳩などを売る店や、外国からの巡礼者のための両替商などの商売人がひしめきあっていた。

当時、遠方から来る巡礼者にとって、自宅から生贄用の家畜を連れてくるのは難しいことだった。苦労の末に連れてきたとしても、祭司が「傷がある」と指摘すれば、その家畜は供物《くもつ》として不適格とみなされ、新たな家畜を用意しなければならなかったのだ。

そうした巡礼者の事情につけ込んだ商人が、生贄用の家畜を高値で売り、信者に不利なレートで両替していた。

しかも、神殿内の商人たちは祭司や長老と結託しており、彼らの売り上げの一部は祭司たちの懐《ふところ》へ上納されるという腐敗ぶりだった。

憤慨したイエスは鞭《むち》を振りまわし、商売用の机や椅子をひっくり返して、神殿から出ていくように命じた(宮清《みやきよ》め)。「マタイによる福音書」によると、その後、神殿内のイエスのもとには病人たちが集まり、イエスは彼らを癒したとある。そして、子どもたちはエルサレム入城時に歌った、イエスを讃える歌を歌った。

イエスの時代のエルサレム神殿

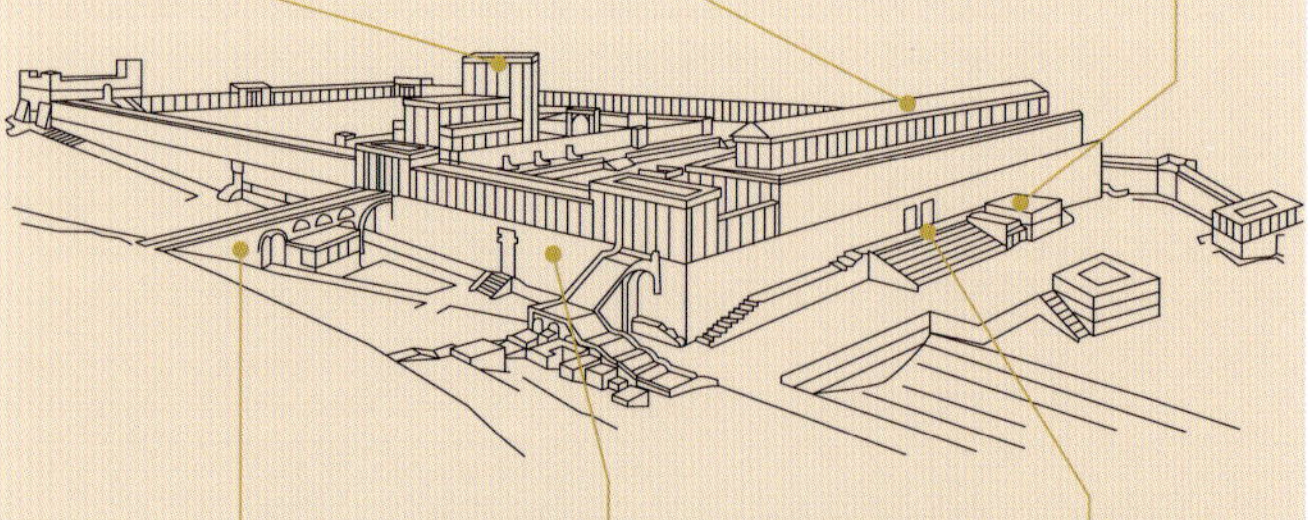
エルサレム第二神殿
バビロンからユダヤ人たちが帰還した際に再建した神殿。
王の柱廊（ハヌヨート）
神殿の外郭部にあたる場所。その地下にはソロモンの馬屋と呼ばれるホールがあったという。
サンヘドリン
ローマ統治時代、エルサレムにあったユダヤ人の最高自治機関で、宗務や司法を司った。
ウィルソンアーチ
現在の嘆きの壁の北部にある神殿の丘と町をつなぐ石の橋。
西壁
神殿の外壁で、現在は一部のみ残り、「嘆きの壁」と呼ばれている。
「宮清め」はこの辺りで行なわれたと考えられている。

ヘロデ王は人気取りのために神殿建設に着手した。ユダヤ人はヘロデの支配を嫌ってはいたが、この神殿建設だけは心から感謝したという。

◆ spec of pictures ◆

『神殿から商人を追い払うキリスト』エル・グレコ（本名：ドメニコ・テオトコプーロス）

ミネアポリス美術館蔵、油彩　1570〜1575年頃に制作

名画が生まれた背景

神殿内で暴利を貪《むさぼ》る商人たちを追い出すイエスの行為「宮清め」を描いたシーン。

怒れるイエスを中心に配し、感情を強調するように画面を斜めに横切らせる構図は、ティントレットに似た空間構成である。

イエスの怒りの激しさに動揺する周囲の人々の騒然とした雰囲気は、マニエリスム（ルネサンス後期イタリアを中心に見られた一種の傾向）的でもある。

グレコといえば、聖人を極端に引き伸ばして描く独特の画法で知られるが、それは後期の作品の特徴。この作品はそうした画法を確立する以前のもののため縮尺が一般的で、そういう意味では「グレコらしからぬ」作品ともいえる。

もっとも、ヴェネチア派の流麗な筆致や輝いてみえる美しい色彩、精緻な陰影などを存分に駆使しておりグレコの力量は確かである。

図像を読み解く

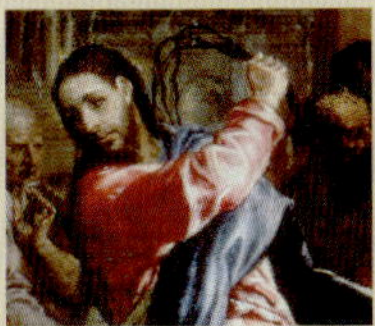

ムチを片手に、商人を追い払うイエス。グレコは同じ主題・同じ構図の作品を数多く残しているが、この作品のイエスは激しい手の動きに反し、その表情からは悲しみが感じられる。

隠しメッセージ

画面右下でこちらを向く男性4人は、左から順にティッツィアーノ、ミケランジェロ、グレコの友人ジュリオ・クローヴィオ、そしてラファエッロ（またはコレッジョ）。肖像を描くことで彼らの芸術に敬意をあらわしている。

ファリサイ派との対立

繰り返し行なわれた律法学者らとの論争劇

「マタイによる福音書」22章15節～22節
「マルコによる福音書」12章38節～40節
「ルカによる福音書」11章37節～52節
「ヨハネによる福音書」20章45節～47節
ほか

聖書のストーリー

民衆がイエスを救世主だと信じ、崇めれば崇めるほど、イエスを邪魔な存在と疎んじたのが、律法学者とファリサイ派であった。

彼らにとっては律法がすべてであり、また、宗教的な伝統や儀式を厳粛《げんしゅく》に守ることこそが重要であった。

さらに、そうした儀式を取り仕切れるのは自分たちだけだと自負していたからだ。

イエスは、律法学者やファリサイ派の考えそのものは肯定したが、神を信じ敬《うやま》うというもっとも大切な部分が欠落し、形骸化していることを批判した。

そのため、律法学者らはイエスのエルサレム入城後、さらに激しくイエスに議論を仕掛けては、あげ足をとって恥をかかそうと画策していた。

たとえば、彼らはイエスに「安息日《あんそくび》に仕事をしていてはいけないのに、なぜあなたは安息日にも病の人を癒すのか？」と質問した。

するとイエスは、「安息日のために人が存在するのではなく、人のために安息日がある」と答えた。

また、ローマ帝国の支配下にあるユダヤでは、ローマへの納税が課せられていたが、ファリサイ派らはこのことの是非についても意見を求めている。

もしイエスが、「納税すべき」と答えればローマからの支配を認めたことになり、「納税はすべきでない」と答えれば、ローマへの反逆罪となる。

どう答えてもイエスが不利になるはずだった。

ところがイエスは、意外な方法で学者をやりこめている。

まず彼らに硬貨に刻印された肖像を指し「これは誰の肖像か？」と尋ねた。

彼らが「皇帝だ」と答えると、「それならば皇帝のものは皇帝に、神のものは神に返しなさい」と切り返したのである。

聖書がもっとわかる書籍

『イエスとパリサイ派』
J・ボウカー 著（教文館）

『新約聖書』において、イエスと対立する勢力として描かれるユダヤ教の一派ファリサイ派。

現在では当たり前のように語られる彼らの姿だが、本書では「実在したのか」という問題を提議。そこからさまざまな文献や史料を研究し、まとめた1冊。

◆ spec of pictures ◆

『貢ぎの銭』マザッチョ（本名：トンマーゾ・ディ・セル・ジョヴァンニ・ディ・モーネ・カッサーイ）

サンタ・マリア・デル・カルミネ聖堂ブランカッチ礼拝堂壁画、フレスコ 1424〜1428年頃に制作

名画が生まれた背景

フィレンツェのサンタ・マリア・デル・カルミネ聖堂内のブランカッチ礼拝堂の壁画で、1枚の絵に3つの場面が描かれている。

あるとき、徴税人から税の支払いをするように迫られたイエスは、ペトロに湖で釣り糸を垂らすように命じる。これが、中央に描かれている場面である。左側は、イエスの命により湖に向かったペトロが魚をとり、口から銀貨を取り出しているシーン。そして右側は、魚の口からとった銀貨を、ペトロが徴税人に渡しているところだ。

マザッチョはマゾリーノと共同作業をしており、この作品も2人で制作した。マゾリーノが担当した中央部分は遠近法が不完全だが、マザッチョが描いた右の建物には奥行きがある。

図像を読み解く

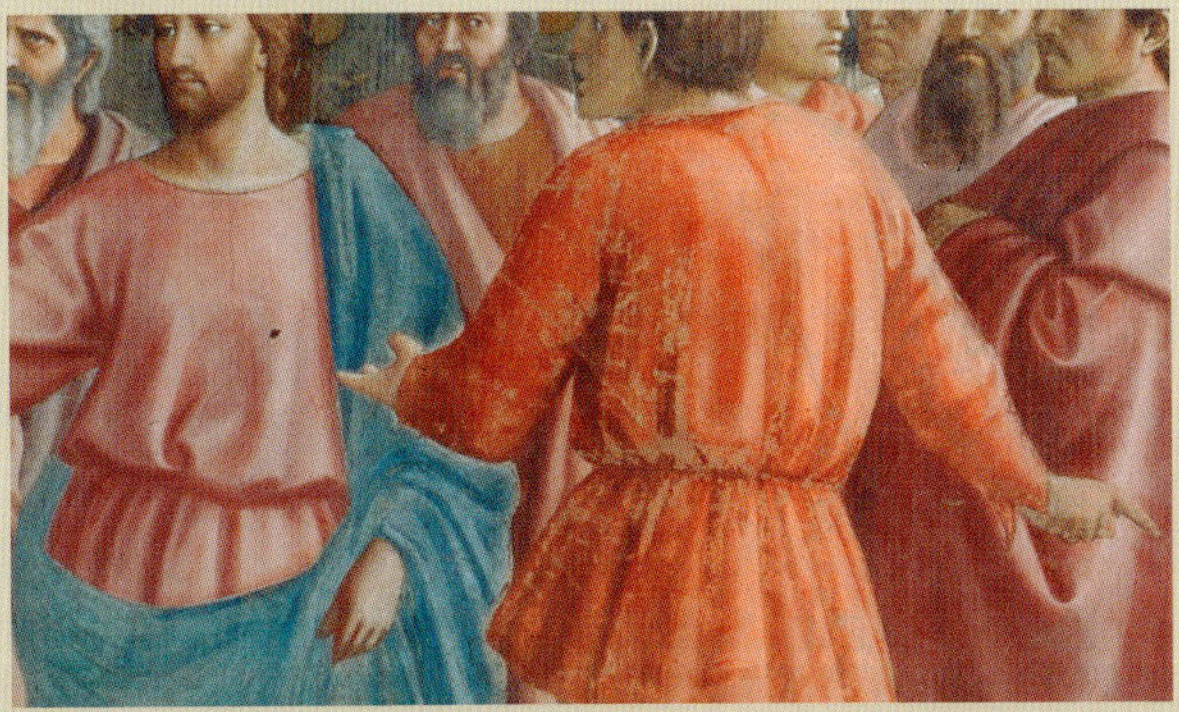

画面中央で、こちら側に背を向ける徴税人。ペトロに向かって声をかけ、左手でイエスを指し示している。イエスが何を決定したのか尋ねる素振りに見えるが、一方で町を指差す右手が何を示しているのか解釈がわかれる。

隠しメッセージ

徴税人の右隣で、短い口ひげを蓄えた赤い衣の男は、聖トマス。この聖トマスは、マザッチョ自身の自画像ともいわれている。

最後の晩餐

弟子と囲む最後の食卓にイエスが語る裏切りの予告

「マタイによる福音書」26章17節～30節
「マルコによる福音書」14章12節～26節
「ルカによる福音書」22章1節～23節
「ヨハネによる福音書」13章21節～30節
ほか

聖書のストーリー

過越祭が近づくと、イエスは祭りのための食事の席を用意するよう弟子たちに命じ、晩餐《ばんさん》をともにした。

このときイエスは突如、弟子たちの足を洗っている。当時のユダヤでは、足を洗うのは奴隷の仕事であった。そのため、師の行動に弟子たちは動揺し、ペトロは恐縮したが、「もし私が洗わなければ、あなたと私は関係がないことになる」とイエスに言われ、素直に従った。

これは、「互いに謙虚に支え合いなさい」というイエスの最後の教えである。

その後イエスは、晩餐の席で「この中に私を裏切る者がいる」と予告した。イエスは騒然となる弟子たちに向かってパンを裂き、祝福の祈りを捧げると「食べなさい。これは私の体です」と言った。続いて、ワインの入った杯をとって祈り、それを弟子たちにまわして「これは、私の血、契約の血である」と語った。契約の血とは、人々の罪が赦されるために、彼らに代わりイエスが流す血であるという意味だ。

キリスト教会では、これにちなみ、日曜日の礼拝の中で、パンとぶどう酒（ジュース）を食べる儀式を行なう。

イエスの予告どおり十二弟子のひとりイスカリオテのユダは、銀貨30枚でユダヤ教の祭司長たちにイエスを引き渡す計画をしていた。ユダは一行の会計を任される存在だ。

そのユダがなぜイエスを裏切ったのかについて明確な答えはない。一説ではローマの支配から解放し、豊かで健康的な生活を約束してくれる救世主を待ち望んだ民衆に対し、独立運動に興味がなく神の愛を説くだけだったイエスに失望したからといわれている。

「しようとしていることをすぐにしなさい」とイエスに言われたユダは、パンを取り、出ていくのだった。

4つの福音書が描く最後の晩餐

福音書	日	場所	弟子とイエスのやりとり
マタイ	除酵祭の第1日目	かねて弟子に指定していた家	イエスの宣言後、ユダが「私ではないでしょう」とイエスに語りかけたところ、「いや、あなただ」と断定される。
マルコ	過越の小羊をほふる日	市内にある水がめをもつ男の主人宅	イエスの宣言後、ひとりひとりが「私ではないでしょう」とイエスに語りかけるが、イエスの口から特定の人物名は上がらない。
ルカ	除酵祭の日	市内にある水がめをもつ男の主人宅	イエスの宣言後、裏切り者は誰かという論争が起き、さらに弟子の優劣を競いだす。その後イエスは、ペトロの行動を予告する。
ヨハネ	過越の祭の前	記述なし	弟子の足をイエス自ら洗ったあとに裏切りを予告。パンを浸してユダに手渡す。

「最後の晩餐」は福音書によってその描き方が異なる。とくに裏切り者であるユダを名差しているか否かが、大きな違いといえる。

◆ spec of pictures ◆

『ロッサーノ福音書』より「最後の晩餐」作者不明

ロッサーノ大司教区美術館蔵、写本 6世紀頃に制作

名画が生まれた背景

この絵画は、『ロッサーノ福音書』の挿絵として描かれた作品。『ロッサーノ福音書』は、イタリア南部のカラブリア州ロッサーノの司教区美術館蔵の彩飾聖書写本だ。

6世紀、コンスタンティノープルでの制作とされる。ムラサキ貝からとった赤い染料（プルプレウス）で染めた羊皮紙に、金泥で文字が記されている。ムラサキ貝の染料は非常に高価で、特別な書物にしか使用されなかった。

この絵は、一般的な晩餐のイメージと異なり、イエスたちは足を伸ばし、横になっている。違和感を覚えるだろうが、その頃の食卓を正確に再現すると、こういう形になるという。当時の人々には、椅子に腰かけたり、フォークを使ったりする習慣はまだなく、ローマ式のソファのようなものを用い、手づかみで食事をしていたのである。

図像を読み解く

画面左端の青い衣を着た男性がイエス。頭の周りに光背があり、一緒に食卓を囲む弟子たちよりも尊い人物であることがひと目でわかる。

隠しメッセージ

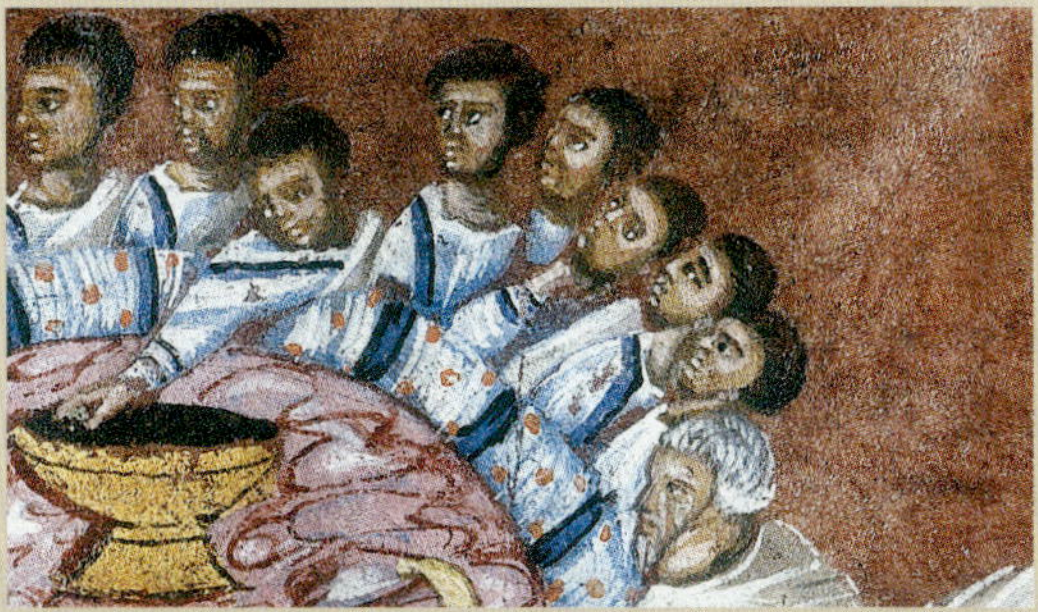

食卓の真ん中には大きな杯が見え、ただひとりその杯に手を入れている男がいる。「パンを浸す人間が裏切り者だ（ヨハネによる福音書）」という聖書の記述から、ユダと見ることもできる。

◆ この絵画を読み解く！ ◆

『最後の晩餐』

誰もが見知ったドラマチックな
聖書の一場面

名画が生まれた背景

『最後の晩餐』は、多くの画家たちに好まれた主題であり、また作品そのものも多い。

しかし、もっとも有名なのはレオナルド・ダ・ヴィンチのこの作品だろう。

イエスの頭部を中心とした1点透視図法や、横1列に並んだ弟子たちが、よく見ると3人ずつに分けられるという斬新な構図、驚きや怒りといったそれぞれの感情の表出の巧みさなどで、

多くの人々を魅了してきた。

　依頼された当時、ダ・ヴィンチは絵画の注文をあまり受けようとはせず、しかも完璧主義なところもあってか、自分の絵を完成させることが少なかった。しかもこの頃は、ミラノのスフォルツァ家のもとで兵器や戦車の開発に夢中になっていた。

　だが、ダ・ヴィンチはこの壁画制作には熱心に取り組んだという。彼の絵画作品としては例外的な大きさのうえ、ダ・ヴィンチが自身の最高傑作と明言したほどの完成度を誇る。

　惜しむらくは、保存状態の悪さだ。当時の壁画はフレスコ画法で制作されたが、ダ・ヴィンチは新しい試みとしてテンペラ画法を用い、それが裏目に出てしまった。ダ・ヴィンチの生前から絵の具の剥落《はくらく》が始まり、その後も傷みが激しくなるばかりで、「壁のシミ」とも揶揄された。

　20世紀末の修復作業により、当時の姿が甦ったのは記憶に新しい。

卓に並ぶ男たちは、左から順にバルトロマイ・小ヤコブ・アンデレの第1グループ、ユダ・ペトロ・ヨハネの第2グループ、イエスを越えて、トマス・大ヤコブ・フィリポの第3グループ、マタイ・タダイ・シモンの第4グループで構成される。

隠しメッセージ

イエスのこめかみの部分には、ダ・ヴィンチが一点透視図法を用いたときの印として釘が打たれた跡が残っている。釘からひもをはじいて線を引き、天井や背景の柱などを描いていくという画家の制作過程が、近年の修復作業で明らかになった。

図像を読み解く

キリストの右隣に座る聖ヨハネ。小説『ダ・ヴィンチ・コード』の影響だろうか、マグダラのマリアではないかと、一時世間を沸かせたことがあったが、ヨハネの女性的な表現は伝統的なものであり、ダ・ヴィンチの創作によるものではない。

spec of pictures ◆
『最後の晩餐』レオナルド・ダ・ヴィンチ
サンタ・マリア・デッレ・グラツィエ修道院壁画、テンペラと漆喰
[1495 ～ 1498年頃に制作]

ゲツセマネの祈り

晩餐後に行なわれた最後の祈りの内容とは？

「マタイによる福音書」26章36節～46節
「マルコによる福音書」14章32節～42節
「ルカによる福音書」22章39節～46節

聖書のストーリー

最後の晩餐が済むと、イエスはペトロ、ヤコブ、ヨハネの3人を連れ、オリーブ山の麓に広がるゲツセマネの園へ向かう。ここはイエスがよく祈りに訪れた場所であった。

園に着いたイエスは、3人の弟子に「起きて祈るように」と命じてから、ひとり少し離れた場所にひざまずき、懸命に祈った。その祈りの内容は、「主よ、できることならば、この盃《さかずき》をわたしから離してください。しかし、（私の願いを叶えるのではなく）御心のままにしてください」というものだった。

イエスは、自分が磔刑に処せられることを知っていた。神の子として、神の意志がそうであるならば、その運命に従おうと覚悟を決めていた。

しかし一方で、処刑を前に、もしも回避できるものならば、回避できないのかという〝生への執着〟も感じたのだろう。このように人として苦悶するイエスだからこそ、神の子でありながら、人の罪のために苦難を受け入れる大切な役目をこなすことができたともいえる。

イエスが祈るあいだ、3人の弟子たちは誘惑に負けて眠りこんでいた。イエスは彼らを3度起こし、その度に「起きて祈りなさい」と命じたが、3人はその教えを守ることができなかった。この3人の姿は、誘惑に弱い人間そのものをあらわしている。

ゲツセマネに至るイエスの足跡

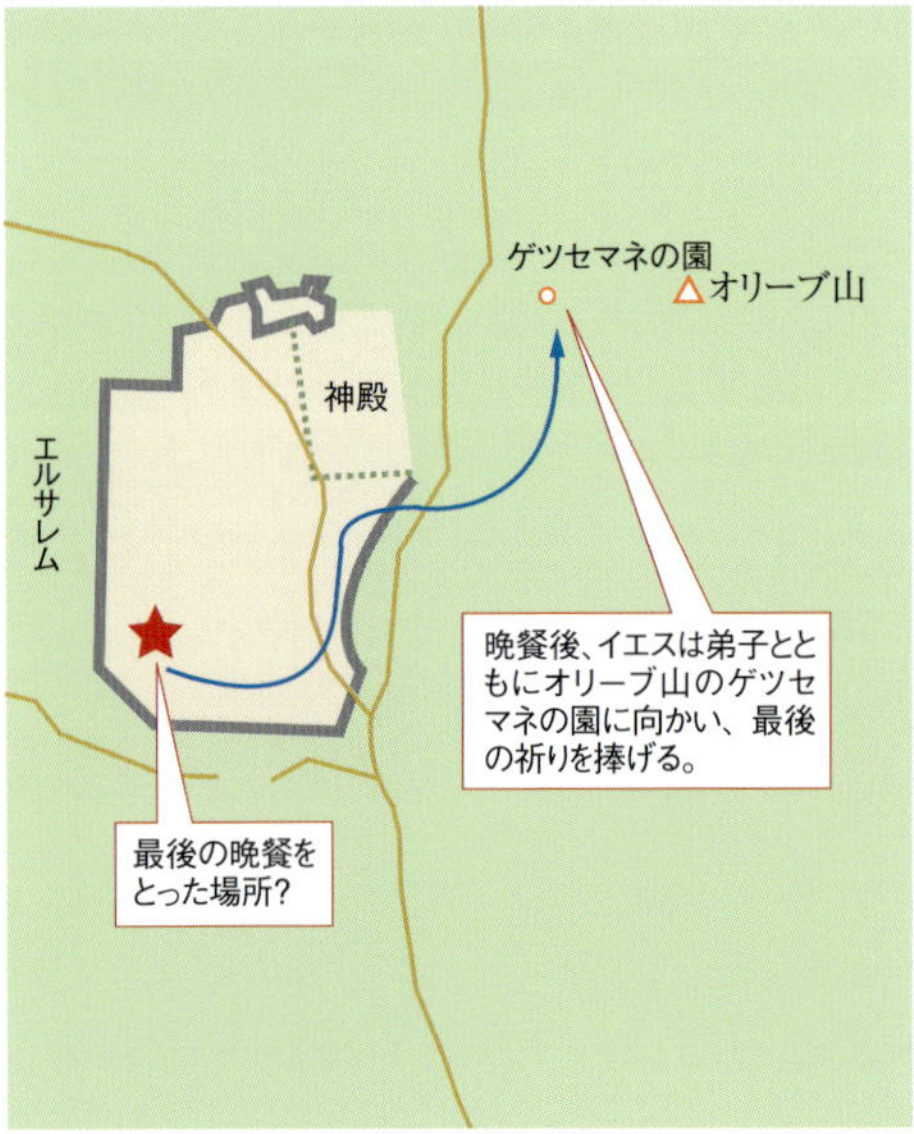
ゲツセマネの園
オリーブ山
神殿
エルサレム
晩餐後、イエスは弟子とともにオリーブ山のゲツセマネの園に向かい、最後の祈りを捧げる。
最後の晩餐をとった場所？

オリーブ山は終末論的象徴であった。イエスがこの山を通ってエルサレムに入城したことや、祈りを捧げたことは、救世主的意義を高めるためだったと考えられる。

聖書がもっとわかる旅

ゲツセマネの園

パレスチナ地方の古都エルサレムの東部に位置するオリーブ山の麓に広がる園。ゲツセマネは、ヘブライ語で「オリーブオイルしぼり」という意味。その名の通り、オリーブが植えられた園は、イエスが最後の祈りをささげた場所とされる。

現在、園の中央には、「万国民の教会」が建てられている。

『ゲッセマネの園のキリストの苦悩』 ジョヴァンニ・ベッリーニ

ロンドン・ナショナルギャラリー蔵、テンペラ 1459年頃に制作

名画が生まれた背景

一心不乱に神への祈りを捧げるイエスと、そのかたわらで惰眠を貪る3人の弟子たち。

この「ゲッセマネの園」を主題とした絵画では、ベッリーニの義兄弟であるアンドレア・マンテーニャの作品がもっとも有名で、本作品はよく比較される。

マンテーニャのそれと比べるとデッサン力は未熟だが、マンテーニャよりも人間的で、使徒たちが漂わせる哀感は、見る者をひきつける。

ベッリーニは15世紀を代表する風景画家。とげとげしい枯木、不自然に曲がりくねった道、日没を思わせる沈んだ風景の先に見える町の光――こうしたディテールが合わさることで、イエスの受難の予兆を感じさせる絵に仕上がっている。

画家の主張

画面左上のエルサレムの町には、まもなく日没がやってくる。風景画家として活躍したベッリーニは、空の表現で時間をあらわしている。

図像を読み解く

画面左下には、イエスの言いつけを守らずに眠りこける3人の弟子の姿が見える。そのしぐさや表情からは、哀感が漂っており、きわめて人間的。人間の弱さがにじみ出るようだ。

イエスの捕縛

イエスの逮捕により、崩れた師弟関係

「マタイによる福音書」26章47節～56節
「マルコによる福音書」14章43節～50節
「ルカによる福音書」22章47節～53節
「ヨハネによる福音書」18章3節～12節

聖書のストーリー

ゲツセマネの園で3度目の祈りを捧げたあと、イエスは「もうこれでよい。ときがきた」と言うと、弟子たちとともに帰路に着く。

その途中、イスカリオテのユダがユダヤの司祭やローマ兵士をともなって近づいてくる。そしてユダは、イエスに近づくと、挨拶して接吻《せっぷん》した。

これが合図だった。ユダはイエスの顔を知らない司祭やローマ兵士に、自分が接吻をする相手がイエスであると、事前に教えていたのだ。

たちまちイエスは兵士らに捕らえられた。このとき、弟子ペトロが、イエスを逃がそうと、祭司の下僕《しもべ》に近付き、剣を抜くと、相手の片方の耳を切り落としている。

これを見たイエスは、「刃向わないように」と命じ、下僕の耳を癒した。

イエスは自分が捕縛されることは預言を成就させるためのひとつの過程であり、邪魔をしてはならないと命じた。

これを機に弟子たちは、ひとり残らずイエスを置いて逃げてしまうのだった。

このような姑息な手段で祭司らがイエスを逮捕したのには理由がある。イエスは民衆に絶大な人気があり、彼らの目の前でイエスを逮捕すれば暴動が起こる可能性があった。

とくに過越祭でエルサレムの町が群衆で溢れている今、騒動が起きれば事態の収拾がつかなくなる。それを避けるため、人のいない場所でイエスを逮捕する方法を選んだ。

逮捕の瞬間の出来事

ユダが群衆を引き連れてゲツセマネの園にやって来る。

↓

ユダがイエスに口付けをする。

↓

数人の男がイエスに近付き、捕らえようとする。

↓

弟子のひとり（ペトロ）が剣を振りかざし、大司祭の下僕であるマルコスの耳を切断。

↓

イエスがペトロを制止し、マルコスの耳を癒す。

↓

イエスは縄で縛られ、連行される。

ユダの接吻からイエスの逮捕までは、時間にしてもものの数分だっただろう。しかしそのあいだに同時多発的にさまざまな出来事が起きた。

聖書がもっとわかる書籍

『ユダ　イエスを裏切った男』
利倉隆 著（平凡社）

銀貨30枚のために師イエスを裏切ったユダ。現在、裏切りの代名詞ともいえるユダは、なぜ裏切りを決意したのか。また、逮捕の合図に「接吻」を選んだ理由は？

文学や美術に描かれたユダ像から、その心理を探る1冊。

『キリストの逮捕』アンソニー・ヴァン・ダイク

プラド美術館蔵、油彩　1618〜1620年頃に制作

名画が生まれた背景

ヴァン・ダイクは、17世紀フランドル絵画を代表する画家。この作品は当時20代前半のダイクが、偉大な師であるピーテル・パウル・ルーベンスに贈ったものとされる。

裏切る者とそれを予知しながらも受け入れる者、予期せぬ恐ろしい出来事に驚き慌てる者、脅威の対象であるイエスを捕えようとする者……それぞれが持つ感情の高ぶりが、登場人物たちの激しい動きにあらわれている。その表現力の豊かさに、若きダイクの類まれな才能が垣間見られる。

また、明暗を使った光と影の対比は、ユダがイエスの裏切りを示す決定的な瞬間を劇的に演出している。

図像を読み解く 1

画面左下では、弟子がユダヤの大祭司の下僕の耳を切り落としている。この耳を切り落とす使徒の名前は「ヨハネによる福音書」からペトロであることがわかる。

図像を読み解く 2

黄色い衣に身を包んだユダが、捕らえるべき人を示すため、イエスに接吻をしている。ユダの動的な表現に対し、イエスは抵抗もなく静かに受け入れている。

◆ この絵画を読み解く！ ◆

『ユダの接吻』

受難を描く聖書の物語の核心を
とらえたジョットの傑作

名画が生まれた背景

　1305年、パドヴァの商人、エンリコ・スクロヴェーニは、高利貸しとして悪名高かった父親の贖罪《しょくざい》のために礼拝堂を建設した。施工にあたり、設計として参加したのがジョットであり、彼は礼拝堂の壁を飾る38場面の壁画も担当している。

　一連の壁画はジョットの代表作とされているが、とくに最高傑作と名高いのが、この『ユダの接吻』である。ジョットは、ストーリー性のある描写にことに長けていた。画面左側では弟子（ペトロ）が、イエスを捕縛しようとする者の耳を短剣で斬りつけ、マントをかぶった後ろ姿の男に押しとどめられている。右側の豪華な衣をまとった男は祭司だろうか、イエスを捕らえるよう命令を下しているようだ。

　緊迫感に満ちた場面であるが、ジョットはそのうちの数人にスポットライトを当てることで、物語のポイントをわかりやすく表現している。

図像を読み解く

画面左側で、乗り出すようにして祭司の下僕の耳を切り落とそうとしているのは、ペトロ。その腕を伸ばす動作は、画面右側で同じく右手を伸ばしている祭司と対応している。

画家の主張

大勢の人物が入り乱れ、騒然とした中で、裏切りの接吻を受けるイエスの眼差しはあくまで静かである。イエスの体をほぼ覆い尽くすユダの黄色いマントは、目が２人に向かうようにしたジョットの工夫である。

隠しメッセージ

後ろ向きでペトロを制止する人物は、絵に立体感と奥行きを与える効果を生んでいる。ジョットはこのマントの男を、自身の作品の中に何度か登場させている。

spec of pictures ◆
『ユダの接吻』ジョット・ディ・ボンドーネ　スクロヴェーニ礼拝堂壁画、フレスコ［1304～1305年頃に制作］

弟子たちの裏切り

主を否定するペトロ 事実となったイエスの言葉

「マタイによる福音書」26章69節〜75節
「マルコによる福音書」14章66節〜72節
「ルカによる福音書」22章54節〜62節
「ヨハネによる福音書」18章15節〜18節
ほか

聖書のストーリー

常にイエスと行動をともにしてきた弟子たちだが、イエスが捕らえられると、そのほとんどの者が、その場から逃げ出した。

だが、イエスの最初の弟子であり、リーダー的存在だったペトロは、こっそりとユダヤ教の大祭司カイアファの屋敷に潜りこんでいた。

イエスがこの屋敷に連れ込まれるのを見て、ことの成り行きを見届けようと考えたのである。

屋敷の中庭では、下役の人々が焚火にあたって暖をとっていた。そこにペトロも何くわぬ顔で加わっていたのだが、その姿を見た屋敷の女中のひとりが、「この人もガリラヤのイエスと一緒にいた」と指摘する。

ペトロはすぐさま、これを否定した。安易に認めれば、自分も捕らえられかねないため、必死だった。

ペトロが門のほうに向かうと、別の女中がまたも「この人はナザレのイエスとともにいました」と言うので、ペトロは再び否定する。

しばらくして、このやり取りを聞いていた者が近付いてきて、「確かにお前もあの連中の仲間だ。言葉遣いでわかる」と言うので、ペトロは呪いの言葉を口にしながら、「そんな人は知らない」とまたしても否定した。

そのとき、朝を告げる鶏が鳴き、ペトロはイエスの言葉を思い出した。

イエスは捕らえられる前に「あなたは鶏が鳴く前に、3度わたしを知らないと言うだろう」と予告していたのだ。

ペトロは、我が身かわいさのあまりイエスを裏切ったことに気付き、外に出てむせび泣いた。

一方で「マタイによる福音書」によると、イエスを裏切ったユダは罪を悔い、受け取った銀貨を神殿に投げ込み、自殺したという。

聖書がもっとわかる旅

聖ペトロ鶏鳴教会

ペトロがイエスを知らないと言った場所に建てられた聖ペトロ鶏鳴教会は、現在のエルサレム旧市街のカイアファの邸宅の中にある。

教会の地下には、牢獄が残っているが、イエスがこの地下牢に閉じ込められたかは不明である。

◆ spec of pictures ◆

『聖ペトロの否認』 ジョルジュ・ド・ラ・トゥールとその工房？

ナント美術館蔵、油彩 1650年頃に制作

名画が生まれた背景

17世紀フランスの画家であるラ・トゥールは、パリの宮廷でも人気を博しながら、一時期存在を忘れられ、20世紀になって再び評価されるようになった。

宗教画や風俗画におけるリアリズム、ことに蠟燭の光の中に浮かび上がる精緻な夜の情景で知られている。

この絵では、左側にペトロと女中、右側に賭け事に興じる兵士たちと2つのグループが描かれている。蠟燭の数は2本。ひとつは女中が手にしている分で、もうひとつは兵士の陰になって見えないが、賭け事のテーブルの上にある。いずれも弱い光しか放っておらず、不安をかき立てる効果をあげている。

主役はペトロだが、ペトロ自身は目立たない。ラ・トゥールは、しばしば思いがけない人物に焦点を当てることでかえってテーマを鮮明にする手法をしばしばとった。

図像を読み解く 1

女中が持つ蠟燭の光は、半分以上が手でおおわれていて、弱々しい光に見える。極端ではないが、こうした明暗の表現は、カラヴァッジョの影響によると考えられている。

図像を読み解く 2

ゲームに興じる兵士たちの中で、ただひとり、右端の兵士だけが疑わしそうな表情でペトロと女中のやり取りを見ている。

イエスの裁判

イエスに罪を着せるべく大祭司が行なった誘導尋問

「マタイによる福音書」26章57節～68節
「マルコによる福音書」14章53節～65節
「ルカによる福音書」22章66節～71節
「ヨハネによる福音書」18章13節～14節
ほか

聖書のストーリー

捕らえられたイエスは、まずその当時の大祭司であるカイアファの養父アンナスのもとに連れられた。そこでの尋問において、イエスは自分が政治活動をしていないことを主張している。

アンナスの尋問が終わると、次にカイアファのもとに連れられた。ここでは、カイアファだけでなく、長老や律法学者らも同席した。

じつはこの時点ですでに、イエスには死刑が下ることが決められていた。

この尋問は、死刑の理由付けのためだった。彼らはイエスが神を冒瀆《ぼうとく》していることを証明できる証言を引き出したかったのである。

ところが、いくら尋問しても、十分な答えが返ってこない。そこでカイアファは、次のような質問をした。「神に誓って答えよ。お前は神の子であり、救世主なのか」。

イエスは「その通りだ」と答えた。この答えを聞いたカイアファは、「この男は神を穢《けが》した。神を冒瀆する言葉である」と叫んだ。

これでイエスを死刑に処するのにふさわしい答えを得たのである。こうして「救世主の僭称《せんしょう》」を罪状に死刑を決議すると、人々はイエスに暴行を加えた。

そして夜が明けると、次にイエスはローマの総督ポンティオ・ピラトのもとに連行されるのであった。

イエスの裁判

❶ 元大祭司アンナスの尋問

アンナス：「弟子たち」のことや「イエスの教え」について尋ねる。 → イエス：「自分は政治的組織ではない」と答える。

❷ 大祭司カイアファの尋問

カイアファ：尋問の中でイエスに対し「救世主」なのかどうかを問う。 → イエス：「自分は救世主である」と答える。

❸ 総督ピラトの尋問

ピラト：イエスに対し「お前はユダヤの王か」などと尋ねる。 → イエス：「そのとおりである」と肯定する。

❹ 領主ヘロデ・アンティパスの尋問

ヘロデ：好奇心をもってさまざまな質問を投げかける。 → イエス：無言を貫き通す。

イエスは逮捕後4人から尋問を受けた。しかしこれは罪の有無を取り調べるためではなく、決まった判決へ導くための証拠探しのようなものだった。

聖書がもっとわかる映画

『パッション』

2004年公開のアメリカ映画。カトリック教徒であるハリウッド俳優メル・ギブソンが私財を投じて製作した。

イエスの最期の12時間を再現すべく、残酷な拷問シーンをはっきりと描写したため、反ユダヤ主義だと宗教論争を呼んだ。

全編を通し、使われる言語はラテン語とアラム語だけ。

『祭司長の前のキリスト』 ヘラルト・ファン・ホントホルスト

ロンドン・ナショナルギャラリー蔵、油彩 1617年頃に制作

名画が生まれた背景

カイアファの前に立つイエスである。カイアファの指を立てるしぐさは非難の象徴で、テーブルの上にはイエスを有罪にすべく広げられたユダヤ教の律法書が見える。

イエスは静かにカイアファを見下ろし、周囲の薄闇の中の人物たちも、緊張した面持ちで事の推移を見きわめようとしている。

17世紀オランダの画家、ホントホルストは、ローマに滞在して画家としての名を上げ、夜や暗闇のシーンをよく描くことから、「夜のヘラルト」という呼び名が付いた。パトロン運もよく、王侯らの肖像も数多く手がけている。

蠟燭の光の中に浮かび上がる人物像は、ほぼ同時代のラ・トゥールと共通するところがある。

図像を読み解く

イエスとカイアファの後方には、数人の見物人が、これから何が起こるのか見ようと集まっている。ほぼシルエットのように描かれるのは、あえて影にすることで、場面の緊張感を高めるためだ。

画家の主張

聖書では、自分を神の子と認める発言をしたイエスの前で、カイアファは自らの衣を引き裂いたと記される。これは激しい怒りや悲しみの表現なのだが、ホントホルストはそのような感情の頂点は描いていない。ただ非難を示す指を立てるしぐさを加えている。

死刑判決

民意に委ねられた命 イエスに極刑が下される

「マタイによる福音書」27章11節〜31節
「マルコによる福音書」15章2節〜20節
「ルカによる福音書」23章3節〜25節
「ヨハネによる福音書」18章33節〜19章16節

聖書のストーリー

イエスは謀反人としてローマ総督ピラトの前に引き出された。当時ユダヤはローマの支配下にあり、正式な刑を下す権利は、ローマ人しか持ち合わせていなかったからだ。

ピラトはイエスを尋問し、無実であると悟った。そこでイエスがガリラヤ地方の出身であることを知ると、ガリラヤ領主であるヘロデ・アンティパスのもとに送った。ユダヤ人のことはユダヤ人で解決せよというわけだ。

イエスに興味を持っていたヘロデは喜んだ。しかし、奇跡を見せろと命じるも、イエスは応えない。さらに質問にも無言を通したため、怒ってピラトに送り返した。

困ったピラトは、良案を思い付く。過越祭には罪人をひとりだけ放免できるという慣習を利用し、イエスの取り扱いを委ねようと考えたのだ。

ちょうどその頃、牢の中にはバラバという殺人犯がいた。そこで群衆に対し、ピラトはイエスとバラバのどちらを釈放すべきか問いかけた。

群衆の答えは「バラバを！」だった。ユダヤ独立のために立ち上がろうとしないイエスに嫌気がさしていたのだ。

ピラトは後ろめたい思いを抱きながら、イエスの処遇をユダヤ人の民意に任せた。こうしてイエスの処刑が確定すると、総督の兵士たちは、イエスに茨の冠をかぶせて嘲笑した。

逮捕から判決までの時間経過（ひとつの想定）

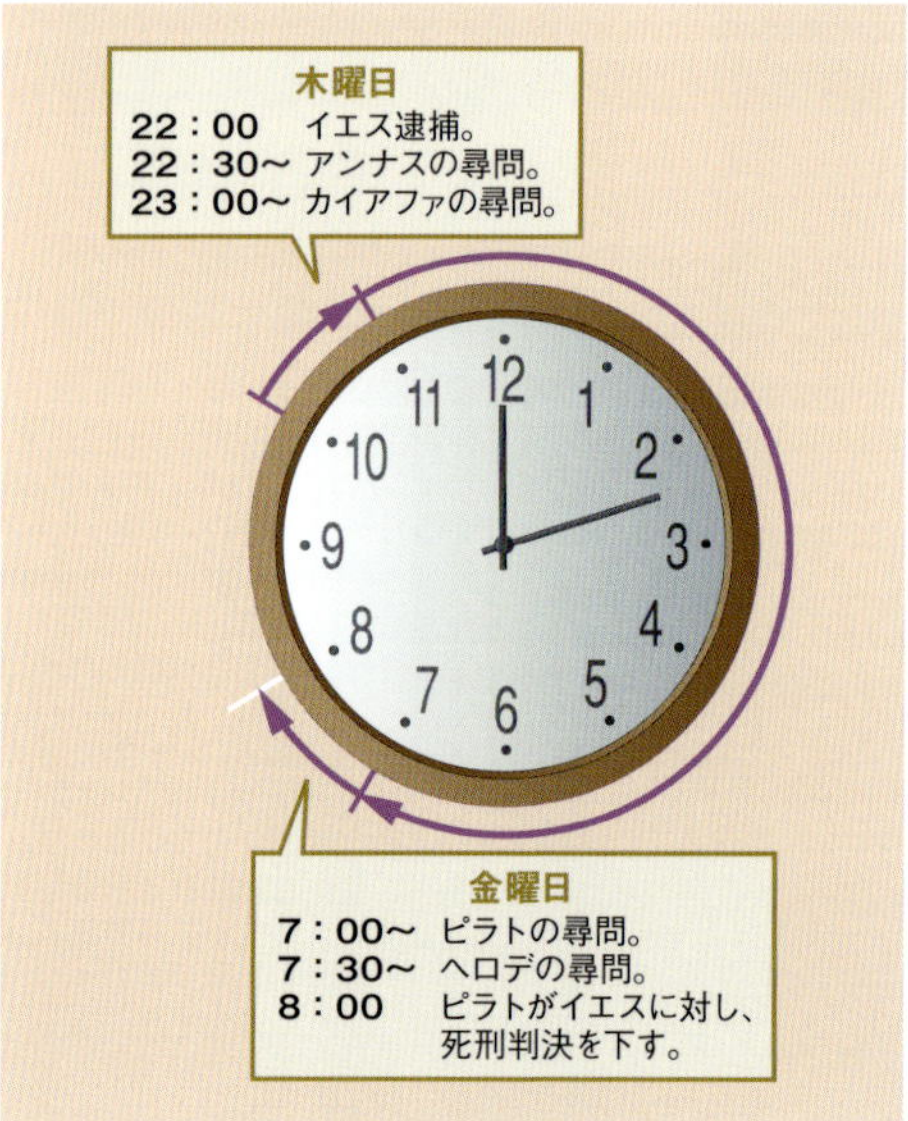
木曜日
22：00　イエス逮捕。
22：30〜　アンナスの尋問。
23：00〜　カイアファの尋問。
金曜日
7：00〜　ピラトの尋問。
7：30〜　ヘロデの尋問。
8：00　ピラトがイエスに対し、死刑判決を下す。

イエスがゲツセマネの園で逮捕されてから、死刑が最終的に確定するまでの時間は、およそ10時間。その性急ぶりは、当初から判決が決まっていたことを示唆する。

聖書がもっとわかる旅

エッケ・ホモ教会

エルサレム旧市街地内のかつてローマ総督ピラト邸宅があった場所に建てられた教会。

ピラトが判決を下すとき群衆の前で「この人を見よ！（エッケ・ホモ）」と言ったことから、この名が付けられた。

◆ spec of pictures ◆

『茨の冠』 ヒエロニムス・ボス

ロンドン・ナショナルギャラリー蔵、油彩 1490〜1500年頃に制作

名画が生まれた背景

聖書によると、イエスは死刑の判決が下されたあと、〝ユダヤの王〟として「紫色の衣に茨の冠を被らせられ、葦《あし》の笏《しゃく》を持たされて侮辱された」という。

このような人間の心理の浅はかさ、愚かしさを表現したのが、ヒエロニムス・ボスの『茨の冠』だ。

物語としては激しい動きのある場面のはずだが、人物たちはむしろ淡々とした様子であり、それが逆に不気味さを引き立てている。

右下の人物がイエスを下側に引っ張ろうとするしぐさと、左下の人物が皮肉な表情を浮かべているのが、この絵に唯一見られる感情の表出である。

兵士として身を固めた上方の2人は、定められた義務を果たしているだけのように見える。

画家の主張

正面を見据えるイエス。「自分がこのような立場にあったら、どう行動するか」。しっかりと正面を見据えるその眼差しは、見る者にそう問いかけているかのようだ。

図像を読み解く

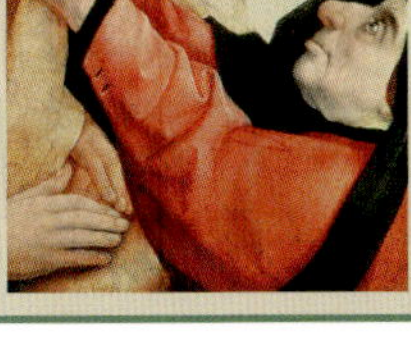

イエスを囲む人々が身に着けているのは、ボスが生きた時代の衣装である。これは聖書の絵画ではごく当たり前のことで、時代考証を無視しているというよりは、聖書の教えがあまりにも身近だった結果といえる。

ゴルゴタの道

刑場に向かうイエスは14の悲しみを道に残す

「マタイによる福音書」27章32節
「マルコによる福音書」15章21節
「ルカによる福音書」23章26節〜32節
「ヨハネによる福音書」19章17節

聖書のストーリー

死刑の判決が下るとすぐに、イエスは、処刑場へとせき立てられた。イエスの処刑で使われる十字架は、シモンという名のキレネ人に背負わせた。

このとき、イエスは女性信徒たちに「私のために泣くな。自分と自分の子どもたちのために泣け」と説いたことが福音書（ルカ）に記される。

『新約聖書』には、刑場であるゴルゴタへの道についてこれ以上の記述はない。だが、現在その道には14もの逸話が残されている。たとえば「イエスが十字架を背負わされて歩き始めた地」や、「十字架の重さに耐えかねて倒れた地」などである（図版参照）。

この14の場所が残された道は「ヴィア・ドロローサ（悲しみの道）」と呼ばれ、現在ではキリスト教の聖地のひとつとなっている。

このヴィア・ドロローサの絵画的表現では、多くがイエス自身に十字架を背負わせている。なぜそうしたのかといえば、そのほうがイエスの受難の悲惨さを強調できると考えたからだろう。

こうしてイエスは周囲から容赦なく浴びせられる非難・嘲笑の声を聞きながら、自らの処刑地ゴルゴタの丘を目指し、歩を進めるのだった。

刑場への道（ヴィア・ドロローサ）

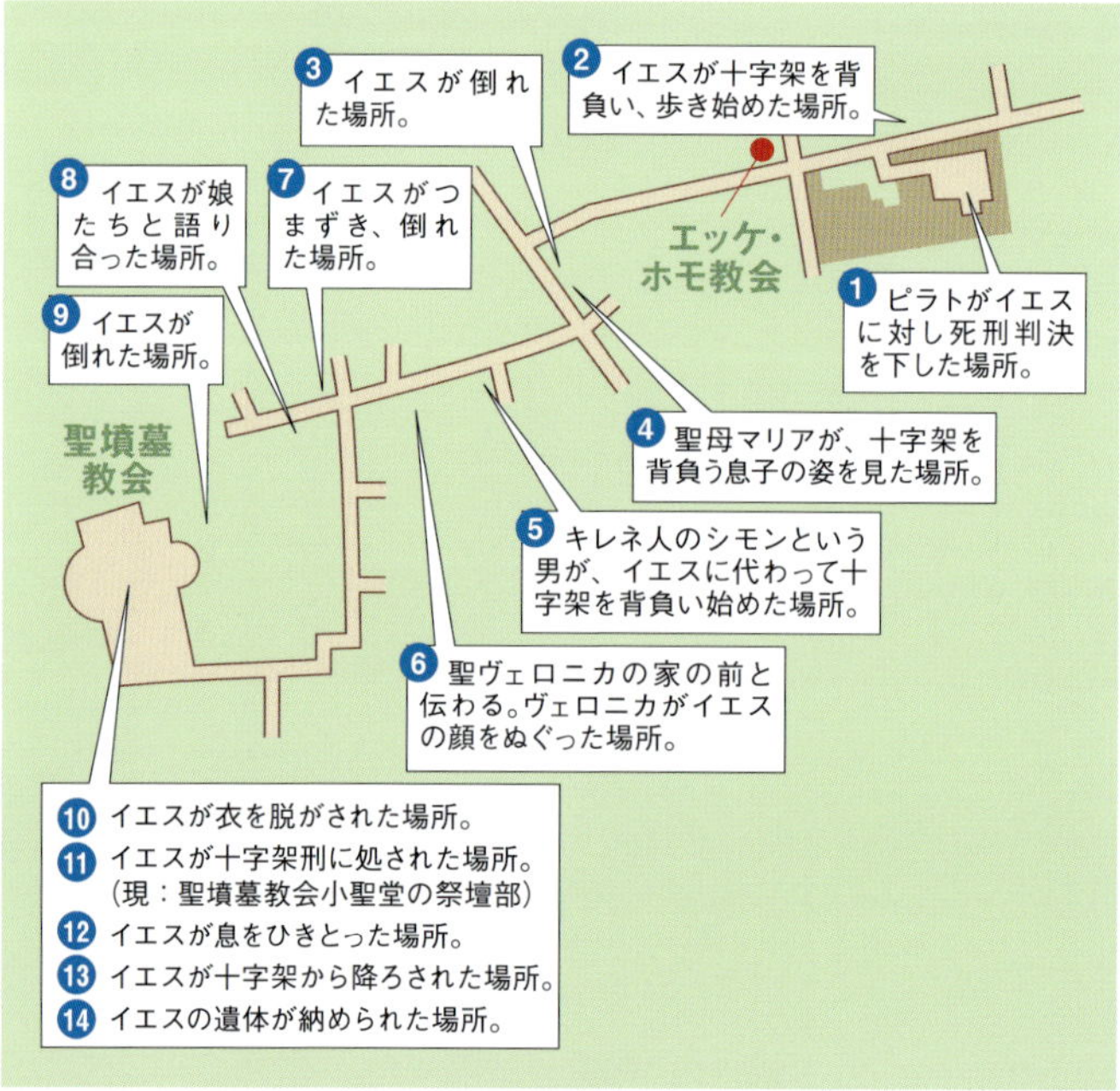

1 ピラトがイエスに対し死刑判決を下した場所。
2 イエスが十字架を背負い、歩き始めた場所。
3 イエスが倒れた場所。
4 聖母マリアが、十字架を背負う息子の姿を見た場所。
5 キレネ人のシモンという男が、イエスに代わって十字架を背負い始めた場所。
6 聖ヴェロニカの家の前と伝わる。ヴェロニカがイエスの顔をぬぐった場所。
7 イエスがつまずき、倒れた場所。
8 イエスが娘たちと語り合った場所。
9 イエスが倒れた場所。
10 イエスが衣を脱がされた場所。
11 イエスが十字架刑に処された場所。（現：聖墳墓教会小聖堂の祭壇部）
12 イエスが息をひきとった場所。
13 イエスが十字架から降ろされた場所。
14 イエスの遺体が納められた場所。
エッケ・ホモ教会
聖墳墓教会

イエスが十字架を背負い歩いたとされる道は、ヴィア・ドロローサと名付けられ、現在巡礼の道となっている。14のステーション（場所）は、信徒にとって重要な史跡である。

『聖骸布を持つ聖ヴェロニカ』 聖ヴェロニカの画家（作者不明）

アルテ・ピナコテーク蔵、油彩 15世紀に制作

名画が生まれた背景

聖ヴェロニカは、聖書には登場しない伝承上の女性である。ゴルゴタの丘を目指し歩を進めるイエスの顔をヴェロニカという女性がハンカチでぬぐったところ、布にイエスの顔が浮かび上がった、という伝承である。

描かれるヴェロニカは、若く美しい華奢な女性である。下方の幼い天使たちは、愛らしく無邪気そのもの。

この絵が描かれた15世紀前半当時のドイツ絵画は、全体的に明るく叙情的で、「柔らかい絵画」と呼ばれていた。なかでも、大聖堂で知られるケルンを中心に活躍した画家が多く、「ケルン派」と呼ばれることが多い。

しかし中世まで、画家たちは自分の作品に署名を残さなかったため、この作品の画家の名前も、明らかでない。

図像を読み解く 1

悲しみに満ちた表情で、イエスの顔が写し出された布を広げるヴェロニカ。聖書に名前は見られなくとも、ヴェロニカの人気は高く、多くの画家たちがその姿を描いている。

図像を読み解く 2

画面下方の天使たちは、穏やかで可愛らしい表情を浮かべている。その愛らしさは、不思議と主題の重苦しさをやわらげ、心が温まるような気持ちにさせてくれる。

磔刑

救世主の死の瞬間、空と大地に異変が起こる

「マタイによる福音書」27章33節～56節
「マルコによる福音書」15章22節～41節
「ルカによる福音書」23章33節～49節
「ヨハネによる福音書」19章18節～30節

聖書のストーリー

ゴルゴタの丘にたどり着いたイエスは、手足に釘を打ち込まれて十字架にかけられた。イエスとともに処刑される2人の盗賊も左右に並んで十字架にかけられた。午前9時のことである。

群衆が騒ぎ立てるなか、盗賊のひとりがイエスに向かって「救世主ならば、自分たちを救ってみろ」となじった。

するともうひとりがこう言ってイエスをかばう。「俺たちは自分のやったことの報いを受けているのだ。だがこの人は何もしていない」。

イエスはその盗賊に向かって「今日あなたは私とともに楽園にいる」と告げた。

正午になると、あたりが突然暗闇に包まれ始めた。

午後3時、イエスは叫んだ。「エリ、エリ、レマ、サバクタニ（わが神、わが神、なぜ私をお見捨てになったのですか）」（『マタイによる福音書』）。

このとき、群衆のひとりが、ぶどう酒を含ませた海綿を葦の棒につけ、渇きに苦しむイエスの口元に差し出している。

そしてイエスの死の瞬間、神殿の垂れ幕が真二つに引き裂かれ、地震が発生し、さらに岩が裂けた。それを見た人々は、本当に神の子だったことを悟ったのだ。

イエスの最期の言葉

『マルコの福音書』
「エロイ、エロイ、レマ、サバクタニ（わが神、わが神、なぜわたしをお見捨てになったのですか）」
『マタイの福音書』
「エリ、エリ、レマ、サバクタニ（わが神、わが神、なぜわたしをお見捨てになったのですか）」
『ヨハネの福音書』
「成し遂げられた」
『ルカの福音書』
「父よ、わたしの霊を御手にゆだねます」

イエスの最期の言葉は、福音書によって異なる。「マルコ」と「マタイ」のイエスの叫びが人間的であるのに対し、「ルカ」と「ヨハネ」の言葉は神の子であることを示すように落ち着いたものとなっている。

聖書がもっとわかる旅

聖墳墓教会

現在、エルサレム旧市街地内にあるゴルゴタの丘の上には、聖墳墓教会が建てられている。教会内部には、イエスが埋葬されたといわれる墓もある。

◆ spec of pictures ◆

『キリストの磔刑』アンドレア・マンテーニャ

ルーヴル美術館蔵、テンペラ　1456〜1459年頃に制作

名画が生まれた背景

イエスは首をガクリと横に倒し、生気が見られない。生命の灯火は、すでに消えてしまったかのようだ。

向かって左側には悲しみのあまり意識を失ってしまったかのような聖母マリアと、その体を支える女性たちの集団が描かれている。その横の十字架にかけられた盗賊の足元に呆然と立ち尽くす男は弟子ヨハネだ。

マンテーニャのこの作品は、彼の若年期の作品に見られる徹底的にこだわられた遠近法の描写と古代文化の引用、そして人物の表現が顕著にあらわれている。

本作品は、1456年にヴェローナにあるサン・ゼーノ教会の祭壇を飾るために依頼された祭壇画の中核部だった。その左右を飾る2枚の画は、現在トゥール美術館に保存されている。

隠しメッセージ

この絵画では、キリスト像が画面の中心を占めている。そしてイエスの十字架の縦のラインで善と悪を分割する。画面向かってキリストの左側をよい盗賊やマリアら善が占め、右側を悪い盗賊や兵士など悪が占めている。

図像を読み解く

キリストの足元でゲームをしている兵士たちは、聖書の記述にある「イエスの服を賭けてくじ引きをしている」場面をあらわしている。彼らにとっては、イエスの命など興味の対象ではなかった。

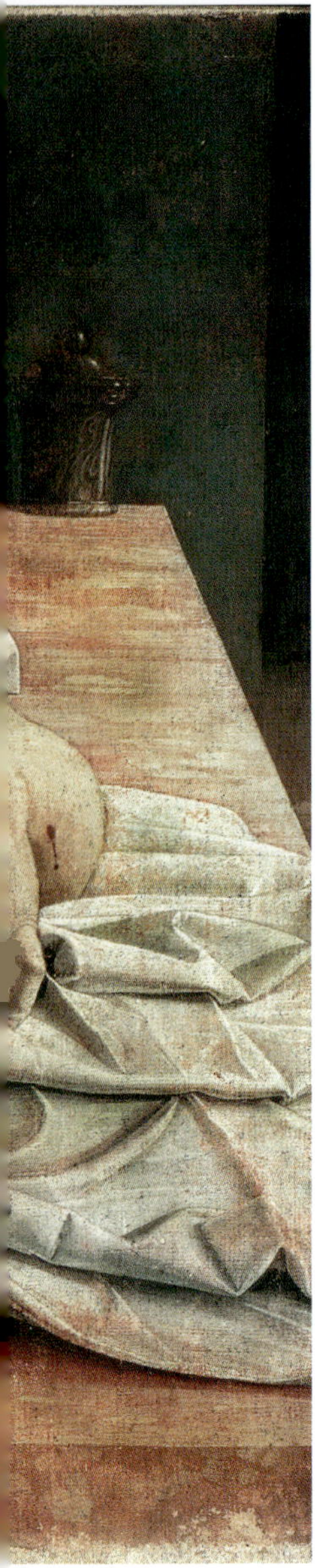

◆ この絵画を読み解く! ◆

『死せるキリスト』

遠近法を無視し、
イエスの非業の死を表現した作品

名画が生まれた背景

前ページでは十字架刑に処されたキリストの図像を取り上げたが、ここでは同じマンテーニャが描くその後の物語ともいうべき作品を紹介しよう。十字架から降ろされたイエスを描いた『死せるキリスト』は、マンテーニャの最盛期から晩年にかけて描かれたものと推測され、その表現方法において他の同主題の作品から突出している。

イエスの死を主題にした作品は、両手両足の釘の跡と兵士に突かれた脇腹の傷跡をどう表現するかが画家たちの腕の見せどころとされた。そこで、イエスの姿を天使や聖母マリアが抱き起こす形で描くのがセオリーとされたが、マンテーニャは横たわるキリストを足元から見るという構図で表現したのだ。

じつはこの作品は、画家の死後、マンテーニャを記念する碑の下に設置することが決定しており、自身が自分の死を予感しながら描いたともいわれる。

図像を読み解く 1

横たわるイエスのかたわらで涙を流すのは、聖母マリアと福音書の記者である聖ヨハネ。2人の目からは大粒の涙がこぼれ落ちており、息子であり師であるイエスの死を深く悲しんでいる。

画家の主張

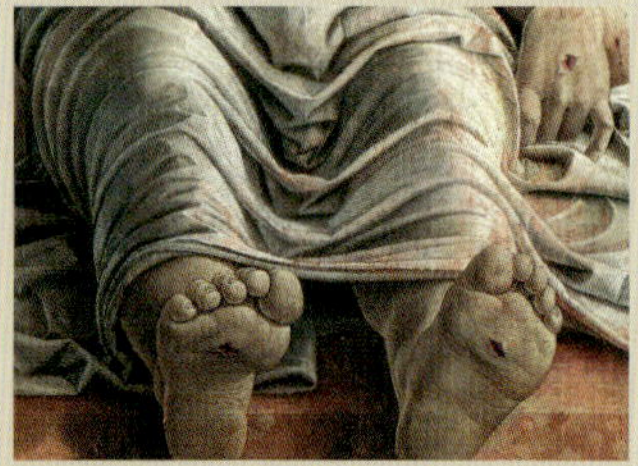

極端に短く小さな足。遠近法の大家といわれ、熟練したデッサン力に定評があった彼が、あえて人体の比率を無視し、極端なまでの構図を用いたのは、主題の意味を追求した結果である。

図像を読み解く 2

暗室のように薄暗い部屋の中で、かすかな光を浴びて浮かび上がるイエス。その顔は土気色に変わっていて、生気がいっさい感じられない。マンテーニャは誰の目にも彼が死を迎えているとわかる表現をした。

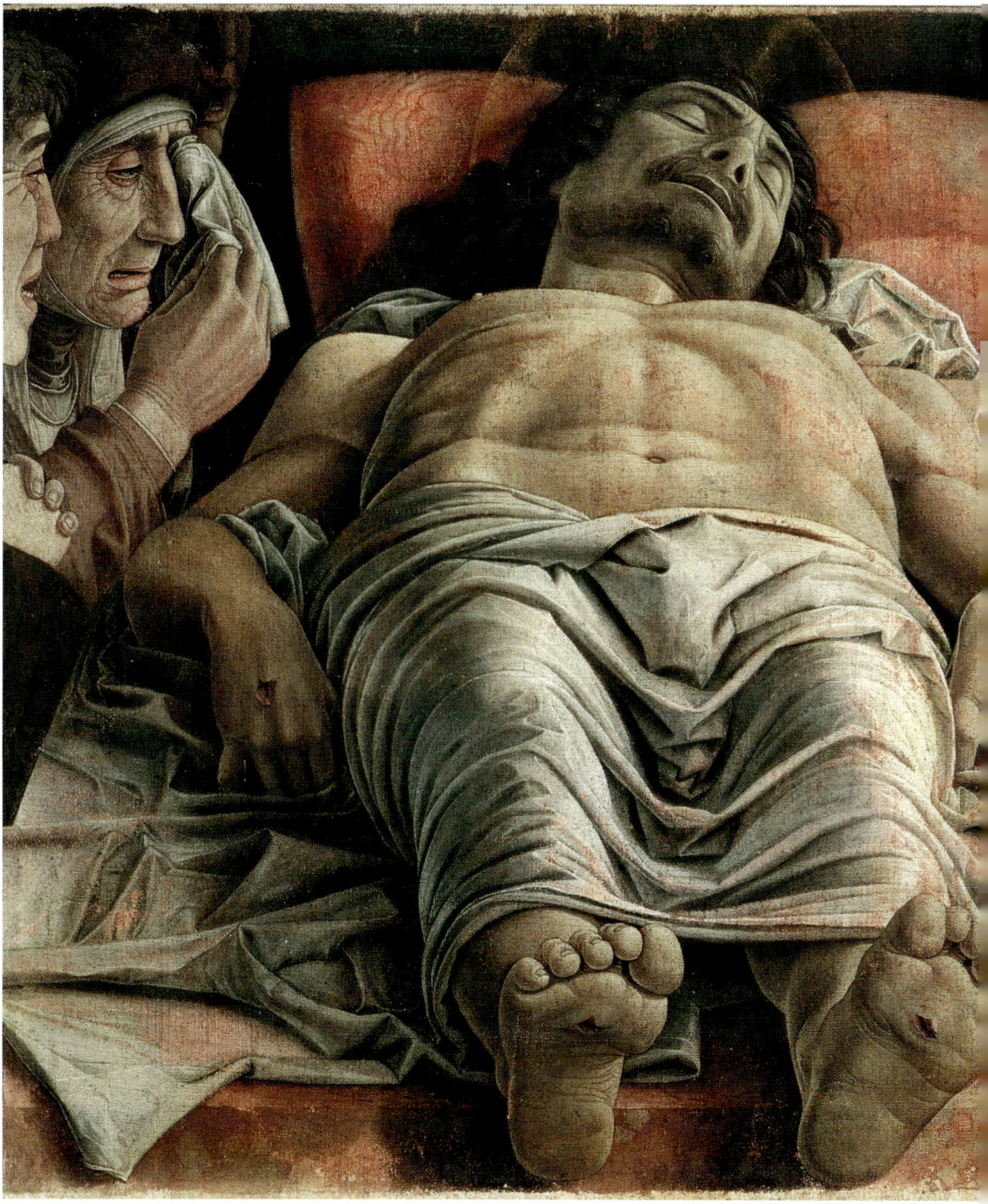

spec of pictures◆『死せるキリスト』アンドレア・マンテーニャ
ブレラ絵画館蔵、テンペラ［1497年頃に制作］

イエスの埋葬と復活

復活したイエスが弟子に与えた使命

「マタイによる福音書」27章57節〜28章15節
「マルコによる福音書」15章42節〜16章8節
「ルカによる福音書」23章50節〜24章12節
「ヨハネによる福音書」19章38節〜20章10節

聖書のストーリー

イエスの遺骸は、ひそかにイエスを信奉していたアリマタヤ出身のヨセフという人物に引き取られた。そしてイエスに好意的であった律法学者ニコデモらによって岩の墓に葬られた。

ヨセフが墓の入口を大きな石で塞ぎ、マグダラのマリアらはその様子を見届けた。

「マタイによる福音書」によると、安息日をはさみ、週のはじめの明け方にマグダラのマリアともうひとりのマリアが墓に向かうと、大きな地震が起きた。そして神の御使いが墓を塞ぐ石をどけ、イエスは墓にいないこと、復活したこと、そしてその報告を弟子たちにするよう告げたとある。

「ヨハネによる福音書」は、さらにこの場面を詳細に描く。墓の石がどけられ、イエスの遺体がないことを知ったマグダラのマリアが涙を流していると、天使が近付いてきた。

そこでマリアが「誰かが主を取り去りました」と嘆き、後ろを振り向くと、そこにイエスが立っていた。

「マリアよ」と呼びかけるイエスに対し、マリアは「ラボニ（先生）」と答えた。そしてイエスに命じられ、復活を弟子たちに告げて回るのだ。

その後、イエスは十二弟子の前に姿をあらわしている。しかしその描写は福音書によって異なり、内容に混乱が見られる。

2人の弟子がエマオという村に向かっていたときのこと。どこからともなく男性があらわれ、ともに歩くことになった。その道中の話題は、イエスの復活などである。

そして、宿屋で食事の席に着いたとき、パンを引き裂く姿を見てようやくその男性がイエスだと気付くのである。

その後もイエスは人々の前に姿を見せ、ほかの弟子たちもまた、師の復活をその目で確認し、ようやく信じたのである。

聖書がもっとわかる映画

『奇跡の丘』

1996年公開のイタリア映画。本作品のメガホンを握るのは、無神論者であるイタリア人映画監督パゾリーニ。

マリアの処女懐胎からイエスの死と復活までを描いた本作は、「マタイによる福音書」を忠実に再現している。派手な演出を排除した映像は、淡々としながらも骨太な印象。

『奇跡の丘』DVD発売中 3990円（税込）発売元：IMAGICA TV 販売元：エスピーオー

◆ spec of pictures ◆

『エマオの晩餐』 ミケランジェロ・メリージ・ダ・カラヴァッジョ

ロンドン・ナショナルギャラリー蔵、テンペラと油彩 1601年頃に制作

名画が生まれた背景

エマオの宿で、男性がパンを祝福する姿を見て、2人の弟子がイエスに気付くシーンを描いている。

イエスは一般的に長い髪に髭をはやした壮年の姿で描かれるが、ここで描かれるイエスは若く、髭もない。

カラヴァッジョは「マルコによる福音書」にある「異なる姿であらわれたもう」の記述を採用し、イエスをわざと別人に描いたのだという。なお、イエスのポーズは、ヴァチカン・システィーナ礼拝堂のミケランジェロ作『最後の審判』（185ページ参照）のキリスト像から借用していると考えられている。

2人の弟子の肘や手がこちら側に突き出されるほか、果物の籠までがテーブルの端に置かれているのには理由がある。これらは鑑賞者との距離を埋め、晩餐の席に同席しているかのような臨場感を与える演出だ。

図像を読み解く

画面キリストの左側に立たずむ人物は聖書には記述が見られないが、宿屋の主人である。帽子をとらずにいるところから、彼は男の正体がキリストだということに気付いていないと考えられる。

隠しメッセージ

画面右側で両手を大きく広げる弟子のポーズは、キリストの磔刑を暗示していると解釈される。「ルカによる福音書」の記述によれば、「クレオパ」か「もうひとりの弟子」のどちらかであると考えられる。

キリスト昇天

再臨の日を宣言し、天に昇ったイエス

「マタイによる福音書」28章16節〜20節
「マルコによる福音書」16章14節〜20節
「ルカによる福音書」24章36節〜53節
「ヨハネによる福音書」20章19節〜21節
「使徒言行録」1章6節〜11節

聖書のストーリー

復活したイエスは、弟子たちにさまざまな教えを授けた。

そして復活してからしばらくして、弟子たちとともに山に登って彼らを祝福すると、最後にこう言った。

「行って、すべての民を私の弟子にしなさい。あなたがたに命じておいたことを守るよう教えなさい」。こうして一同の目の前で昇天して神の右の座に着いたのである。

イエスが彼らのもとを離れていくときも、その姿が雲に覆われて見えなくなっても、弟子たちは呆然と空を見上げるばかりだった。

気が付くと白い衣の人物（天使）2人が、弟子たちのそばに立ち、「なぜ天を見上げて立っているのか。天に上げられたイエスは、あなた方が見たのと同じ様子で、またおいでになる」と告げた。

そこで弟子たちは、イエスが昇天したこと、地上に再臨することを理解し、神を讃えたのである。

イエスは、布教活動を行なうよう告げ、聖霊が福音を伝える力を弟子たちに与えるだろうことを語った。イエスの復活の証人となった弟子たちは、これを機に、至るところで使徒としての活動を始めることになった。

イエスの死後広まったキリスト教とユダヤ教の違い

	契約の形	聖典	信仰対象	聖職者	救世主
ユダヤ教	神とイスラエルの民のあいだで契約が交わされる（選民）	聖書（『旧約聖書』）、タルムード	唯一神（ヤハウェ）	教師（ラビ）	イスラエルの民を独立させるために導く政治的指導者
キリスト教	神と全人類のあいだで契約が交わされる	聖書（『旧約聖書』、および『新約聖書』）	・父なる神 ・子なるイエス ・聖霊	・神父（カトリック） ・牧師（プロテスタント）	イエス

イエスの復活と昇天を目の当たりにした使徒たちは、イエスの教えを説きながらイエスの生涯を語って信仰を集め、「キリスト教」を広めた。

『キリスト昇天』 ジョット・ディ・ボンドーネ

スクロヴェーニ礼拝堂壁画、フレスコ 1304〜1305年頃に制作

名画が生まれた背景

イタリア・ルネサンスの先駆けとなったジョットの『キリスト昇天』は、人物の体の動きや、彼らが身に纏《まと》う衣服のひだの流れなどに非常に細かな表現が見える。

イエスの足元は雲でおおわれ、体は自然な動きで斜め上方に向かっている。

伸ばした両手は画面の上端で断ち切られているが、それがかえって天への動きを感じさせる。抑制されたなかの躍動感が見事に表現されているといえる。

キリストの昇天は、多くの画家によって描かれ、それらは神の手のイメージや聖霊の象徴である鳩を画面に配したものが多い。

ジョットは、神を暗示するものを描かない代わりに、視線や指先などで、見る者の意識を天に向けさせることに成功している。

隠しメッセージ

キリストの左右で空に浮かんでいる集団は、『旧約聖書』において「正義の人」と述べられている人々である。彼らはイエスを讃えて歌っているのである。

図像を読み解く

地上の人々に向かって語りかける白い衣の2人は、遣わされた天使。彼らは、天を見上げる聖母マリアと弟子たちに、イエスの再臨を告げている。

弟子たちの伝道

昇天後、急速に広まったキリストの教え

「使徒言行録」とその他の伝承

聖書のストーリー

使徒となった十二弟子を中心とした宣教活動を記したのが、「使徒言行録」である。

ユダヤ教の指導者たちは、イエスの処刑後も、その教えを信じる者が増え続けるのに危機感を抱いていた。そこで苛烈な迫害を開始する。ときを同じくして、静観していたローマ帝国も、キリスト教を危険視するようになった。

しかし、弟子たちは迫害から逃れつつ、行く先々で活動を続け、さらに教えを広げていく。とくにキリスト教伝道の立役者となったのがペトロとパウロ（サウロ）である。

イエスの第一弟子であるペトロは、教会設立に奮闘した。聖霊の力が宿ったペトロは奇跡を起こし、人々を癒やしながらイエスの生涯を語り、信者を増やしていった。

そののちペトロは、暴君として名高いローマ皇帝ネロに捕らえられ、投獄されている。一度は脱獄に成功するが、ローマに戻り、処刑された。

一方のパウロは、もともとキリスト教を迫害する側の人間であった。ところが、イエスの幻を見て熱心な伝道者として生まれ変わったのだ。

3度に及ぶ伝道の旅を敢行して多くの信者を得るが、エルサレムで捕らえられ、ローマに連行されて殉教する。

多くの使徒たちが命の危険を顧《かえり》みず、布教を続けた結果、キリスト教は組織化され、ヨーロッパに広がっていった。

使徒たちの伝道と殉教（諸伝承による）

ペトロ	初代教皇となったのち、ローマ皇帝ネロの迫害に遭い、投獄される。のちに逆さ十字架刑に処される。
アンデレ	ギリシアの町で総督の妻を改宗させたことにより、総督の怒りを買う。総督の命によりX型の十字架にかけられ死去。
ヨハネ	エルサレムでの布教活動を続けたのち、小アジアへ向かう。十二弟子で唯一、処刑をまぬがれた。
大ヤコブ	エルサレムにて、ヘロデ・アグリッパ1世の迫害に遭う。断首された遺体はスペインに運ばれ、現地の守護聖人となった。
小ヤコブ	エルサレムでの布教活動を進めていたが、ある日神殿の屋根から突き落とされ、死去する。
フィリポ	スキタイ地方での龍退治の伝承がある。のちに小アジアへ向かうものの、石打ち刑に処される。
トマス	伝道活動は広範にわたる。インドに向かった際、バラモン教の信徒に槍で突かれ、死去する。
バルトロマイ	トマス同様、インドでの伝道を行なうが、インド王弟の恨みを買ったことで、皮はぎの刑に処される。
シモン	ペルシアでの布教活動中、のこぎりにひかれて死去する。
タダイ	シモンとともに行動し、ともに殉教する。
マタイ	エチオピアで伝道を行なったのち、ペルシアへ向かう。現地で王女を改宗させたことによって王の怒りを買い、殺される。

使徒たちは、ほぼ全員が処刑などによって殉教している。唯一天寿を全うしたのが、ヨハネであった。

聖書がもっとわかる書籍

『パウロとペテロ』
小河陽 著（講談社）

パウロとペトロの2人の使徒がいなければ、今日のキリスト教はなかっただろう。筆頭弟子であるペトロは教会指導者となり、パウロは異邦人への伝道に尽力した。古代ローマ帝国の一部で始まった宗教活動は、どのように世界宗教となったのか。2人の使徒の足跡を辿る。

◆ spec of pictures ◆

『テオフィルスの息子の蘇生と教座の聖ペトロ』 マザッチョ &フィリッピーノ・リッピ

サンタ・マリア・デル・カルミネ聖堂ブランカッチ礼拝堂壁画、フレスコ　1424〜1428年頃に制作

名画が生まれた背景

牢獄から出たペトロが、死んだ若者をよみがえらせる奇跡を起こした場面である。周囲の建物と人物は遠近法によって正確に描かれているほか、人体も解剖学の見地からじつに写実的な作品といえる。

この絵は、フィレンツェの有力者ブランカッチ家の礼拝堂を飾る壁画として作成された。15世紀フィレンツェでは、建築・彫刻家のブルネレスキ、彫刻家のドナテッロ、画家のフィリッポ・リッピと息子のフィリッピーノ・リッピなど、芸術家が才能を開花させ、影響を与え合った。礼拝堂の建設にも多くの芸術家が参加し、この壁画はマザッチョとフィリピーノ・リッピで共作している。

マザッチョの死後は、未完の作品はリッピに引き継がれた。のちにレオナルド・ダ・ヴィンチは、マザッチョの作品を手本に習作を重ねている。

隠しメッセージ

画面の一番右に立つ4人の人物は、作品が描かれた当時の芸術のオールスター。左からマゾリーノ、マザッチョ、アルベルティ、建築家ブルネレスキだ。

図像を読み解く

この絵では異時同図法が用いられる。画面中央付近では、テオフィルスの息子をペトロが蘇生させる奇跡のシーンが描かれ、右手には教座に座るペトロが、人々に説教をしている姿が見える。

ヨハネの黙示録

この世の終わりに人類に降る最後の審判

聖書のストーリー

「ヨハネの黙示録《もくしろく》」は、『新約聖書』の最後に収録される啓示の書である。

この世の終わりに何が起こるかを具体的に描くいわゆる終末論であるが、聖書のなかでもっとも難解な内容とされ、今に至るまではっきりと解釈できた者はいない。

黙示録を著《あらわ》したヨハネは、信仰のため流罪《るざい》となり、そこで7つの幻を見た。

ひとつ目は、教会に対する天使のメッセージだった。そして2つ目から、世の終わりの描写が始まる。それは以下のようなものだ。

7人の天使がラッパを吹き、戦争とあらゆる天変地異によって人類の3分の1が死に絶える。天使の軍勢とサタン（悪魔）の軍勢が戦い、サタンが追放されたのちにイエスが再臨し、千年王国が実現する。

ところがサタンは地の底から解放され、反キリスト教の軍勢を集めて、新たな戦いが始まるのだ。戦いはサタンらが天の火に焼き尽くされ、地獄に投げこまれるまで続く。

こののち、最後の審判が始まる。すでに死んだ者は生き返り、すべての者が神の座の前に引き出され、裁《さば》きを受けるのだ。そこで生前の行ないによって、天国に行く者と地獄に振り分けられる。

そして、すべての災厄が終わり、荒廃した地上には、天から神の国が降りてくる。それはエデンの園のような美しい国だ。

こうして地上王国が実現し、神に従い続けた者たちは、永遠に神とともに生きることができるのである。

こうした「最後の審判」は、弱く貧しい者、迫害されて苦しむ者たちにも救済の希望を与えたのである。

「ヨハネの黙示録」

『黙示録』が語る「世界の終焉」

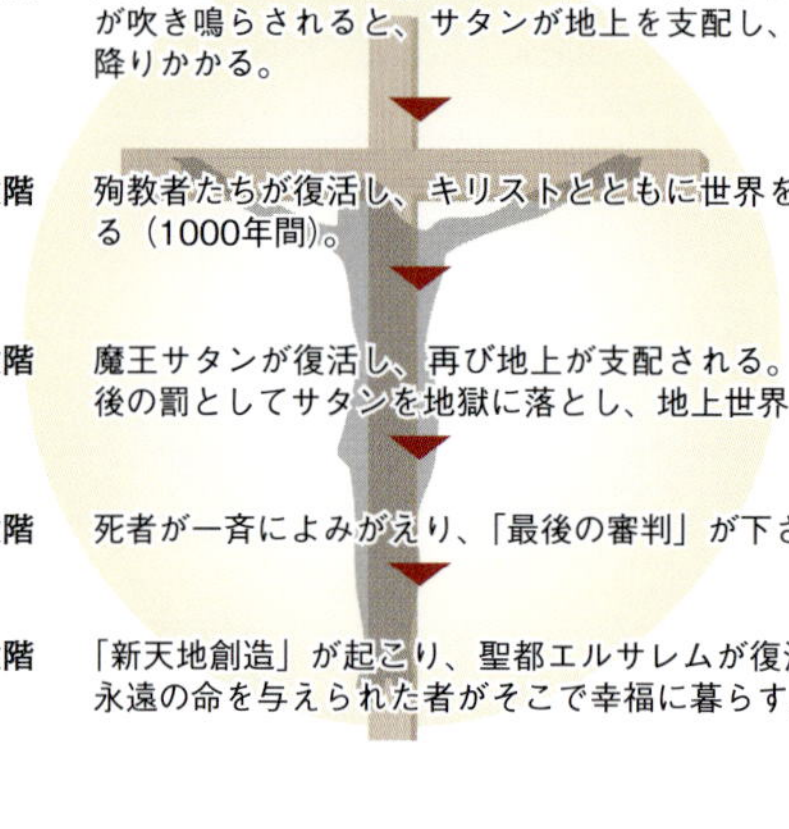

第１段階　天界の玉座にある巻物の７つの封印が解かれ、ラッパが吹き鳴らされると、サタンが地上を支配し、災いが降りかかる。

第２段階　殉教者たちが復活し、キリストとともに世界を支配する（1000年間）。

第３段階　魔王サタンが復活し、再び地上が支配される。神が最後の罰としてサタンを地獄に落とし、地上世界を救う。

第４段階　死者が一斉によみがえり、「最後の審判」が下される。

第５段階　「新天地創造」が起こり、聖都エルサレムが復活する。永遠の命を与えられた者がそこで幸福に暮らす。

「ヨハネの黙示録」では、世界の終焉が具体的に描かれている。しかしその日がいつ訪れるかについては言及されていない。

◆ spec of pictures ◆

『最後の審判』 ミケランジェロ・ブオナローティ

システィーナ礼拝堂壁画、フレスコ 1536〜1541年頃に制作

名画が生まれた背景

ミケランジェロが描いた『最後の審判』は、完成当時物議を醸した作品である。

縦14・5m、横13mの巨大な壁画の中には、ざっと400人近くの裸の人物がひしめき合う。そして画面中央のイエスは一般的なイエス像と異なり、髪が短く、髭もない。しかも堂々たる体躯を誇り、座から立ち上がった躍動感あふれるポーズで審判を下そうとしている。古今の芸術作品で、このようなイエスの姿は珍しい。

ミケランジェロは、彫刻こそが最高の芸術で、自分は彫刻家なのだと自負していた。こうした人体表現を行なったのも、彼の彫刻家としてのプライドゆえともいわれている。

なお、完成後、裸は都合が悪かったのか、腰布が加えられている。

図像を読み解く

画面左側に天国に向かう人々が描かれる一方で、右下には地獄に落とされる運命の人々が乗る船が描かれる。恐ろしい形相で櫂（かい）を握る人物は、渡し守のカロンだ。

隠しメッセージ

堂々たる体軀を誇るキリストのポーズは、今日さまざまに取り沙汰される。一説にはギリシア神話の最高神ゼウスが雷電を放っているところともいわれる。

この絵画を読み解く！

『最後の審判の祭壇画』

病に苦しむ人々の救済のため、施療院に描かれた巨大な祭壇画

名画が生まれた背景

初期ネーデルラント絵画の巨匠、ロヒール・ヴァン・デル・ウェイデンの前半生の集大成ともいえる大型の多翼祭壇画である。

計9枚のパネルが連なり、中央のキリストの向かって左手側には「善」の象徴である百合の花が配され、天国へと導かれる人々が描かれている。

一方で向かって右手側には「悪」との戦いの象徴である剣があり、地獄へ追い落とされる

図像を読み解く

9枚のパネルのうち背景の大部分が輝く金色で塗られている。これはまばゆい雲の上の国、すなわち天国をあらわしている。残りの画面下部は地上世界で、死者たちが続々とよみがえっている。

隠しメッセージ 2

中央パネルの上部で赤い衣に身を包むのがイエス。その下で立って天秤をかかげ、死者の魂の重さを量っているのは天使ミカエルだ。天秤は、審判の寓意である。

人々が見える。
作品の注文主は、ブルゴーニュ公国宰相ニコラ・ロラン。弁護士として手腕を発揮し、政治家としても成功したロランは、貧しい人々のために私財を投じてボーヌ施療院を設立する。裕福な者が永遠の救いを得て天国に入るには、慈悲の行為をしなくてはならないと考えられていたからだろう。

施療院には、重病人がベッドに横たわったままミサにあずかることができる部屋があり、祭壇画はそこに設置された。

実のところロランは、祭壇画をヤン・ファン・アイクに依頼するつもりだったようだ。ところがファン・アイクは１４４１年に死亡してしまい、ウェイデンに注文がまわってきたというわけだ。

この絵は宗教画としての慣例にのっとりながらも深い精神性が垣間見えるとして、施療院の患者のみならず広く人々に知られることとなった。

隠しメッセージ1

イエスの両脇の小さなパネルには、イエスの受難具を手に持った天使たちの姿が見える。左パネルには十字架と茨の冠、右パネルにはキリストの脇腹を刺した槍、イエスの口元に差し出された海綿付きの棒が描かれる。

spec of pictures ◆
『最後の審判の祭壇画』ロヒール・ヴァン・デル・ウェイデン　ボーヌ施療院蔵、油彩［1442～1451年頃に制作］

『ユーディット』
ルーカス・クラナッハ（父）
Alamy/アフロ …… 97

第2部　新約聖書
独立を願うユダヤ人のもとに派遣された救世主の生涯

第1章　キリスト降誕

『ベツレヘムの嬰児殺し』
ピーテル・ブリューゲル（父）
PHOTOAISA/アフロ …… 103
『受胎告知』
エドワード・バーン＝ジョーンズ
The Bridgeman Art Library/アフロ …… 105
『受胎告知』
レオナルド・ダ・ヴィンチ
The Bridgeman Art Library/アフロ …… 106
『聖母の祭壇画』
デーリック・バウツ
ALBUM/アフロ …… 109
『羊飼いの礼拝（ラ・ノッテ）』
コレッジョ（アントーニオ・アッレグリ）
The Bridgeman Art Library/アフロ …… 111
『薔薇垣の聖母』
シュテファン・ロッホナー
interfoto/アフロ …… 113
『岩窟の聖母』（ルーヴル版）
レオナルド・ダ・ヴィンチ
Super Stock/アフロ …… 114
『岩窟の聖母』（ナショナルギャラリー版）
レオナルド・ダ・ヴィンチほか
PHOTOAISA/アフロ …… 115
『博士たちの間のキリスト』
ホセ・デ・リベラ
The Bridgeman Art Library/アフロ …… 117
『キリストの洗礼』
エル・グレコ（ドメニコ・テオトコプーロス）
ALBUM/アフロ …… 119
『悪魔の誘惑』
ドゥッチョ・ディ・ブオニンセーニャ
DEA/DeAgostini/アフロ …… 121
『荒野のイエス・キリスト』
イワン・クラムスコイ
PHOTOAISA/アフロ …… 122
『出現』
ギュスターヴ・モロー
The Bridgeman Art Library/アフロ …… 125
『ヘロデの宴』
フィリッポ・リッピ
The Bridgeman Art Library/アフロ …… 126

第2章　イエスと弟子たち

『奇跡の漁り』
ラファエッロ・サンツィオ
The Bridgeman Art Library/アフロ …… 129
『カナの婚礼』
パオロ・ヴェロネーゼ
Artothek/アフロ …… 131
『湖上を歩くキリスト』
ティントレット（ヤコポ・ロブスティ）
Superstock/アフロ …… 133
『盲人の治癒』
ドゥッチョ・ディ・ブオニンセーニャ
The Bridgeman Art Library/アフロ …… 135
『ラザロの蘇生』
フアン・デ・フランデス
PHOTOAISA/アフロ …… 137
『2つの灯火の前のマグダラのマリア』
ジョルジュ・ド・ラ・トゥール
The Bridgeman Art Library/アフロ …… 139
『キリストと姦淫の女』
ロレンツォ・ロット
The Bridgeman Art Library/アフロ …… 140
『山上の垂訓』
フラ・アンジェリコ
The Bridgeman Art Library/アフロ …… 143
『善きサマリア人』
フィンセント・ファン・ゴッホ
Superstock/アフロ …… 145
『放蕩息子の帰還』
レンブラント・ファン・レイン
ALBUM/アフロ …… 147

第3章　イエスの受難

『キリストの変容』
ジョヴァンニ・ベッリーニ
The Bridgeman Art Library/アフロ …… 149
『キリストのエルサレム入城』
シャルル・ル・ブラン
DEA/DeAgostini/アフロ …… 151
『神殿から商人を追い払うキリスト』
エル・グレコ（ドメニコ・テオトコプーロス）
The Bridgeman Art Library/アフロ …… 153
『貢ぎの銭』
マザッチョ（トンマーゾ・ディ・セル・ジョヴァンニ・ディ・モーネ・カッサーイ）
Artothek/アフロ …… 155
「『ロッサーノ福音書』より最後の晩餐」
作者不明　Alinari/アフロ …… 157
『最後の晩餐』
レオナルド・ダ・ヴィンチ
The Bridgeman Art Library/アフロ …… 158
『ゲッセマネの園のキリストの苦悩』
ジョヴァンニ・ベッリーニ
The Bridgeman Art Library/アフロ …… 161
『キリストの逮捕』
アンソニー・ヴァン・ダイク
The Bridgeman Art Library/アフロ …… 163
『ユダの接吻』
ジョット・ディ・ボンドーネ
The Bridgeman Art Library/アフロ …… 164
『聖ペトロの否認』
ジョルジュ・ド・ラ・トゥールとその工房？
The Bridgeman Art Library/アフロ …… 167
『祭司長の前のキリスト』
ヘラルト・ファン・ホントホルスト
The Bridgeman Art Library/アフロ …… 169
『茨の冠』
ヒエロニムス・ボス
The Bridgeman Art Library/アフロ …… 171
『聖骸布を持つ聖ヴェロニカ』
聖ヴェロニカの画家（作者不明）
Artothek/アフロ …… 173
『キリストの磔刑』
アンドレア・マンテーニャ
PHOTOAISA/アフロ …… 175
『死せるキリスト』
アンドレア・マンテーニャ
PHOTOAISA/アフロ …… 176

第4章　イエスの死後

『エマオの晩餐』
ミケランジェロ・メリージ・ダ・カラヴァッジョ
Super Stock/アフロ …… 179
『キリスト昇天』
ジョット・ディ・ボンドーネ
PHOTOAISA/アフロ …… 181
『テオフィルスの息子の蘇生と教座の聖ペトロ』
マザッチョ＆フィリッピーノ・リッピ
Newscom/アフロ …… 183
『最後の審判』
ミケランジェロ・ブオナローティ
Artothek/アフロ …… 185
『最後の審判の祭壇画』
ロヒール・ヴァン・デル・ウェイデン
PHOTOAISA/アフロ …… 186

掲載絵画リスト

序章　聖書概説

『ヤコブの夢の天への梯子』
作者不明　Newscom/アフロ
「アヤソフィアモザイク画」
作者不明　photolibrary
「イエス像」
作者不明　SIME/アフロ
『S.Sドミニクおよび
トマス・アクィナスと聖母子』
フラ・アンジェリコ
PHOTOAISA/アフロ
『エッケ・ホモ』
ハンス・メムリンク
PHOTOAISA/アフロ

第1部　旧約聖書
「天地開闢」からユダヤ人の
歴史を追った壮大な叙事詩

第1章　無から生まれた世界

『世界の創造』
ヒエロニムス・ボス
The Bridgeman Art Library/アフロ
…… 23
『悦楽の園』
ヒエロニムス・ボス
The Bridgeman Art Library/アフロ
…… 24
『楽園のアダムとイブ』
ヤン・ブリューゲル＆ピーテル・パウル・ルーベンス
The Bridgeman Art Library/アフロ
…… 27
『天地創造と楽園追放』
ジョバンニ・デ・パオロ
The Bridgeman Art Library/アフロ
…… 29
『カインによるアベルの殺害』
ティントレット（ヤコポ・ロブスティ）
The Bridgeman Art Library/アフロ …31
『ノアの箱舟に入る動物たち』
ヤコポ・バッサーノ
The Bridgeman Art Library/アフロ
…… 33
『バベルの塔』
ヨース・デ・モンペル2世＆フランス・フランケン2世
Alamy/アフロ …… 35
『バベルの塔』
ピーテル・ブリューゲル（父）
The Bridgeman Art Library/アフロ
…… 36

第2章　民族の祖たち

『アブラハムにハガルをあてがうサライ』
アドリアン・ファン・デル・ヴェルフ
Artothek/アフロ …… 39
『ソドムの大火』
ジャン＝バティスト・カミーユ・コロー
PPS通信社 …… 41
『イサクの犠牲』
ミケランジェロ・メリージ・ダ・カラヴァッジョ
PHOTOAISA/アフロ…… 43
『井戸のリベカとエリエゼル』
バルトロメ・エステバン・ムリーリョ
Artothek/アフロ …… 45
『エサウとヤコブ』
マティアス・ストーマー
Super Stock/アフロ…… 47
『ヨセフとポティファルの妻』
バルトロメ・エステバン・ムリーリョ
The Bridgeman Art Library/アフロ
…… 49

第3章　約束の地へ

『ナイル川から救われるモーセ』
パオロ・ヴェロネーゼ
Artothek/アフロ …… 51
『燃える茨の前のモーゼ』
ドメニコ・フェッティ
Artothek/アフロ…… 53
『マナの収集』
ニコラ・プッサン
The Bridgeman Art Library/アフロ
…… 54
『十戒の引渡し』
コジモ・ロッセッリ＆ピエロ・ディ・コジモ
The Bridgeman Art Library/アフロ
…… 57
『エリコの奪取』
ジャン・フーケ
The Bridgeman Art Library/アフロ
…… 59
『ペリシテ人に目を潰されるサムソン』
レンブラント・ファン・レイン
Superstock/アフロ …… 61
『ルツ』
フランチェスコ・アイエツ
The Bridgeman Art Library/アフロ
…… 63

第4章　王の時代

『幼きサムエル』
ジョシュア・レノルズ
Interfoto/アフロ …… 65
『ゴリアテの首を持つダヴィデ』
グイド・レーニ　Alinari/アフロ… 67
『ゴリアテの首を持つダヴィデ』
ミケランジェロ・メリージ・ダ・カラヴァッジョ
PHOTOAISA/アフロ
…… 68
『エン・ドルの口寄せの家で
サウルに現れるサムエルの霊』
サルヴァトール・ローザ
The Bridgeman Art Library/アフロ
…… 71
『水浴するバテシバ』
ヤン・マセイス
The Bridgeman Art Library/アフロ
…… 73
『バテシバ（バト・シェバ）』
レンブラント・ファン・レイン
The Bridgeman Art Library/アフロ
…… 74
『偶像を崇拝するソロモン』
セバスティアン・ブルドン
The Bridgeman Art Library/アフロ
…… 77

第5章　イスラエル興亡記

『エリヤと寡婦の子』
フォード・マドックス・ブラウン
Superstock/アフロ …… 79
『イザヤ』
ミケランジェロ・ブオナローティ
The Bridgeman Art Library/アフロ
…… 81
『エゼキエルの幻想』
ラファエッロ・サンツィオ
The Bridgeman Art Library/アフロ
…… 83
『エッサイの木』
ヘールトヘン・トット・シント・ヤンス
PPS通信社 …… 85

断章　知恵文学と詩書

『ライオンの穴の中のダニエル』
ピーテル・パウル・ルーベンス
TOPFOTO/アフロ …… 87
『エステル』
クライエイセン・アンサニス
The Bridgeman Art Library/アフロ
…… 89
『スザンナの水浴』
ティントレット（ヤコポ・ロブスティ）
Newscom/アフロ …… 91
『トビアスと天使』
アンドレア・デル・ヴェロッキオ
TopFoto/アフロ …… 93
『ユディトⅠ』
ギュスタフ・クリムト
Universal Images Group/アフロ
…… 95
『女性の肖像』
ルーカス・クラナッハ（父）
The Bridgeman Art Library/アフロ
…… 96

な

は

ま

や

ら

※この索引は第1部、第2部の導入部・系図を除きます。

聖書関連ワード索引

あ

か

さ

た

監修

大島 力（おおしま ちから）

1953年生まれ。東北大学文学部史学科卒、東京神学大学大学院博士後期課程修了、神学博士。現在、青山学院大学教授、専門は旧約聖書学、日本基督教団石神井教会担任教師。著書に、『預言者の信仰』『聖書は何を語るか』（以上、日本基督教団出版局）、『旧約聖書と現代』（NHK出版）、『イザヤ書は一冊の書物か？―イザヤ書の最終形態と黙示的テキスト―』（教文館）などがある。

※下記の文献等を参考とさせていただきました。

『悪魔の美術と物語―カラー版』『天使の美術と物語―カラー版』利倉隆（以上、美術出版社）／『キリスト教シンボル事典』ミシェル・フイエ、『カラヴァッジョ灼熱の生涯』デズモンド・スアード（以上、白水社）／『モーセの生涯』トーマス・レーメル、『西洋名画の読み方〈1〉14世紀から19世紀初期の傑作177点』パトリック・デ・リンク（以上、創元社）／『ヒエロニムス・ボスの『快楽の園』を読む』神原正明、『図説聖書物語旧約篇』山形孝夫・山形美加、『西洋美術解読事典-絵画・彫刻における主題と象徴』ジェイムズ・ホール（以上、河出書房新社）／『旧約聖書を美術で読む』『名画で読む聖書の女たち』秦剛平、『美のチチェローネ―イタリア美術案内』ヤーコプ・ブルクハルト（以上、青土社）／『新潮美術文庫〈11〉グレコ』『新潮美術文庫〈8〉ブリューゲル』『新潮美術文庫〈7〉ボス』『新潮美術文庫〈35〉モロー』日本アート・センター【編】、『一日で鑑賞するルーヴル美術館』小池寿子、『絵画で読む聖書』中丸明（以上、新潮社）／『ヴァチカン・ガイド―美術館と市国』石鍋真澄ほか、『ロンドンナショナル・ギャラリーの名画から―比べて見る100のディテイル 』ケネス・クラーク（以上、ミュージアム図書）／『西洋絵画名作101選』千足伸行、『ジョットとスクロヴェーニ礼拝堂』渡辺晋輔、『クリムト 金色の交響曲』宮下誠（以上、小学館）／『考古学でたどる旧約聖書の世界』関谷定夫（丸善出版）／『西洋美術鑑賞解読図鑑』サラ・カー＝ゴム（東洋書林）／『聖書百科全書』ジョン・ボウカー（三省堂）／『受胎告知』高久真一（日本基督教団出版局）／『聖書を彩る女性たち―その文化への反映』小塩節（毎日新聞社）／『名画と読むイエス・キリストの物語』中野京子（大和書房）／『聖書神話の解読―世界を知るための豊かな物語』西山清（中央公論社）／『プラド美術館3　王室の大いなる遺産 ボッス、ティツィアーノ、ルーベンス』大高保二郎、雪山行二【編】（日本放送出版協会）／『ギュスターヴ・モローの世界』（新人物往来社）／『プラド美術館』ホセ・ロヘリオ・ブエンディーア（岩波書店）／『美術で読み解く旧約聖書の真実』秦剛平（筑摩書房）／『ナショナル・ギャラリーガイド―ロンドン国立美術館への招待』エリカ・ラングミュア（同朋舎出版）／『巨匠が描いた聖書 』町田俊之（いのちのことば社）／『カラヴァッジョへの旅―天才画家の光と闇』宮下規久朗（角川学芸出版）／『ウフィツィ美術館』ルチアーノ・ベルティほか（みすず書房）／『レンブラント』野中惠子（審美社）『レンブラント　アート・ライブラリー』マイケル・キツソン（西村書店）／『聖書の謎百科』島崎晋ほか（荒地出版社）／『もっと知りたいクリムト生涯と作品』千足伸行（東京美術）／『イタリア・ルネサンスの巨匠たち〈29〉カラヴァッジオ』ジョルジョ・ボンサンティ（東京書籍）／『聖書　新共同訳』（日本聖書協会）／ルーヴル美術館ホームページ

カバー・本文デザイン／石田崇・野村義彦（株式会社ライラック）
校正／吉川佳一
DTP製作／株式会社明昌堂
編集／井澤豊一郎（世界文化社）

名画で読み解く「聖書」

発行日　2013年 6 月20日　初版第1刷発行
　　　　2024年 5 月 5 日　　　第6刷発行

監修　大島 力
発行者　岸 達朗
発行　株式会社世界文化社
〒102-8187　東京都千代田区九段北4-2-29
TEL03-3262-5118（編集部）
TEL03-3262-5115（販売部）
印刷・製本　TOPPAN株式会社

ISBN 978-4-418-13223-2